Asia-Pacific Human Rights Review 2005

アジア・太平洋人権レビュー 2005

Intersection of International Human Rights and Humanitarian Law

国際人権法と国際人道法の交錯

●

㈶アジア・太平洋人権情報センター(ヒューライツ大阪)編

はじめに

　本来、歴史的な成立背景も適用範囲も異なる国際人道法と国際人権法の交錯が語られるようになって久しい。すでに1968年のテヘラン世界人権会議は、「武力紛争における人権」と題する決議を採択して、地域的人権条約や当時成立間もなかった国際人権規約の適用可能性の検討を求めていた。それに続いたいくつかの人権条約の採択や解釈の展開は、武力紛争時においても、そしてそれがたとえ締約国の領域外で発生した場合であっても、締約国の管轄下にある個人にその保護が及ぶことを確保する方向に動いてきた。また、2002年には「武力紛争における子どもの関与に関する子どもの権利条約の選択議定書」が発効して、個人の尊厳の確保を共通項とした人道法と人権法の交錯の進展があらためて認識された。さらに旧ユーゴ国際裁判所のタジッチ判決上訴裁判部は、国際人道法は軍事的必要性よりも人権の考慮に軸足を移しつつあるという傾向を指摘したところである。
　一方で、現実に多発し続ける武力紛争へのこれらの法規範の適用と履行には多くの困難と問題が伴うこともまた明らかになってきた。締約国に限定された人権条約の適用とその普遍性の確保、国際的武力紛争の定義の仕方、履行確保のあり方など、解決されるべき課題は山積である。
　武力紛争への国際人道・人権法の適用と履行をめぐる問題を数多く提示した最近の顕著な例に、大国を交えた国際紛争であるイラク戦争が挙げられよう。イラク戦争においては、米国によるイラク攻撃の正当性の問題ばかりではなく、戦後「占領」と統治、市民の保護、戦闘員拘束などに絡む法的問題が多々あり、国際人道法および国際人権法の交錯についてもさまざまな示唆に富んでいる。また、イラク戦争にかぎらず、9・11以降、アルカイダその他のテロリスト集団を「敵」と指定する「新たな戦争」が繰り広げられているが、こういった行動についても国際人道法・人権法上の問題が数々指摘されている。
　現実の紛争に国際法を適用する難しさの多くは、紛争の多くが国家という枠組みにとどまらず、ゲリラ集団、民兵、さらには民族や宗教などのアイデンティティに基づくグループ間で、あるいはグループ対国家で戦われているという現実に由来しよう。また、紛争の複雑さと相まって安全保障の要請が多様化しているという認識の下、国際人道・人権法適用の範囲と履行をめぐり関係主体間に深刻な意見の対立が見られ、政治と法の交叉の1つの事例として興味深い。これら法規範の適用をめぐるめまぐるしい展開は、まさに紛争という現実が法の発展に大きく影響し、その過程について注意が向けられる必要があることを示唆していよう。
　紛争に対する国際規範の適用の問題は、国際的に共通の関心となっ

た基本的自由や人権、人道規範に根ざす「価値」と、生々しい力の行使を時として伴う実効性の論理に支配される国際政治の現実との間の葛藤を反映している。実効性の観点から、これらの価値は状況判断によって選択的に適用される傾向があるが、これは、いみじくも国際政治学において現実主義者が長らく指摘してきた点である。国際政治とは力に支配される政治ではあるが、力の要請から正当化できる場合には価値に基づく行動が諸国家によってとられると議論されてきた。このような認識は、価値と力の間の二律背反の関係を理論的前提としてきた。つまり、価値（人権や民主主義など）への関心が戦争や不安定を引き起こすことが恐れられ、安定（平和）の要素としての力のバランスが重視されたのであった。ところが、現在では、むしろ基本的自由や人権といった価値の国際的な広がりが支持され、それどころか、これらの基本的自由が最低限の国家の正当性の基盤であり、国際的安定と安全の基盤であるとも議論されることとなった。また、以前にもまして、国際的な規範の遵守と履行が、武力を行使する側にも求められるようになってきている。このことは、価値の適用と力の行使との間の単純な二律背反の認識が現在では揺らいでいることを意味しよう。

　アジア・太平洋地域における人権の確立、伸長への貢献を掲げて活動を続けるアジア・太平洋人権情報センターの研究紀要のテーマとして、今回、武力紛争時の法規範の交錯を取り上げることには、かなり迷いがあったことは事実である。これまでは人権の範疇や享有主体の分析に力を注いできたこととの整合性も気になるところであった。しかし、米国が対アフガニスタンや対イラクへの武力攻撃を行い、その後捕虜資格を否認し、また収容所では収監者に対して目を覆うばかりの行動が見られることに多くの人々の関心が向けられている今こそ、伝統的な国際法規に人権への考慮が与えた影響への認識を新たにするべき時であると考えて、あえて取り上げることにした。

　企画段階から貴重なご意見をくださった方々、私たちの思いを汲んで快く執筆を引き受けてくださった方々に、心より感謝申し上げる。

2005年5月
　　　　　レビュー2005編集委員会
　　　　　　　青井千由紀（青山学院大学国際政治経済学部助教授）
　　　　　　　中井伊都子（甲南大学法学部教授）

はじめに 2

第I部 国際人権法と国際人道法の交錯
Part1 Intersection of International Human rights and Humanitarian Law

8 **法の政治学とイラク侵攻**
The Politics of Law and the Invasion of Iraq
ステュワート・ゴードン　訳：岡田仁子

25 **人道法と人権法の交錯と融合**
重大な人権侵害事件における責任追及の道筋
Interactive Roles of Human Rights Law and Humanitarian Law in Quest for the Accountabilities for Grave Human Atrocities
北村泰三

国別・テーマ別報告

41 **9・11後の「対テロ戦争」における被抑留者の法的地位**
相次ぐ虐待事件の背景にあるもの
Legal Status of Guantanamo Detainees: What is behind the Prisoner Abuse Scandal?
新井 京

54 **アドホック国際刑事裁判所と**
ポスト冷戦時代の国際安全保障
International Criminal Tribunals: From the Perspective of Post-Cold War International Peace and Security
二村まどか

67 **東ティモール紛争後の現場から**
東ティモール受容真実和解委員会の仕事
The Post-Conflict East Timor and the Work of the Commission for Reception, Truth and Reconciliation (CAVR)
松野明久

80 **国際難民法と大量難民**
アフガニスタン難民の事例から
Afghan Refugees: Mass Influx of Refugees in the Context of the International Refugees Law
工藤正樹

第II部 アジア・太平洋地域の人権の動向
Part2 Development of Human Rights Activities in the Asia-Pacific Region

国連の動向

96 **2004年の国連の動き**
Human Rights Activities by UN in 2004
田中敦子／岡田仁子／長島美紀

108 **条約委員会による2004年の**
アジア・太平洋地域国別人権状況審査
Reporting Status of Asia-Pacific Countries by the Treaty Bodies in 2004
岡田仁子

128 *Making a Decade Work: The Case of the UN Decade for Human Rights Education*
「国連10年」を成功させる
「人権教育のための国連10年」を例に
ジェファーソン・R・プランティリア　訳：岡田仁子

132 *The End of the (First) International Decade of the World's Indigenous Peoples and Perspective of the Second International Decade*
「先住民族の国際10年」の終結と第2次国際10年の展望
上村英明

135 *The Fifth Ad Hoc Committee on UN Disability Rights Convention*
障害者の権利条約に関する第5回特別委員会を終えて
川島 聡

138 *Launching the UN Decade of Education for Sustainable Development*
「国連持続可能な開発のための教育の10年」の開始
前川 実

142 *The Activities of the United Nations High Commissioner for Human Rights: Achievements and Challenges*
国連人権高等弁務官事務所の活動
成果と課題
ルイーズ・アルブール国連人権高等弁務官講演

150 資料1●女性差別撤廃委員会一般的勧告25
訳：近江美保

158 資料2●自由権規約委員会一般的意見31
訳：藤本晃嗣

163 資料3●人種差別撤廃委員会一般的勧告30
訳：村上正直

アジア・太平洋地域の政府・NGOの動向

168 *Toward Beijing plus 10*
北京＋10に向けて
織田由紀子

第III部 個別研究
Part3 Other Issues

172 *Caught between "Migrant Labour" and "Trafficking": the Human Rights Issue of "Philippine Entertainers"*
「海外移住労働」と「人身売買」の狭間
フィリピンから日本への「女性エンターテイナー」の人権を考える
藤本伸樹

176 *Current Situation and Problems regarding to "Rule of Law" in Cambodia*
カンボジアにおける「法の支配」の現状と課題
法制度整備支援の取組みから
坂野一生

181 *Light and Shade of Kashmir's Human Rights Politics*
カシミール人権政治の諸相
拓 徹

186 *Policies and Issues on Prevention of Sexual Violence: Through the Activities of Korean Women Link*
性暴力防止のための政策とその課題
韓国女性民友会の活動を通じて
柳京姫　訳：朴君愛

5

筆者紹介

Stuart Gordon●ステュアート・ゴードン
レディング大学戦略研究センター研究フェロー
Research Fellow, Centre for Strategic Studies, University of Reading

北村泰三●きたむら・やすぞう
中央大学法学部教授
Professor, Faculty of Law, Chuo University

新井 京●あらい・きょう
京都学園大学法学部助教授
Associate Professor, Faculty of Law, Kyoto Gakuen University

二村まどか●ふたむら・まどか
ロンドン大学（キングスカレッジ）博士課程
PhD Candidate, Department of War Studies, King's College London

松野明久●まつの・あきひさ
大阪外国語大学外国語学部教授
Professor, Faculty of Foreign Studies, Osaka University of Foreign Studies

工藤正樹●くどう・まさき
在アフガニスタン日本大使館草の根無償担当
Embassy of Japan in Afghanistan (Grant-Assistance for Grass-roots Projects Unit)
大阪大学大学院国際公共政策研究科博士後期課程
Osaka School of International Public Policy, Osaka University (Doctor's Program)

Part1 Intersection of International Human Rights and Humanitarian Law
国際人権法と国際人道法の交錯

The Politics of Law and the Invasion of Iraq

法の政治学とイラク侵攻

ステュワート・ゴードン●*Stuart Gordon*

1. 序論

テロに対するグローバル戦争（Global War on Terror, GWOT）全般、なかでもとくにイラク侵攻は、国家による武力行使を規律する国際法の枠組みに挑戦するかのような論争をもたらした。しかし、その影響は戦時占領に関する法の適用、そしてさらにより微妙であるが、国際人道法と国際人権法との関係にも及んでいる。本稿ではこれらの法を適用するにあたっての政治学を検討する。

2. 戦争は法の助産師か処刑人か？

'Inter arma silent leges'
「戦時には法は沈黙する」

戦時には厳しい力の現実と生き残りに向けた努力が最優先となり、「戦争」の実行が「法」の適用を締め出す危険が高まる。そのような文脈において、イラク侵攻は国際法全般、なかでもとくに国際人道法の適用に関する真の困難を予見したと見ることができる。しかし、国際法の多くの分野間の関係は、このことが示すよりもはるかに複雑である。つまり、戦時における法の乱用（一般）がしばしば、古い法の処刑人ではなく、新しい法の助産師の役を果たしているのである。むしろ、戦争は国際法全般、なかでもとくに国際人道法の発展の最も強力な原因ではないだろうか。ハーグおよびジュネーヴ諸条約の法の発展は多分にこの経験を反映しており、国家間関係における武力行使を規律するためにつくられた国際法の台頭も同様である。国連憲章自体も甚大な破壊をもたらした2つの世界大戦後国家間の新たな紛争を回避することに各国が専心した成果である。

国際人道法の発展の歴史は多分に戦争との共同作用関係にある一方、多くの論者は米国のテロに対するグローバル戦争遂行全般、なかでもとくにイラク侵攻の影響を危惧する。イラク侵攻は国家による武力行使を規律する国際法の枠組みならびに戦時占領の法に挑戦する危険があった。またそれは国際人道法と国際人権法の関係に微妙な

変化をももたらした。しかしこれらは真の危険であるのか、また国際法の単純な政治学ではなく、どの程度法自体の根本的な変化を表しているのだろうか。

3.武力行使の規律と国際法

イラク侵攻に関しておそらく最も論争を招く側面は、国際制度における武力行使を規律する規範に対する影響であろう。Currieは次のように疑問を投げかける。

「国際連合憲章の基礎である武力行使の禁止が依然として加盟国に尊重されているのか、多国間主義と法の支配は一国主義と、法と外交から軍事力と経済力の行使への依存への回帰にとって代わられるのか」[1]。

戦争の実施のための法的枠組みの解釈は他で詳細に論じられているが[2]、その枠組みの本質は国連憲章第2条4項および第51条に規定される。これら条項は加盟国に、いかなる国の領土保全または政治的独立に対する武力による威嚇または武力の行使をも慎むことを求める。武力は安全保障理事会が具体的に認めた場合、あるいは差し迫った脅威に対する自衛の場合のみ行使することができる。後者の場合、ニュルンベルク裁判の表現によると「外国領域における予防的行動は『手段の選択の余地がなく、考慮する時間的余裕もない、差し迫って圧倒的な自衛の必要性』がある場合のみ正当化される」[3]。

4.侵攻の合法性

2003年のイラク侵攻以前にすでにブッシュ政権の「2002年国家安全保障戦略」[4]は、差し迫った攻撃の具体的な証拠のない、おそらく先制的自衛の概念による先制的な武力行使の可能性をもたらし、この枠組みを損なうおそれを与えた。この「戦略」は攻撃が完全に形をなす前に行動することを求め、戦争の明白な準備として最も頻繁に定義されている、差し迫った脅威に対する行動の合法性にとくに注意を促している。「戦略」は、テロ組織や「ならず者」国家が急進主義の共有と大量破壊兵器を含めた新しい技術へのアクセスに結びつきをより強めるなかで、国際的な安全保障への脅威が根本的に変化したことを重視している。テロリストがこれらの技術を利用し、大量破壊兵器などの発射を隠れて準備する可能性が拡大している。それに対応して、国家の側に

---

[1] Duncan E. J. Currie, "'Preventive War' and International Law after Iraq," at http://www.globelaw.com/Iraq/Preventive_war_after_iraq.htm#_Toc41379596 (dated 22 May 2003).
[2] N. J. Wheeler, *Saving Strangers: Humanitarian Intervention in International Society* (London: Oxford University Press, 2000)参照。また、"UK House of Commons Select Committee for Foreign Affairs Fourth Report 2000," at http://www.publications.parliament.uk/pa/cm199900/cmselect/cmfaff/28/2802.htm参照。
[3] Currie, op. cit., p. 2.
[4] "The National Security Strategy of the United States of America," at http://www.whitehouse.gov/nsc/nss.html参照。

も新しいアプローチと法的な規律の枠組みが必要となった。

米国の「戦略」文書は、武力行使を規律する伝統的なレジームからの著しい離反の危険を示していた。実際、「先制」が「予防」戦争にすり替わる潜在的可能性を示していた。前者は敵の明白な準備の期間に攻撃をすることと定義される一方、「予防」戦争は脅威がまだ完全に形をなしていない状況で起こる[5]。後者は「予防」のための行為と侵略のための戦争の境界を曖昧にし[6]、他の国家も「予防的に」行動する可能性をももたらし──それによって米国による先制は中国、ロシアやインドのような国家の側にも一連の相応の行動を誘発し──「戦争」を規律する法的および政治的規範に重大な変化を約束する。

これは戦争の新たな波を解き放つ潜在的可能性があるだけでなく、不干渉に関する規範を握りつぶし、国連の役割と国連がそのうえに成り立つ集団安全保障原則を損なうことになる。問題の核心には米国が外交関係のルールに基づく多国間主義アプローチを、利益に基づく一国主義アプローチに置き換えるのではないかという危惧があった。したがって米国の戦略は、国際社会の組織にますます厳しい選択を課す様相を示していた。

5.神話から現実へ？

しかし、イラク侵攻のために米国が用いた法的正当化は、先制的自衛権に基づいていなかった。むしろ、表明されたのは1991年の停戦決議および2002年1月8日に採択された安全保障理事会決議1441の軍縮に関する規定を執行するということによる正当化であった。この決議は次のように述べている。

「安保理はイラクに対し、その義務違反を継続した場合、深刻な結果に直面するであろうことを繰り返し警告したことを想起する」。

ブッシュ政権は、この規定が決議678（1990年）と関連して武力行使のための「累積的」法的根拠を提供していると主張した。中国、フランスおよびロシアはイラクに安保理決議の重大な侵害があったが、実際上イラクは軍備を縮小する義務を遵守するさらなる機会を有していると論じた。決議1441の表現は通常用いられる「重大な違反」（イラクに対する武力行使を認可するために通常用いられた用語）ではなく「深刻な結果」としており、これら国々の立場を反映しているようである。これは決議に先立った議論の表現を反映しており、その議論の際、フランス、中国およびロシアは遵守確保のために自動的に武力を行使するという米国の考え方を明示的に拒絶していた。決議1441に反映された妥協は、米

---

5) Michael E. O'Hanlon, Susan E. Rice, James B. Steinberg, "The New National Security Strategy and Pre-emption," *Policy Brief* 113 (January 2003), at http://www.brrok.edu/comm/policybriefs/pb113.htm.
6) Currieはこれらの行為を「侵略のための戦争または国際条約に反した戦争の計画、準備、開始、遂行を目的とする犯罪」と説明する。Currie, op. cit.,

国とその同盟国だけでなく安全保障理事会が全体として、1441の重大な違反が事実としてあったかどうか、そしてどのような「深刻な結果」がそのために課されるのかを決定するというものであった。しかし安全保障理事会がそれらの「深刻な結果」の性格を確立する決議案に合意することができなかったという事実により、米国、英国およびスペインは軍事戦略を遂行する意思を表明し、決議678（1990年）および687（1991年）に依拠して武力行使を正当化した[7]。侵攻は3月19日に開始された。

このように、「国家安全保障戦略」はそのようなアプローチの政治的正当性を提供するように見えた一方、米国は先制的自衛権を援用しているかのようには行動しなかった。Christine Grayなどの論者はこれはまったく珍しいことではないと示唆している。彼女は、国連憲章に掲げられる条約法および慣習国際法に焦点を当て、国家はめったにそのような権利を援用することがなく、むしろ何が武力攻撃を構成するかという定義を広げようとし、「先制的自衛」を、それを主張できそうもない場合のみ主張し、その消極性自体がこの武力行使の正当性の地位の疑わしさを明らかに示すものであるとしている[8]。

前述の分析は、多くの人が示唆したよりもわれわれはさほど重要な岐路にいるのではないかもしれないことを示している。しかし、2003年の侵攻の合法性に対する広範な批判またはその潜在的に一様に否定的な成りゆきの結果をもって、限定された自衛の概念が無傷のまま残ったとすることは誤りである。むしろ論争は、安全保障理事会の役割と責任と、とくに安全保障理事会が自らの決議を守ることができなかったこと、そしてより広くは人権の重大で制度的な侵害の場合に行動をとることに関するより広範な議論の一環として見られなければならない。

このことを認識し、イラク侵攻による国連に対するダメージを限定しようとしてコフィ・アナンは、現代の脅威の性質と国連のとりうる一連の対応両方を検討するためのハイ・レベル・パネルを設置した[9]。パネルが提出した報告は、多くの面で米国の考え方の重要な要素を反映していた。それは、憲章の根本的な見直しは展望していないが、現行の安全保障理事会の権限と同じく重要な理事会の義務のより活発な再主張を求めた。とくにパネルは、攻撃が真に差し迫っているときの自衛権を次のように強調した。

「伝統的国際法は、攻撃の脅威が差し迫っていて、それを逃れる手段がほかになく、とられる行動が均衡性を有しているかぎりにおいて、国家が軍事行

---

[7] Richard A. Falk, "What Future for the UN Charter System of War Prevention," *American Journal of International Law*, Vol. 97, No. 3 (July 2003), pp. 590-598.
[8] Christine Gray, *International Law and the Use of Force*, (Oxford: Oxford University Press, 2001), p.112.
[9] Report of the Secretary-General's High-Level Panel on Threats, Challenges and Change, "A More Secure World: Our Shared Responsibility," at http://www.un.org/secureworld/.

動をとることができると明白に述べている。安全保障理事会は予防的に行動する権限を有しているが、そのような行動をとることはあまりない。安全保障理事会は将来より早く決定的な行動をとることにより、より積極的（proactive）になる用意が必要である。遠くにある脅威の発生を危惧する国家は、そのような懸念を安全保障理事会に付託する義務がある」10)。

米国の先制介入に関する概念は「一国にそのような行動を認めることはすべての国に認めることである」と簡単に退けられているが、パネルは安全保障理事会がとくに大量破壊兵器とテロリズムに関する場合により早期に、より断固とした行動をとる必要があることを強調した。したがって多くの観点から、パネルの立場はブッシュ政権のそれと大きく異ならない。

またパネルの報告は、イラク侵攻の合法性に関する議論と国連憲章の核心にあるより広範な一連の義務との間の矛盾と見なされるものとを関連づけている。憲章は国家間のグローバルな紛争の新たな発生を回避することに専心した成果であり、侵略のための行動を抑止する主に集団的行動を通した主権国家の権利を反映している。しかしこれら国家は憲章に署名したのと同時期に世界人権宣言および増えつつある人権諸条約にも合意しており、外からの介入から保護される国家の権利と国家による抑圧から保護される個人の権利の間に緊張をもたらした。ルワンダのジェノサイド（1994年）およびボスニア・ヘルツェゴビナの制度的な人権侵害（1992～1995年）に対して国際社会が十分対応できなかったことを反映して、パネルは文民を「大規模な暴力」から保護する国家当局の義務を繰り返して、次のように述べた。

「個人の権利は国家の権利に明白に優先する。国際社会はルワンダにおけるジェノサイドまたはコソボにおける民族浄化のような人道法の重大な侵害の場合に国家の主権を覆す権利を有するだけではなく、被害者の人権を保護する義務を有している」11)。

パネルは、国家がこの義務を果たすことができない場合に国際社会がとりうる次のような一連の対応を特定している。

「人道的活動、モニタリング・ミッションおよび外交的圧力――そして最後の手段としてのみであるが、必要ならば武力を通して行動する義務などがある。紛争または武力行使の場合、これは破壊された社会を復興する明白な国際的約束をも示唆する」12)。

このことは明らかに集団安全保障の概念の再定義にあたるものに「保護」し、「復興」する義務を加えるものであり、安全保障理事会の理事国が担うと考えられている責任の趣旨を広げるものである。パネルはまた武力行使に関して、

---

10) http://www.un.org/secureworld/brochure.pdf.p.4.
11) Ibid.
12) Ibid.

冷戦間に確立した基準に照らしてみると比較的リベラルなアプローチをとっている。パネルは先制的「人道的」介入を認めているようであるが、これは国家が自らの市民に対し義務を果たす気がない、またはできず、武力が最後の手段であり、おそらく最も重要であるが、安全保障理事会が認めた状況においてのみとることができると述べている13)。

立場の共通性の程度を過大評価することは容易であるが、米国のフラストレーションの多くは、安全保障理事会と協同することの困難と米国が対処することが多くなった脅威の性質の変化から来ている。ハイ・レベル・パネル報告は両方の問題に集団的行動の目的を再定義し、行動をとる意思を活性化することによって解決を提供しようとする。このことは意図しない積極的成果をもたらすかもしれない。たとえば、介入する権利を主張することは他の状況においてそれに対応する義務をもたらしうる。同様に、集団的行動の目的を広げることは、社会的、経済的および政治的権利をより強調しながら次第に国家の危機への対処についてより確固とした期待をつくり出す手段を提供しうる。

6. 戦時占領の法の下の責任を争う?

侵攻自体の合法性が広く批判された一方、連合国が戦時占領に関する法を援用しようとしない、そしてその後は不十分にしか適用しないという問題がこの議論の陰に隠れてしまう傾向があった。連合国の軍報道官たちは公式宣言の欠如からイラクの一部で紛争が継続しているなどの根拠を挙げ、軍が占領軍ではないとしばしば説明した。その表現を使おうとしないこと自体は、アラブ政権を倒し米国の軍を展開することに対する中東全体の反応を考えれば理解できることである。しかし、その用語は他の面で政治的な色彩を帯び、その法がどのように解釈され適用されるかに影響を及ぼした。

この問題は、米国国防省の内部における奇妙なほど痛烈な議論に巻き込まれた。それは1990年代の技術革命によって必要となった組織的、政策主義上および手続的適応に関連していた。非常に簡単にいうと、議論はイラク侵攻の計画に関する範囲において、米国が敵「政権」を制度的に倒壊させるために「数」と火力よりもどの程度先進的なネットワーク化した「技術」に依存できるかというものであった。この議論はイラク「侵攻」を成功裡に遂行するために使われる軍勢の数に関する決定に直接影響を与え、必然的に数の縮小につながった。その結果は著しく少ない数の戦闘軍による侵攻であった14)。しかし、そのために紛争後の「安定化」段階のた

---

13) さらに5つの基準も勧告されている(これらの点はブレア首相の1999年シカゴにおける演説の中で指摘されたものと類似している)。それらは、脅威の深刻さが武力行使に見合う、「適切な目的」が明白に理解され、認識されている、武力行使が「最後の手段」である、使われた手段が予定された積極的成果に均衡している、介入による望ましい結果が、不作為から発生する否定的な結果よりも全体として上回ることが予測されることである。

めの軍勢があまりにも少ないということになった。

軍の数の縮小は、連合国軍指揮官が自らの核心的任務と定義しているもの、すなわちサダム政権の軍事的敗北を超えた責任を担いたがらない原因となった。このアプローチでは、本質的な核心的任務と見られていたこと以外の問題について指揮官がより高いリスクをとるよう促すことになった。それは非軍事的任務に対してほとんど関与を最小限にとどめるミニマリスト・アプローチをとることになり、「国づくり」に関する任務といわれるものに関する軍の関与への一般的な消極性を強化することになった。

にもかかわらず、「戦時占領」軍の地位をとることは連合軍が資源を有していない、とくに「安定」と「公共サービス」に関する多様な義務をつくり出すことによって軍の責任が急激に拡大するおそれがあった。さらに、そのような地位は潜在的に軍事的にも、イラクの政治的、社会的および経済的インフラを改革する点からも人気のない規制がかかることを意味し、あらゆるレベルの指揮官に十分に準備のない、行いたがらないことの多い安定化に関わる多数の問題に対応することを求めることになる。その結果、最大の行動の自由を提供する分野の法しか適用されないよう確保する明らかな試みがあった。

にもかかわらず、占領者の役割を担いたくないということの一部は戦時占領の法、とくにどの時点でそれが効力を有し、それが「宣言」を要するのかどうかということに関する誤解から生じていた。

7.占領の事実？

戦時占領者の地位の決定について、法は際立って明白である。占領は宣言の結果ではなく「事実」によって開始する。「1907年陸戦の法規慣例に関する条約(ハーグ条約)条約附属規則(ハーグ規則)」第42条は次のように規定する。

「一地方ニシテ事実上敵軍ノ権力内ニ帰シタルトキハ、占領セラレタルモノトス。占領ハ右権力ヲ樹立シタル且之ヲ行使シ得ル地域ヲ以テ限トスル」。

Paustは、米国軍の文書を引用して「第42条は……占領が存在するかどうかの試験として『事実』の優位性を強調している」と論じ、軍の文書自体「ハーグ規則第43条は合法な『権力カ事実上占領者ノ手ニ移リタル上ハ』と明白な権力の移行に関する規定によって伝統法のテーマを継続している」としている。Paustは「この条約は……一締約国の領域の一部または全部が占領されたすべての場合について、その占領が武力抵抗を受けると受けないとを問わず、適

---

14) この変化の中心テーマは、ドナルド・ラムズフェルド自身の言葉で説明されている。"Remarks as Delivered by Secretary of Defense Donald Rumsfeld," National Defense University, Fort McNair, Washington, D.C. (31 January 2002) at http://www.defenselink.mil/speeches/2002/s20020131-secdef.html.

用する」というようにジュネーヴ第4条約第2条2項を参照してこのことを強調している15)。

彼は次に赤十字国際委員会（ICRC）によるジュネーヴ諸条約の注釈を参照し、ジュネーヴ法がこの点に関してハーグ法よりもはるかに規範的であることを説明している。ジュネーヴ法は、戦闘があるかないかにかかわらず進行する軍に適用され、実際上「『いわば侵攻段階と占領の安定した統治の開始との間の中間期間』という考え方を排除するほど狭めている。敵領域に侵入する偵察でさえもそこにとどまる意図はないにもかかわらず、条約を尊重しなければならない」。この点の意義は、指揮官が「占領」領域の行政責任を担う点に関わる。連合国はこの責任を実際に起こったよりも後で担うことになるという期待があり、これをジュネーヴおよびハーグ法および国際人権法から発生するより広範で規範的な責任の正式な認容を延期するために利用しようとした。これらの責任は、その計画によると、軍指揮官ではなく、新しくつくられた復興人道支援室（OHRA）16)が監督するイラク政府省庁が担うと考えられていた。

8.結果

軍勢の少なさから生じた最大の論争はおそらく、連合が法と秩序の回復のための責任を担うことに失敗したという広範な非難であろう17)。イラクの主要人口集中地のほとんどでかなりの予期された程度の騒動があり、そのうちのいくつかは米国または英国の事実上の管理下で起こった。このことは軍の指揮官がどの程度このような事態を予防する責任があったかという問題を生じさせる。

法の主要な要素は、1907年ハーグ規則第43条に由来する。同条は次のように規定する。

「国ノ権力カ事実上占領者ノ手ニ移リタル上ハ、占領者ハ、絶対的ノ支障ナキ限、占領地ノ現行法律ヲ尊重シテ、成ルヘク公共ノ秩序及生活ヲ回復確保スル為施シ得ベキ一切ノ手段ヲ尽スヘシ」18)。

慣習国際法の地位にもかかわらず、この文書の正確な意味は明らかではない。Sassoliは、実行上占領者は広範な立法権限を正当化するためにその曖昧

---

15) Jordan J. Paust, "The U.S. as Occupying Power over Portions of Iraq and Relevant Responsibilities under International Law," *ASIL Insights* (April 2003) at http://www.asil.org/insights/insight102.htm.
16) OHRAは米国国防省の一部であり、当初イラクの行政を監督する責務を負っていた。詳しくはS. Gordon, "Military – Humanitarian Relationships and the Invasion of Iraq (2003): Reforging Certainties?" *Journal of Humanitarian Assistance*, at http://www.jha.ac/articles/a137.htm.
17) Amnesty International, "Memorandum on concerns relating to law and order," (AI Index: MDE 14/157/2003) 23 July 2003, at http://web.amnesty.org/library/pdf/MDE141572003ENGLISH/$File/MDE1415703.pdf.
18) Marco Sassoli, "Article 43 of the Hague Regulations and Peace Operations in the Twenty First Century," Background Paper prepared for Informal High-Level Expert Meeting on Current Challenges to International Humanitarian Law, Cambridge, June 25-27, 2004. （筆者所有）

さを援用したときもあり、また他のときには現地の住民の福利と平常の生活を確保する責任を免れるために「絶対的ノ支障ナキ限」現行の法律を尊重する義務に依拠したと論じる。しかし、このことは占領者が主権者ではなく、規範の水準をより充足する治安を達成するための実効的な警察や司法などの手段を欠いている可能性がある。さらに、特定の水準の公の秩序と安全が十分かどうかはその文脈に左右される。にもかかわらず、慣習法は軍の義務に関してより規範的な基準を設定している。たとえばPaustは、ニュルンベルク裁判に由来する伝統法を引用している。

「占領地域の指揮官は平和と秩序の維持、犯罪の処罰、および彼の指揮下にある領域の生命および財産の保護の義務を課されている。彼の責任は指揮の領域と範囲を共にする。彼はその領域内に起こることを通知する責任を負い、……義務を怠る責任は彼にある」。

しかし、連合は多数の都市について、指揮官がたとえそのような意図があったとしても、そのような活動を行えるような程度に物理的に占領できていなかった。侵攻のために展開された軍勢は物理的なプレゼンス、そしてそれを通したイラク全土の安定を維持するために必要な駐屯部隊のような軍勢の余地をあまり残していなかった[19]。さらに、イラク軍を即時に全部解体してしまったこと、高位のバース党員を侵攻後のイラクの行政から全員排除したことはこれらの困難を拡大し、米国自身の復興人道支援室の行政的および組織的弱点を危機的状況に陥れた。その結果、米国および英国のなんらかの宣言的意味においてアラブの領域を「占領」することに対する過敏性と、バース党国家の変革と米国軍自身の「変革」に関する議論との思想的固執が組み合わさり、戦時占領の法の適用の著しい政治化につながった[20]。

9.占領 vs 変革？

完全な「占領者」として行動することを躊躇するということは、この法のもう1つの側面を反映している。ハーグ法およびジュネーヴ法両方とも占領者に国家の暫定的な行政責任を担う義務を規定し、いずれも占領自体から発生する変革的効果を予定していない。法はいかなる新しい形態の政府の強制も明確に回避するためにつくられている。したがって、主権自体ではなく、管理のみが移行するのである。にもかかわら

---

[19]アムネスティ・インターナショナルはとくにバスラにおける法と秩序の欠如の結果を詳細に挙げている。AI, "Iraq: The need for security" (AI Index: MDE 14/143/2003)参照。また、Human Rights Watch, "Legal Obligation of Coalition Forces to Provide Security in Iraq," at http://www.hrw.org/reports/2003/iraq0603/BasrSecurityFInal-05.htm参照。
[20]イラク軍を解体するというORHA/CPAの政策が、おそらく最も誤っていたのではないだろうか。ORHA/CPA自身の推測でイラクの人口の15%もの人々が軍における雇用、あるいは軍との取引関係に収入を依存していた。解雇された人の多くは、サダム政権の暴虐に加わるには若すぎ、政権にさほど忠誠を抱いていなかった。（米国に対する）国内の不満の増大は、治安政策のイラク化が十分検討されずに、早急に押し進められることにつながった。政治的、部族的または民族的に結びついた武装勢力への依存は、国内の治安機関をさらに分裂化させることになった。

ず、ジュネーヴ第4条約は占領者に必要に応じた変更を行う余地を残しているが、これらは限られている（そしてかなり緩く定義されている）21)。ジュネーヴ第4条約の意図は、占領者によるその領域の物理的コントロール以降も残るような継続的および憲法に根拠を置くようなかたちでその意思を強制することを可能にする憲法の大幅改正などを防止することである22)。

しかし、イラクに侵攻する連合軍は、矛盾する責任に直面することになった。つまり、腐敗してほとんど崩壊した国家であると大部分の人が合意している国を復興し、改革する義務を負うことになるのである。人道的活動組織や機関のなかでも発言力や影響力のある者は、連合が占領者としての完全な責任を受け入れ、意味のある、透明な改革政策を実行することの重要性を強調した。したがって、これらの矛盾するように見える要求を解決することは困難であった。にもかかわらず、それができなかったことは、米国の動機の合法性に関する計算に直接影響を及ぼした23)。ゲリラ活動が発生しようとしている状況において、そのような議論はとくに有害となる可能性があったのである。

10. 国連と決議による決議？

その問題は、安全保障理事会決議1483の採択によって、少なくとも厳密な法的意味において部分的に解決した24)。当初この決議は、米国主導の連合が「(1949年ジュネーヴ諸条約および1907年ハーグ規則を含む)占領に関する国際法の規範に」正式に拘束されることを合意したように見えた25)。「このことは(米国内外の)国連の関与の拡大を望む人々にとって、状況を国際化する法的手段としてならびに米国主導の連合をより法的に説明責任のとれるものにする手段として見なされた」26)。de Chazournesは次のように述べ、この点を強調している。

「国連事務総長は安全保障理事会に対する第1回報告において、この点を非常に断固として強調し、連合暫定施政当局のイラクの安全と公の秩序の問題に関する責任について想起させた」27)。

---

21) Sassoliは、「第43条がどの変化が合法的なのかを決定する固定的な基準を提供しない」のは残念だと述べている。「実際、2つの世界大戦後、裁判所は非常に多様な占領者（最終的に敗北した者も含めて）による立法を有効と認めてきた。イスラエルの裁判所のイスラエルによる占領地域に関する立法に関する実行も非常に寛大である」。Marco Sassoli, op. cit., p.3参照。
22) Ibid.
23) 大きな被害を伴う制裁がほぼ10年続き、イラン・イラク戦争ではサダム寄りの政策をとり、1991年のシーア派およびクルド人の反乱を見捨てたことで、イラク人の多くにとって米国の対イラク政策の動機は正確に何なのか疑問を持たせることになった。
24) 2003年5月22日付安全保障理事会決議（SCR）1483（2003）。
25) Laurence Boisson de Chazournes, "The United Nations (UN) on shifting sands: About the rebuilding of Iraq," International Law FORUM du Droit International, No. 5(2003), pp. 254-261.
26) SCR 1483(2003) 第5段落を参照。
27) Laurence Boisson de Chazournes, op. cit., pp. 254-261. 事務総長の安全保障理事会報告 S/2003/715（2003年7月17日）も参照。

安全保障理事会決議1483は一見、復興過程に他の国家の支援が必要であり、その支援のためには国連の役割を拡大し、合法性の問題により大きな注意を払わなければならないと次第に気がついた米国外交官による、遅ればせながらの妥協の産物のように見ることができる。このことは決議の表現と構造にある程度反映されているように見えた。一方でジュネーヴ諸条約とハーグ法に明示的に言及(第5段落)しており、前文は米国と英国を「占領者」と明示的に述べている。しかし、決議は明らかにイラクの政治構造の変革のための過程の開始に向けた期待を示し、「イラクの人々が自らの政治的将来を自由に決定できる状況」をつくること(第4段落)、「代表制統治に向けた国内および地方機関を設立」し、「法および司法改革を促進する国際的な努力を促進する」(第8段落)ことを奨励している。これは戦時占領に関する法に掲げられた「何も変えるな」という原則との明らかな対立にあるように見える28)。

　これらの矛盾は、米国が設置した暫定施政当局(CPA)から「イラク暫定政府(IIA)」への政治的移行のための連合の戦略にも反映されている。Grantは、IIAが「占領者」としての連合の役割と明らかな法的制限の矛盾の影響を逃れる、少なくとも部分的なメカニズムを提供したかもしれないと述べている。IIAはイラク人(米国が受け入れることのできる人々であるが)による組織であり、安全保障理事会決議1483に明示的に言及されている。したがって、その主要な役割は、「占領者」が敏感になる憲法上の変化の過程を合法化するものであると考えられる。にもかかわらず、Grantがいうように、これは合法性のディレンマの完全な解決にはなっていない。CPAは「それ自体改革過程において行動するよう求められており、過程の責任が暫定政府単独で果たされるのではないということを示唆している。さらに、暫定政府自体、決議においては連合暫定施政当局の機関と見なされているようである」からである29)。

　さらに、Sassoliが指摘するように、第4条約第47条の特定の結果として、「占領者によって設置された政府は、占領者自身によって導入できる変化以上の変化を住民に課すことはできない」30)。したがって、政治的だけではなく法的理由からも、政治的移行において国連が役割を担うことが必要となる。そのため、安全保障理事会決議1483およびその後の1502(2003年)は、国連に「代表制統治のための国内および地方機関を回復し設置する努力」を行

---

28) Adam Roberts, "Monitoring IHL in Iraq," at http://www.ihlresearch.org/iraq/も参照。
29) Thomas D. Grant, "Iraq: How to reconcile conflicting obligations of occupation and reform," June 2003, *American Society of International Law*, at http://www.asil.org/insights/insigh107a1.htm.
30) 国連国際法委員会の国際法違反行為の国家責任に関する条約草案第8条参照。Report on the work of its fifty-third session: 23 April-1 June and 2 July-10 August 2001, UN GAOR, 55th Session, Supp. No. 10, UN Doc. A/56/10, at http://www.un.org/law/ilc/reports/2001/2001report.htm.

うことを求め、「人権の保護を促進」し、「法および司法改革を促進する国際的努力の促進」を求める。したがって、この過程はジュネーヴ条約およびハーグ法の厳密な実施ではなく、選択的適用を反映し、連合が戦時占領に関する法から生じる過剰に規範的な法的制限を免れ、自らの意思を強制することを可能にしている。

これはまさに剥き出しの力が法とぶつかったときに予測される妥協のかたちであるが、国連憲章第103条は、安全保障理事会の決議と条約の義務が抵触する場合には安全保障理事会が優先することを認めている。これは過剰に便宜的であるように見えるが、これが行われることが非常に重要なのである。実際、安全保障理事会決議1483は、連合の政治的法的地位を準国際行政の一定のかたちに変え、とくにIIAがCPA（つまり連合）の管理下にある事実を考えれば、同様に重要なことに、IIAを合法化するために不可欠であった[31]。そのような合法化メカニズムがなければ、もっともらしい国連の役割全般あるいは国づくりにおける合法的なIIAまたはCPAの役割でさえ、それが何であるか特定することは困難である。

CPA/IIAによって担われる任務の範囲が「国際人道法によって課された限界を超えるように見える」[32]一方、これらの役割は政治的移行過程にとって明らかに不可欠であった。この過程をそのように合法化するための措置がなかったならば、占領地域の住民がどのように次のことを行うための一歩をとり始めることができるのか考えるのは難しい。

「自己の将来を決定し、法の支配の下で生活し、人権の尊重を享受する。そのためには新しい地方および国家機関の確立、および法、司法および経済改革が必要と考えるかもしれない。法の支配の原則に基づくと、——それはいかなる平和構築努力にも不可欠であるが——これらすべては第43条の原則の例外の下で正当化される範囲を超えて法律を制定する必要があることを示唆している」[33]。

にもかかわらず、この過程は政治的変化を操る米国の主要な役割という現実を、少なくともある程度合法化することにもなった。

11.国際人道法（IHL）

イラク侵攻が戦時占領に関する法の選択的適用という意味で新しい展開を見せた一方、紛争は国際人道法の適用に関する多大な困難と国際人道法と国際人権法の関係の進化に光を当てた。

前者については、民間の騒動に対する過剰な武力行使、捜索および逮捕手続、実効的な司法の実施、法的権利の

---

31) これは後の決議にも反映されている。SCR1500（2003年8月14日）において、安全保障理事会はイラクを広範に代表する2003年7月13日のイラク統治評議会の設立を、イラクの人々による、イラクの主権を行使する、国際的に認知された代表制政府設立に向けた重要な一歩として歓迎する、と述べた。
32) Laurence Boisson Du Chazoumes, op. cit., pp. 254-261.
33) Marco Sassoli, op. cit., p. 3参照。

適用、(あらゆる種類の)囚人の処遇、およびCPA職員と連合軍の説明責任のような多様なテーマに関する論争を招く問題が多数ある。その困難は環境の複雑な性格およびCPAと連合軍の組織的連携と実効的なコミュニケーションの欠如からも生じている。このことは連合軍の人員多数の訓練の欠如と侵攻全体を特徴づけた紛争後の計画の一般的貧困によって強化されている。これらの多くの問題は他所において詳細に文書化されており、本稿の範囲外であるが、しかしほとんどの場合、困難はその内容の変化よりもむしろ法の適用または解釈の失敗に関連している。

被拘禁者の処遇は別として、最も論争を招いたのは、とくに米国軍による破壊的武力の不適切な使用に関する問題である。軍が非常に複雑な状況に直面していたことは疑いもない。つまり、戦闘行動に対処すると同時に一般の騒動に関する問題も処理することを強いられるという状況であり、そこには2つのまったく異なる法レジームが適用されるべきなのである。前者には国際人道法が対応について明確な制限を課している。敵対行為に直接参加しないかぎり文民に対する直接攻撃を回避することを要求する「区別」原則と、武力行使が直接の軍事的利益をもたらすことを求めるなどである。それに対して、「連合軍は武力の行使が必要な戦闘外の状況、たとえば暴力を伴うデモを解散させるなどの事態にも対処している。そのような状況で要求されているのは、『法執行官のための国連行動規範』や『1990年法執行官による武力および火器の使用に関する国連基本原則』などの法執行に関する人権基準に沿った警察手法である」34)。

2004年を通して米国軍は、戦闘状態に適用されるのと同じ交戦に関する基本規則の下でほとんど行動してきた。この枠組みは「戦争を闘う」文化への傾向を強め、一般の騒動に対する対応については困難をもたらした。さらに、紛争後の安定化計画の諸事情によって連合軍は、警察活動において不必要に積極的な役割に引き込まれてしまった。とくに、イラク軍解体の決定は連合軍兵士をしばしば気質的に不向きで十分な装備も訓練もない警察の役割を担わせることになった。アムネスティ・インターナショナルは「法執行に従事する連合軍兵士および軍警察の多くは文民警察の基本的なスキルを有していないようであり、イラク法もジュネーヴ第4条約も知らないようである」という事実から生じる困難に光を当てている35)。

12.国際人権法の役割

おそらく法的観点からより興味深いのは、紛争が、国際人権法が戦時占領

---

34) AI, "Memorandum on concerns relating to law and order," (AI Index: MDE 14/157/2003), 23 Jury 2003, at http://web.amnesty.org/library/pdf/MDE141572003ENGLISH/$File/MDE1415703.pdf.
35) Ibid.

の間どの時点でおよびどの範囲において適用されるかということについて新展開を見せたことであろう。このことは、安定化および対ゲリラ活動に従事する軍にとって劇的な影響を及ぼす可能性がある。

最も論争が少ない展開は、イラク法において、現行およびつくられつつある人権基準に適合しない規定を停止する連合の動きであったであろう。CPA[36]は、拘禁および刑務所施設の運営のための手続を規定する「第2メモランダム」に主に国連被拘禁者処遇最低基準規則を基礎として使った。また、CPAは一時的に死刑を停止したが、それは主に死刑の保持が、つくられつつある人権規範に反するからである。にもかかわらず、CPA長官のポール・ブレマー大使は、アムネスティ・インターナショナル宛ての2003年6月37日付の書簡の中で、「連合の拘禁の実行に適用される唯一妥当する基準は1949年ジュネーヴ第4条約である。この条約は法的に他の人権諸条約に優先する」と述べている[37]。

しかし、ブレマーの発言は、連合軍に適用される法の性質における根本的な変化を無視していた。兵士はとくに戦時占領の文脈において、単に国際人道法だけでなく、自国が締約国となっている国際人権法の側面にも拘束されることが多くなっている。連合国とイラク両方とも、ブレマー書簡の時点で多数の人権諸条約に拘束されていた。「市民的及び政治的権利に関する国際規約（自由権規約）」「経済的、社会的及び文化的権利に関する国際規約（社会権規約）」「児童の権利に関する条約（子どもの権利条約）」「あらゆる形態の人種差別の撤廃に関する国際規約（人種差別撤廃条約）」などである。

なかんずく自由権規約は、国家の義務の実施を監視する人権委員会を設置し、国家の義務の要素がその国家が管理下または管轄下に置く領域に及ぶとつねに結論づけてきた。この示唆するところは、明らかに国際人権法が「国際人道法の規定を、たとえば戦闘状況外の騒動に対応するための武力行使または犯罪容疑者のための保護措置に関して、内容および解釈基準を提供することによって」[38]充実させるということである。

人権委員会の見解は、いくつかの他の判決によって補完されている。具体的にいうと、12月14日英国高等法院は、画期的ともいえる判決において、英国が加盟している「人権および基本的自由の保護のための条約（欧州人権条約）」の範囲が、イラクのホテルの受付係であったバハ・ムサが英国兵士に拘束されている間に死亡したイラクの刑務所にも及ぶとした[39]。高等法院は英国軍がムサ

---

36) ORHAの後継機関。
37) 筆者所有。また、http://web.amnesty.org/library/pdf/MDE141572003ENGLISH/$File/MDE1415703.pdfにも掲載。
38) Richard Norton-Taylor, "Troops could face trial after human rights ruling," *Guardian Unlimited* 15 December 2004, 'Occupation Watch' editorial, at http://www.occupationwatch.org/article.php?id=8300.

が死亡した刑務所を「実効的に管理」しており、人権法の管轄はその刑務所と英国軍に管理されていた他のいかなる拘禁センターにも及ぶと判断した。高等法院の判決は、バンコヴィッチ事件として知られるようになった欧州人権裁判所の判決と類似している40)。「バンコヴィッチ対ベルギーおよび他16加盟国事件」において裁判所が達した判決は、紛争における国際人権法基準の適用に関して重大な展開を表しているといえよう41)。

これは、1999年4月23日、セルビア国営放送(RTS)ビルのNATOによる爆撃の際に負傷した個人が訴えた事件であった42)。判決において裁判所は次のように述べた(第71段落)。

「本裁判所の判例は、裁判所が締約国の域外管轄権の行使を認めることが例外的であることを示している。本裁判所は被申立国が、外国の当該領域およびその住民の軍事的占領あるいは当該領域の政府による同意、招聘または黙認による実効的管理を通して、通常その政府が行使する公の権力のすべてあるいはその一部を行使する場合にそれを認めてきた」。

Kentridgeは、裁判所がバンコヴィッチの申立を「爆撃の被害者と被申立国の間に何の管轄上の結びつきもないという根拠で不受理」と宣告したと主張する43)。彼女は、域外適用の概念の適用可能性の厳格な解釈が、「域外管轄権を『例外的』と見なしてきた要素に依拠し、そのような管轄権の確固とした基礎を被申立国の侵害が起こったと申し立てられている領域に対する高度の実効的管理または実際の権威に置いた」と論じている44)。

実際、連合軍が占領地域に対し高度の実効的管理を及ぼしていた2003年、その連合軍がいたまさにその状況において、国際人道法に加えて自国が締約国となっている国際人権法の要素の適用が始まっていたのである。

13.バンコヴィッチが提示する課題

実効的管理の基準が人権義務の域外適用の根拠となることについて、「何人かの専門家は、この基準は国際社会に十分受け入れられているようであり、欧州人権裁判所の確立された判例法

---

39)'Occupation Watch' editorial, at http://www.ocupationwatch.org/article.php?id=8300参照。
40)バンコヴィッチ事件の影響の分析に関してはRaza Hussein, "The Extra Territorial Effect of the ECHR," at http://www.matrixlaw.co.uk/seminars/documents/7%20Mar%2002/Matrix.Etalk.pdfを参照。Janet Kentridge, Matrix Chambers, "The Extra-territorial Application of the Human Rights Act," 7 March 2001, at http://www.matrixlaw.co.jk/seminars/documents/7%20Mar%2002/Application%20of%20Human%20Rights%Act.pdf; Tim Eicke, Essex Court Chambers, "Enforcing human Rights: filling the gaps left open by the Human Rights Act," at http://lawzone.thelawyer.com/cgi-bin/item.cgi?id=111343も参照。
41)2001年12月12日判決、申立No. 52207/99。
42)Janet Kentridge, op. cit., p. 1.
43)Ibid.
44)Ibid.

だけでなく自由権規約委員会の立場をも構成していると合意した。この原則は多国籍軍に対し、その軍がある領域に対して実効的な軍事的管理を行っているときに適用できる」45)。

したがって、バンコヴィッチ判決は、国際人権法の域外適用に関して適当に保守的で厳格的な解釈を表している一方、その原則自体は国際人道法と国際人権法の区別をより広範に不明確にしようと脅かしている。赤十字国際委員会の「多国籍平和活動に関する専門家会合」の報告によると、このことから生じる主な危険は、「2つの分野の法がそれらを適用するのが非実践的になるほど溶け合うかもしれない」46)ことである。にもかかわらず、バンコヴィッチ事件で確立された判例法は、必ずしも普遍的な規範ではなく、国際人道法の域外適用が構成される原則は比較的少ない判例法に基づいており、そのうちの大部分は欧州人権裁判所による欧州の文脈における判決が占めている。赤十字国際委員会の専門家会合報告は、議論の中でオーストラリアの東ティモールに対する介入に対して欧州人権条約が適用されないことや、国際人権法のあらゆる要素に関して普遍的な受容がないことが強調されたことも述べている。たとえば自由権規約は、2003年11月2日現在、151カ国にしか批准されていない。報告は「これらの専門家によると、人権義務の域外適用は論争の多い問題であり続ける」と結論づけている47)。

14.結論――パラダイム・シフト？

イラク侵攻の最大の脅威は、国際制度において国家が行使する武力を管理する規律枠組みの課題を提示したことであった。ここにこの枠組みがますます米国の力の輪郭に沿って動くのではないかという非常に現実的な危険がある。しかし米国の行動は、論争を招き外観上違法であったが、規律制度を壊すことは求めていなかった。このレジームの弱点は必ずしも法自体の改革ではなく、より広い範囲の目的を追求する用意のあるより積極的な安全保障理事会をつくることに解決を見出すことができる。このことは、米国がより一国主義的な衝動を抑え、より広い範囲の多国間主義的目的を活性化した安全保障理事会を通して追求することにかかっている。

イラク侵攻から生じた最も明らかな論争は、主に十分確立した法原則の解釈、違反および適用に関するものであったが、より微妙な変化も起きていることは明白である。国際人道法と国際人権法の境界の不明確化に加えて、後者が必然的に示唆するより高い行動の基準

---

45) "Working session III: Aspects of the Applicability of International Human Rights Law,"（赤十字国際委員会多国籍平和活動に関する専門家会合報告）at http://www.icrc.org/Web/eng/siteeng0.nsf/htmlall/5ZBHAZ/$File/IRRC_853_FD_Application.pdf.
46) Ibid.
47) Ibid.

は、将来の軍事活動に重大な効果を与えるであろう。占領軍および平和維持軍が潜在的に服す法的枠組みにも明白な変化が見られ、比較的開発が進み、資源もある軍でさえもこれらの問題に十分対処できないでいる。

継続する戦闘活動および一般の騒動両方における戦時占領のよりいっそう複雑な文脈も大きな課題である。そのような文脈において騒動は、国際人道法よりもむしろ国内法およびますます適用可能になる国際人権法に規律される警察型の活動によって秩序を回復しなければならない。警察活動が「戦闘員」または「敵対行動に参加する文民」に対してではなく、騒動の罪の容疑にある文民に対して行われるという事実は、多くの軍において態度、装備、訓練および交戦規則に重大な変化をもたらすはずである。国際武力紛争の場合、武力は敵の潜在的軍事力を弱体化されるために用いられるが、警察活動は法を執行し、公共の秩序を維持するよう意図されている。Andersonは警察活動を次のように説明する。

「(警察活動)は敵対行動よりもはるかに多くの規制に服す。そのうち1つの例を挙げると、文民に対して武力は、法と秩序を維持するために他の非暴力的手段が成功しなかった場合の最後の手段としてのみ行使できる。火器の使用は、敵対行動において戦闘員に対しては通常行われるが、警察活動においては非常措置である。警察活動の行動、とくに火器の使用に関する人権法は、逸脱できない権利である生命の権利を保護するかぎりにおいて、国の生命を脅かすような状況においてさえも停止することはできない」[48]。

戦争において国家を拘束する法を解釈する過程が変化していることは、明白になりつつある[49]。ヒューマン・ライツ・ウォッチやアムネスティ・インターナショナルのようなNGOの多様な法の分野の解釈および適用を、しばしば現に行われている紛争の文脈において押し進めるより大きな役割によって、法の変化を動かす重心が国家および赤十字国際委員会から移動したという真の感覚をつくり出している。その結果、変化の過程が著しくより早く透明になっている。その性質もその基礎にある現実と大きくかけ離れている法の分野の解釈に危機感を増大させることにもなりうるだろう。

(訳：岡田仁子)

---

[48] Kenneth Anderson, "Who Owns the Rules of War," at http://www.crimesofwar.org/special/Iraq/news-iraq6.html.
[49] K Anderson et al, "A Public Call for International Attention to Legal Obligations of Defending Forces as well as Attacking Forces to Protect Civilians in Armed Conflict," at http://www.crimesofwar.org/special/Iraq/news-iraq6.html.
※本稿の各サイトには2005年1月31日アクセス。

Interactive Roles of Human Rights Law and Humanitarian Law in Quest for the Accountabilities for Grave Human Atrocities

人道法と人権法の交錯と融合
重大な人権侵害事件における責任追及の道筋

北村泰三 ●KITAMURA Yasuzo

1. はじめに
——問題のありか

　21世紀を迎えて早々、国際社会の人権状況は、複雑多様で困難な様相を見せている。20世紀の終盤10年あまりの間に新たに生まれた民主制国家や移行期経済体制の諸国においては、今なお人権の不安定的な状況が続いている。これらの諸国では、さまざまな政治的、人種的、民族的、社会的、経済的または宗教的な要因によって安定的な体制運用にはほど遠い状況が続いており[1]、過去の政権が行った人権侵害の被害者の救済、加害者の処罰の問題は解決していない[2]。また、冷戦体制の終焉以降に、世界の各地で生じた内乱や部族紛争は、今なお痛ましい傷痕を引きずり、また現に犠牲者を生んでいる。さらには、9・11同時多発テロ以降のテロの続発とそれに対するアフガン空爆や対イラク戦争などの武力行使による対抗措置、パレスチナをめぐる一連の問題は、危機的状況をはらみ続けている。このような種々の異なる背景で生じた問題は、一様に人権、人道との緊張関係をもたらし、国際秩序の不安定要因となっている。

　民族対立とテロとそれに対する対抗措置に特徴づけられる現代的な紛争における人的被害を救済し、被害者に対して責任の所在を明確にし、さらに問題を解決するための糸口として国際人権法と国際人道法という2つの法分野

---

1) 筆者は、2005年3月14日からジュネーヴのパレ・デ・ナシオンで開催された国連人権委員会の冒頭の1週間を傍聴する機会を得た。委員会に出席した各国代表の演説を聴いていても、人道上の問題と人権問題とが切り離せない状況にあることを今さらながら強く実感した。わが国代表は、拉致問題解決をめぐって北朝鮮政府を非難する演説を行い、同国代表団との議論の応酬があったことはわが国でも報道された。たしかに、拉致問題もわが国にとっては重要な人権と人道上の問題であるが、世界にはさまざまな国や地域において人権、人道問題が山積していることにも目を向ける必要があると思われる。

2) たとえばカンボジアでは、クメール・ルージュ政権時代（1975年4月〜1979年1月）に行われた集団殺害では、170万人もの犠牲者を出したといわれる。この行為は武力紛争下で行われたのではないが、甚だしい人権侵害であると同時に人道に対する罪である集団殺害（ジェノサイド）行為である。そしてそれは、国際人権法の違反であると同時に国際人道法の違反でもあるといえよう。1999年の東ティモール独立運動の過程で行われた弾圧、人権侵害も同様の性質を有している。

25

が存在している3)。この両法分野は、人権、人道という名称からしても諸要素を共有しながらもそれぞれが異なる体系をなしている。すなわち、人権法が、武力紛争のない平時において個人の人権と基本的自由の保障を目的とするのに対して、人道法は、国際的または非国際的武力紛争時において戦闘員や文民（非戦闘員）の保護を目的とするという点や、その成立の経緯や性格および適用される状況に差異がある。これまで両法分野は、規範の内容、適用する時間、場所、保護を受ける者、履行確保や実施手続等においてそれぞれが別個の発展経過をたどってきた。しかし、近年では武力紛争自体が国家間の戦争という様相から種々の主体間の武力紛争に転換していることに応じて、両法がその伝統的な範囲を超えて相互に浸透し、影響しあい、交錯する関係が見られるようになった4)。そこで、人道法が主として対応すべき問題であるのか、それとも人権法が状況に対してより的確な妥当性を有するものであるのだろうかという疑問が生じる。

そこで本稿では、国際人道法と国際人権法との比較の議論から始めて、領域等について確認しておく。今日に見られる種々の重大な人権侵害に対してそれぞれの法分野がどのような関係にあり、また重大な人権侵害に関する責任追及の道筋を示しているかという点を検討する。それによって、両法分野がいかなる相互の交錯関係を有しており、人権・人道法秩序の実現のために機能しているかを考えてみたい。

2. 人道法と人権法 ──二様の道のり

(1) 人道法における人権の位置

国際人権法と人道法とは、そもそも別個の範疇の法として生成してきた。国際人道法の歴史は、交戦法規として戦時国際法の体系のなかで、近代国際法の重要な地位を占めてきた。第2次世界大戦後の国連憲章の下においては、戦争の違法化が進められてきた結果、戦時国際法という呼称は歴史的なものとなりつつある。それに代えて、第2次世界大戦後の交戦法規は、武力紛争法と呼ばれるようになった。武力紛争法という言葉は人道法と同義に用いられることもあるが、この概念は戦闘行為を規律するハーグ法と、傷病者、捕虜、文民などの戦争犠牲者の保護を定めるジュネーヴ法に2分される5)。このうち人道法とは、狭義にはジュネーヴ法を指す言葉である。以下では、ジュネーヴ法をもって人道法として扱うことにする。

ジュネーヴ法の内容に触れる前に、ハーグ法の意味についても簡潔に言及

---

3) 国際人権法の文献は多数あるので、ここでの紹介は控える。国際人道法に関する邦語文献は、これに比べてずっと少ない。主要なものとして次を参照。藤田久一『国際人道法〔新版・再増補〕』（有信堂高文社、2003年）、竹本正幸『国際人道法の再確認と発展』（東信堂、1996年）、小池政行『国際人道法：戦争にもルールがある』（朝日新聞社、2002年）、モーリス・トレッリ（斎藤恵彦訳）『国際人道法』（白水社、1988年）。
4) 村瀬信也・真山全編『武力紛争の国際法』（東信堂、2004年）。
5) 竹本・前掲注3)書。

しておきたい。まず、害敵手段（武器）を制限して、敵に不必要な苦痛を与えたり、戦争の目的を超える武器の使用を禁止しようとする試みは、1868年のサンクト・ペテルベルク宣言に始まるといってよい。さらに、1899年の第1回ハーグ平和会議ではハーグ陸戦規則を採択して、ダムダム弾の禁止[6]、戦闘手段として毒物の使用の禁止を宣言した。1907年の第2回ハーグ平和会議では、同規則を整備し、これを条約化した。このような害敵手段の制限を中心とするハーグ規則の流れは、最近の対人地雷禁止条約の成立（1997年）にも影響を与えている。

ジュネーヴ法の生成の背景には、19世紀の半ばより、害敵手段の飛躍的な発展とともに、人的犠牲も大きくなってきたことが影響している。戦争犠牲者保護に関する人道的な要請も次第に強まった。その嚆矢は、ジュネーヴ出身のスイス人であるアンリー・デュナンによってもたらされた。彼は、19世紀半ばのイタリア統一戦争の際のソルフェリーノの戦い（1859年6月）の直後に同地を訪れ、傷病兵の惨状を目の当たりにした。スイスに帰るや、彼は戦争の悲惨を救済するための組織づくりに腐心、専念し、彼の発案に賛同した有志の間で1863年に5人委員会（その後1880年に赤十字国際委員会と名称を変更）をジュネーヴに設立して、戦争の苦しみから兵士らを救済するための国際的な取組みの必要性を訴えた[7]。その呼びかけに応じた諸国は、1864年にジュネーヴで会合して「戦場にある軍隊中の負傷軍人の状態改善に関する条約」（第1回赤十字条約）が締結された。これが最初の国際人道法条約の成立であった。その後、同条約は1907年に改正されたジュネーヴ条約として発展し、国際人道法の体系が次第に発展していった。

第2次世界大戦後の1949年には、従来の人道法に関する諸条約および国際慣習法を体系化したジュネーヴ4条約が採択された[8]。それらは、戦地にある軍隊の傷者および病者の状態の改善に関する条約（第1条約：傷病者条約）、海上にある軍隊の傷者、病者および難船者の状態の改善に関する条約（第2条約：難船者条約）、捕虜の待遇に関する条約（第3条約：捕虜条約）、戦時における文民の保護に関する条約（第4条約：文民条約）である。現在では、国際社会のほとんどの国家がこれらのジュネーヴ諸条約に加入している。

1949年のジュネーヴ諸条約は、主

---

[6] 小銃弾の一種で、人体に命中すると弾体が破裂して突き刺さり、傷口が大きくなる。非人道的であるとして、1907年第2回ハーグ平和会議で使用を禁止された。インドのコルコタ（旧称カルカッタ）郊外のダムダム工場で製造されたため、この呼称がある。

[7] アンリー・デュナン（木内利三郎訳）『赤十字の誕生：ソルフェリーノの思い出』（白水社、1959年）、吹浦忠正『赤十字とアンリ・デュナン：戦争とヒューマニティの相剋』（中央公論社、1991年）。ちなみに、わが国では西南の役（1877年、明治10年）の際に、田原坂の激戦が行われた熊本において初めての赤十字（当時は博愛社）の活動が行われた。熊本赤十字病院のウェブサイトhttp://www.kumamoto-med.jrc.or.jp/を参照。

[8] 井上忠男『戦争と救済の文明史：赤十字と国際人道法のなりたち』（PHP研究所、2003年）、宮崎繁樹『戦争と人権』（学陽書房、1976年）。

権国家間の国際的な武力紛争に適用されることを予定していたため、民族解放闘争のような、国家対非国家的集団との間の武力闘争には適用されないという問題があった。したがって、たとえば、民族解放闘争の兵士として捕虜資格が与えられなければ、捕虜として人道的に処遇を受けることなく国家反逆罪などにより非常に苛酷な処罰（すなわち死刑）を免れなかった。また、内乱のような非国際的な武力紛争にも基本的には適用されなかった。そこで、こうした植民地独立闘争などにも人道法の要請を確保するべく、1977年に2つのジュネーヴ諸条約追加議定書が採択された。すなわち、国際的武力紛争の犠牲者の保護に関する追加議定書（第1追加議定書）と非国際的武力紛争の犠牲者の保護に関する追加議定書（第2追加議定書）である9)。これによって、植民地独立闘争を行っている武装団体の構成員も、国際法上の交戦資格のないゲリラではなく交戦資格を認められ、同時に彼らにも捕虜資格が付与されることになった。

49年条約の第4条約は、武力紛争時における文民の保護について詳しい規定を置いた点で特筆される。第2次世界大戦が一般民間人の間に膨大な数の犠牲者を出したことに鑑みれば、その意義は非常に大きい10)。ただし、同条約第4条の規定によれば、保護の対象となる文民は紛争当事国の国民または占領国の国民ではない者とされている。つまり、自国の軍隊によって行われた侵害行為から締約国の国民を保護することを意図したものではなかったのである。1977年の第2追加議定書は、文民の範囲を武力紛争によって影響を受けるすべての人に対して、人種、国籍、性別等のあらゆる差別なしに適用することを意図している。このような第2追加議定書の規定は、前文においても「人権に関する国際的諸文書が人間に基本的保護を与えていることを想起して」と言及しているように、国際人権法の影響を受けたものであるといえよう。これによって国家は、あらゆる武力紛争下において一定の人権を保護すべき義務を負うようになった。こうして人道法は、次第に人権法に接近してきたともいえるだろう。

(2) **人権法における人道の位置**

ここでは人権の歴史を詳論する余裕もその必要もないが、人権法の生成の契機には、ジョン・ロックの抵抗権思想やジャン・ジャック・ルソーの自然権思想に代表される近代基本権思想が存在する11)。その思想は、アメリカ独立

---

9) わが国は、昨年（2004年）の国会において両議定書を批准した（05年2月28日発効）。その批准はいわゆる有事関連法との関係において提出されたものである。有事関連法については、国民の生命、財産の保護との関係で重大な問題をはらんでおり、批判も多い。ジュネーヴ条約追加議定書の批准は、国際的に認められた最小限の人権基準を遵守するという国の立場を明らかにしたという意味もある。日本の批准によって、主要国のうち追加議定書に加わっていないのは米国のみとなった。

10) 軍人と民間人との死者の比率は、第1次世界大戦時には95％対5％であったが、第2次世界大戦時には52％対48％になり、朝鮮戦争時には逆に15％対85％、ベトナム戦争時には実に5％対95％であったといわれる。『世界大百科事典』「戦争」の項目（高柳先男執筆）参照。

宣言やフランス人権宣言などの近代人権宣言において宣明され、のちに各国の憲法上の基本権保障の骨格を形成するようになった。

その近代人権思想が国家の枠を超えて、国際的にも保障されるべきと観念されるようになるのは、20世紀前半の2度の世界大戦を経て、とくに第2次世界大戦後の国連の時代を迎えてからである。国連憲章は、第1条3項において人権および基本的自由の尊重と促進を国連機構の目的として掲げた。続いて1948年の世界人権宣言は、具体的な人権のカタログを提供するとともに、これによって国際人権法の発展の源流を提供した。

ただし、注目しておくべきは、人権宣言は武力紛争時における人権保障についていかなる規定も置いていないということである。それは、同宣言が法的拘束力を有するものではないので、具体的な適用の方法については記述を避けたということ、また人権の国際的保障が戦争に対峙し、戦争を根絶する手段として編み出されたことに由来する。

確かに人権保障は、戦争やその他の武力行使と対極にある概念ではあるが、現実に武力行使はさまざまな理由によって起きてきたし、また今後も起こりうるのであるから、人権法はそれを禁止する趣旨や効力を持つものではない。世界人権宣言の内容を法的拘束力を伴う条約とした国際人権規約（社会権規約と自由権規約および自由権規約選択議定書からなる）のうち、自由権規約第4条では公の緊急事態における権利の停止について明文規定を置くことによって、武力紛争下では人権保障の一時停止を認めるとともに、一定のカテゴリーの人権についてはいかなる状況下でも停止が許されない趣旨を明らかにした12)。同規約の他の条項の規定にも、公共の安全等による制限を正当化する規定を置いている。

そのほか、国連で採択された人権諸条約には、人種差別撤廃（1965年）、女性差別撤廃（1979年）、拷問禁止（1984年）、子どもの権利（1989年）、移住労働者の権利（1990年）などが挙げられるが、これらには若干の例外を除いて戦争や緊急事態における人権保障についての規定はない。その例外として、子どもの権利条約第38条が15歳未満の少年を兵士として徴募し、敵対行為に参加することを禁止している点が注目される。この規定は、第1追加議定書第77条2項の規定と連動する意味を有している。さらにその趣旨は、少年兵士の禁止に関する子どもの権利条約追加議定書（2000年5月25日採択）に反映している13)。少年兵士禁止議定書の採択は、人権法の内容が人

---

11) 詳しくは、北村泰三「国際人権概念の生成と展開：人権の普遍性をめぐる議論を中心に」国際法学会編『日本と国際法の100年第4巻 人権』（三省堂、2001年）1〜35頁。
12) 公の緊急事態が何を意味するかは明らかではない。おそらく、戦時およびそれに準ずる内乱も含まれると思われる。宮崎繁樹編著『解説国際人権規約』（日本評論社、1996年）117〜124頁。詳しくは次を参照。寺谷広司『国際人権の逸脱不可能性：緊急事態が照らす法・国家・個人』（有斐閣、2003年）、阿部浩己「緊急事態における人権保障」国際人権14号（2003年）2〜8頁。

道法を取り込むことによって、相互に連携しつつ規範が拡充されていった例であるといえよう。

そのほかにも、国連では、人道法と人権法の要素を取り込む条約を採択してきた。その代表的なものが、「集団殺害罪の防止及び処罰に関する条約（ジェノサイド条約）」である。本条約は世界人権宣言を採択したのと同じ1948年の国連総会で採択されたことを鑑みれば、両文書は相互に連関していたことがわかる14)。第2次世界大戦中にナチスによって行われたユダヤ人の大量殺戮（ホロコースト）は、「人道に対する罪」としてニュルンベルク裁判において断罪されたが、その実定法的根拠については異論もあった。本条約は、その問題を克服するために、ジェノサイドを特別に非人道的な犯罪として明文により禁止し、いかなる地位にある個人によって行われた場合でも処罰を徹底化することを目的とする趣旨の条約である。世界人権宣言に含まれなかった人道への要請は、ジェノサイド条約の実現というかたちで対応したのである。同条約では、国際刑事裁判所の設置も予定していた（第6条）。しかし、その構想が実現するまでには半世紀もの時間を要したのだった。

また、「拷問及び他の残虐な、非人道的な又は品位を傷つける取扱い又は刑罰に関する条約（拷問等禁止条約）」は、いついかなる状況の下において行われた拷問等の行為であっても、これを禁止し、実行者（その地位のいかんを問わず、また指示した者も含む）を訴追すべき義務を締約国に課している。拷問禁止は、ジュネーヴ諸条約共通第3条および第2追加議定書にも規定（第4条2項(a)）がある。武力紛争時だけでなく、通常の平時においてもその趣旨の実現が求められている。

3.両者の関係
　——分離から融合へ

(1)分離説と融合説

人権は、各国の憲法秩序の下で保障されるのが通常のあり方である。そして人権は、相対的に見て安定的な法システムの下で手続的な保障（主として裁判手続による）の対象となるものとして観念されている。これに対して人道の意義は、それ自体一義的ではないが、いかなる場合においても人が人として認められるために最小限保有すべき権利を有することを意味している。必ずしも厳格な意味で法的に保障されるかどうかというよりも、とくに普遍的な倫理観によって支えられる禁止規範的側面が強調される観念である。その歴史的な由来から見てもわかるように、国際法上は人権法と人道法とは異なる取扱いを受けてきたが、近年では相互の連関

---

13)「武力紛争における児童の関与に関する児童の権利に関する条約の選択議定書」。本議定書では、18歳未満の少年が直接に敵対行為に参加することを禁止する。わが国は、本議定書を2004年4月21日に国会承認し、同年9月2日に発効した。
14)1948年12月9日採択、1951年1月12日発効。藤田久一『戦争犯罪とは何か』（岩波書店、1995年）132頁以下。

表●人権法と人道法の比較

	人権法	人道法	両者の交錯部分
歴史、起源	第2次世界大戦の後、国連主導の下で成立	19世紀後半に赤十字の呼びかけにより成立	
適用される時間	主として平時、公の緊急事態には限定的に適用	国際的、非国際的武力紛争時	公の緊急事態下の人権保障
規範の内容	国際的に広く承認された基本的人権（社会権と自由権を含む）。公の緊急事態において権利の保障停止が認められる。	交戦手段の規制（ハーグ法）。戦闘員、非戦闘員（文民）の保護（ジュネーヴ法）	・ジュネーヴ諸条約共通第3条 ・人権法においても公の緊急事態下でも保障停止が許されない権利として、拷問、非人道的取扱いの禁止等の存在 ・少年兵士の禁止（子どもの権利条約、ジュネーヴ条約第1追加議定書）
義務の主体	原則的には国家	国家、武力紛争の当事者	
義務の客体（保護の対象）	すべての人	傷病者、捕虜、非戦闘員（文民）	
履行確保の方法	・国内での履行確保のほかに、国際的実施措置が機能（国家報告、人権委員会等による調停、地域的人権裁判所） ・国際的実施機関は、個人の処罰は直接的には行わない	・赤十字国際委員会の存在 ・人道法条約は、国家法システム内で履行 ・国際的刑事裁判所による個人の訴追と処罰の可能性	相互の補完による責任の追及

が進んでいる。では、人権法と人道法とはどのような関係にあるのだろうか15)。

まず、人道法が武力紛争時に適用される法であるのに対して、人権法は平時における適用を予定しているという点において、両者は分離して考えるべきだとする考え方がある。これを「分離説」と呼ぶことができる16)。これに対して、武力紛争時においても人権法は一定の範囲内で適用することを理由に（たとえば、自由権規約第4条、ヨーロッパ人権条約第15条、米州人権条約第27条を参照）、両法分野は、融合的関係にあるとする「融合説（統合説）」がある。分離説は、かつての国際法における戦時法と平時法の分別に依拠した説の名残である。しかし、人権法は武力紛争や公の緊急事態においても適用されることは、人権条約の明文規定に見られるところである。また、拷問禁止などの人道法の要請の一部は、平時の人権保障にとっても重要な要素でもある。したがって厳格な分離説はがそのままの形で妥当するとはいえないだろう。

(2)緊急事態下における人権

人権条約は、基本的には平時に、つまり武力紛争が行われていない通常の状況の下で実施可能なものである。諸外国の憲法の下においてもまた自由権規約の下でも、集会・結社の自由、意見表明・表現の自由などは、公の緊急

---

15) Hans-Joachim Heintze, "On the relationship between human rights law protection and international humanitarian law," *International Review of the Red Cross*, Vol.86, No.856. (2004), p.789.
16) 寺谷広司「人道・人権の理念と構造転換論：人道法は人権法の特別法か」村瀬・真山編・前掲注4)書213頁。

事態においては制限を受けることがありうる17)。しかし、人権法も戦時または他の公の緊急事態であっても、全面的にその適用が停止されるわけではなく、いかなる場合においても遵守されるべき人権規範が認められている。つまり、公の緊急事態（戦時その他の武力紛争時、非常事態宣言下の状況）においても停止することが許されない人権規範が存在する。たとえば、自由権規約第4条の規定によれば、恣意的な生命に対する権利の剥奪（第6条）、拷問、非人道的取扱いの禁止（第7条）、奴隷の禁止（第8条）、契約不履行による拘禁の禁止（第11条）、遡及処罰の禁止（第15条）、人として認められる権利（第16条）および思想良心の自由（第18条）は、保障の停止が許されないとされている。

1985年に国連で採択された拷問等禁止条約は、拷問および非人道的な取扱いまたは刑罰を禁止することを目的として、いかなる地位にある者であっても、その実行者またはそれを指示した者を含めて処罰を要請している。これは、拷問という人間の尊厳を著しく毀損する行為を国際的に禁止する趣旨である。

他方で、49年ジュネーヴ諸条約の共通第3条では、非国際的な武力紛争の下でも拷問または非人道的な取扱いの禁止が定められている。戦時、武力紛争時であるいついかなる理由にせよ拷問は禁止されるという意味において、この禁止規範は現代国際法上の強行法規的性質を有すると見なされている。具体例を挙げるならば、旧ユーゴスラビアの紛争において行われた拷問・強姦等の民族浄化と呼ばれる一連の行為は、かくして人権法上も人道法上も同様に禁止される行為であり、その実行者は処罰されるべきことになる18)。さらには、武力紛争下で生じる避難民の保護は、人道法上では文民の保護の問題である。このように、平時の人権法、武力紛争時の人道法という峻別論は必ずしも妥当しない状況が見られるようになった。

ところで、人権法と人道法が共通にする価値は、人道の秩序の構築であり、個人の尊厳の確保である。個人の尊厳は、平時においても武力紛争時においても同様に等しい価値として最小限認められる。このような両者に共通の価値を背景として、共通の具体的法領域が存在している。それは人間の尊厳の確保から派生する規範であり、拷問、非人道的な取扱いまたは刑罰の禁止はその代表的な例であり、国際社会の強行法規（jus cogens）であるともいわれている。

(3) 共通の特徴——相互主義の克服

国際法上の国家の義務は、伝統的には相互主義的な性格を特徴としてい

---

17) たとえば、自由権規約第19条3項では、国の安全、公の秩序等を理由とする制限を認める規定を置いている。
18) 実際には、管轄権に関する諸問題が解決しなければ、直ちに裁判所が取り上げられるわけではない。旧ユーゴ国際刑事裁判所のタジッチ事件判決（1997年5月7日）を参照。山本草二・古川照美・松井芳郎編『国際法判例百選』（有斐閣、2001年）216頁。

た。つまり、国家による国際法上の義務への同意は、相手方当事国が同一の条件の下では同様の義務を引き受けるという前提において成立するという原則である。これを契約的な義務といってもよい。

人権法上の国家の義務は、諸国家間の相互主義的な利益を実現するためではなく、人権と基本的自由の促進と保護という全世界に共通の義務を引き受けるのであるといわれる。それは、人権という単独の国家の利益を超えたものであるから、客観的義務とか対世的義務と呼ばれることもある[19]。

これに対して人道法上の国家の義務は、いかなる性格を特徴としているだろうか。第1次世界大戦前のハーグ条約(1907年)は、いわゆる「総加入条項」(すべての交戦当事国が条約当事国であるときにかぎり、その条約を適用する旨を定める規定)を含んでいた。したがって、交戦国中に一国でも条約非加入国があれば、当該条約の適用が排除される。この規定は、伝統的な国際法の相互主義を根拠としたものである。しかし、一見して明らかなように、交戦当事者のうち一国でも条約未加入国があれば人道法の適用が停止されるというこの規定は、人道法の趣旨の実現を困難ならしめるので著しく不合理である。その後の人道法の展開過程において、この不合理は次第に是正されてき

た。1929年のジュネーヴ条約は、総加入条項を含んでいなかった。同様に、1949年のジュネーヴ諸条約と1977年の第1追加議定書もこれを含んでいない[20]。

この点に関連して、一方の紛争当事国による人道法違反行為は、他方の紛争当事者による人道法条約の運用停止や廃棄を正当化するかという問題がある。「条約法に関するウィーン条約」の規定では、一般的には条約の一方の当事国による重大な違反があった場合には、他方の当事国はそれを理由として条約の終了または運用の停止を主張する根拠として援用することが認められる(第60条)。しかし、同時にウィーン条約では、人道的性格を有する条約に定める保護規定の違反でとくに保護される者に対する報復を禁止する規定についてはこの一般原則は適用しないと定めている(第60条4項)。つまり、武力紛争の当事者の一方が文民や捕虜の虐待を行ったからといって、他方の当事者が同様の義務による拘束を免れることにはならないということを意味している。すなわちこれは、人道法に関する条約は、伝統的な相互主義的性格を止揚し、克服するようになったことを意味している[21]。

国際司法裁判所は、バルセロナ・トラクション会社事件(1970年)において「たとえば侵略行為やジェノサイドの違

---

19) 北村泰三「国際人権法の法的性格について」住吉良人編『現代国際社会と人権の諸相』(成文堂、1996年)1〜27頁。
20) トレッリ・前掲注3)書101〜102頁。
21) Rene Provost, "Reciprocity in human rights and humanitarian law," *British Yearbook of International Law*, 1993, p.383

法化、あるいは奴隷制、人種差別からの保護を含む人間の基本的諸権利に関する原理・原則」などの「国際社会全体に対して国家が負う義務」の存在を指摘したことがある22)。

同様に人権法も、客観的義務とは国際社会の共通の価値を受け入れるということを前提に国家が同意するものであるから、他国が当該義務に一致した行動をとるかどうかとは関係なしに履行される。

(4)人道法は人権法の特別法か？

国際司法裁判所は、1996年の核兵器使用に関する勧告的意見において、核兵器の使用と自由権規約第6条の生命に対する権利との関係についての見解を述べた。それによれば、同条は緊急事態においても保障停止が許されない規定であるから、武力紛争時においても適用する。その結果、戦闘状況においても、恣意的に生命を奪うことはできないと述べ、武力紛争時においては人道法の人権法に対する優位性が認められるとした。この意味は、人道法が人権法の特別法として存在していることを認めたものであろう。

「特別法は一般法を破る」の原則が妥当するのかという疑問が生じる。つまり、人道法の規定を理由として、一般法である人権法が破られることがあるのか、という疑問である。この点については、国際人道法上の「マルテンス条項（Martens Clause)」の存在によって、そのような問題は一応回避されると思われる23)。

4.責任追及の道筋
──相互の補完に向けて

(1)国際刑事法廷による人道法違反の訴追・処罰

人道法と人権法がめざす究極の価値である人道または人間の尊厳の確保という要請は、加害者の訴追や処罰という面でも徹底化を求めている。国家が人権侵害の加害者であるといっても、実際には国家機関の地位にある個人が加害者になっている。したがって、国家自身が加害者個人を処罰できないとき、国際社会がその役割を果たすことが期待される。その前例として、第2次世界大戦後にドイツと日本の戦争指導者を処罰するために設置されたニュルンベルクと極東の両国際軍事法廷がある。そこでは、「人道に対する罪」と「平和に対する罪」を犯した者は、たとえ国家機関の地位にある者でも処罰することにした。ただし、それは実行のときに犯罪とされていなかった行為を事後に処罰するという事後法の疑いを払拭しきれないものであり、罪刑法定主義に

---

22) 山本・古川・松井編・前掲注(18)書130頁。
23) マルテンス条項とは、「陸戦ノ法規慣例ニ関スル条約」（1899年）の前文の次の一節である。「一層完備シタル戦争法規ニ関スル法典ノ制定セラルルニ至ル迄ハ、締約国ハ、其ノ採用シタル条規ニ含マレサル場合ニ於テモ、人民及交戦者カ依然文明国ノ間ニ存立スル慣習、人道ノ法則及公共良心ノ要求ヨリ生スル国際法ノ原則ノ保護及支配ノ下ニ立ツコトヲ確認スルヲ以テ適当ト認ム」。cf. Rupert Ticehurst, "The Martens Clause and the Laws of Armed Conflict," *International Review of the Red Cross*, No.317 (1997), pp., 125-134.

鑑みて疑問が示されていた。

　人道法の履行をどのように確保するか、すなわち人道法違反があった場合にいかにして被害者の救済を確保し、加害者の責任を追及するのかという問題は重要である。伝統的な交戦法規によれば、国家間のレベルでは相手国の不法行為の中止または救済を求めるために、被害国が自力により行う強制措置である復仇という方法が認められてきた。これは、相手国の違法な武力攻撃による損害を武力によって回復する権利として捉えられる。しかし、国連憲章上は復仇の合法性が認められる余地はきわめて疑わしい。その点の議論は別として、これはあくまで国家間の問題である。ここでは、実行者個人の責任追及を問題としたい。

　人道法の実施のためには、ジュネーヴ諸条約違反または人道に対する罪を処罰するための制度が実効的に運用されなければならない。従来よりまた現在においても、人道法条約の解釈、適用は国内法制度に依存していた。たとえば、最近の事例で見れば、2004年には米英軍が管理するイラクのアブグレイブ刑務所において、イラク人被拘禁者に対する虐待事件が発覚した。その際、本件加害者である兵士らは、米英の軍法会議によってそれぞれが訴追され、審理が行われたことを想起することができる[24]。人道法の要請は、実行者がいかなる地位にあっても、訴追し、法の裁きを受けさせることにある。しかし、裁判の独立が保障されていたとしても（多くの場合には、軍人を裁くのは軍法会議である）、裁判所も国家機関である以上は、実行犯である自国兵士の行為だけでなく、その上官の責任をも含めて人道法違反に対してどこまで公正な判断ができるかどうか疑問がつきまとう。そのような場合には、関係当事国以外の客観的な機関による人道法の解釈、適用が望まれる[25]。

　重大な人権侵害を行った個人の処罰という問題が、国際社会においても具体化するようになった。このような個人の重大な人権侵害行為は、国際人道法の違反であると同時に国際人権法の違反をも構成するといえよう。このような例では、国際人権法と人道法とは、互いに人間の尊厳を回復するためのメカニズムとして他方を排除するものではなく、融合的に機能する側面を持っている。

　ジェノサイド条約は、ジェノサイド行為を裁くための機関として国際刑事裁判所による審理を予定していた（第6条）。しかし、その後の冷戦の影響などにより最近に至るまで、その構想は日の目を見ることがなかった。その間、ベトナム戦争当時にはアメリカ軍人によるベ

---

[24] この事件では、7人の米国憲兵隊員が起訴された。2005年1月15日、主犯格の陸軍のチャールズ・グレーナー技術兵は、テキサス州で開催された軍法会議において禁固10年と不名誉除隊の判決が言い渡された。
[25] Steven R. Ratoner, Jason S. Abrams, *Accountability for Human Rights Atrocities in International Law; Beyond the Nuremberg Legacy*, Second Edition (Oxford University Press, 2001). E.van Siedregt, *The Criminal Responsibility of Individuals for Violations of International Humanitarian Law*, (T.M.C. Asser Press, 2003).

トナム民間人の虐殺行為(ソンミ村事件)[26]や、ポルポト時代のカンボジアでも大量殺戮が繰り返されてきたが、実行者個人を国際的な法廷で処罰すべきだという議論は顧みられる機会がなかった[27]。この状況を打破したのが、90年代に生じた旧ユーゴ紛争であり、アフリカのルワンダの部族紛争である。旧ユーゴにおける民族浄化(エスニック・クレンジング)作戦の実行やルワンダにおける大量虐殺行為を前にして、従来のまま加害者が処罰されることなく放置されたままであることは国際人道秩序の重大な侵害であるという認識が広まった。そこで国連安保理は、臨時の国際刑事法廷を設置して個人責任の追及を行った。両裁判所では、加害者個人の責任追及が行われ、有罪判決が下されている[28]。これは人道法の解釈、適用上、画期的である。

また他方で、このような臨時的な法廷ではなく、常設的な国際刑事裁判所の設置の動きが復活した。国連では1997年、国際刑事裁判所設立条約を賛成多数で採択した[29]。これによって2度の世界大戦をはじめとする大量虐殺や戦争犯罪の悲劇の経験を踏まえ、加害者個人を裁く国際的な刑事裁判所を設けるという理想に近づいた[30]。

国際刑事裁判所(International Criminal Court, ICC)では、大量虐殺(ジェノサイド)、人道に対する罪、戦争犯罪、侵略の罪をいわゆる重大犯罪「コア・クライム」として訴追の対象とする[31]。裁判所内に独立組織として設けられる検察部が各国当局の協力を得て捜査を進めることになる(ただし、侵略の罪については、侵略の定義が明確に行われるまで管轄対象としないことになっている)。

国際刑事裁判所は、2002年7月1日、条約批准国が60カ国に達した時点

---

[26] United States v. William Calley, Court Martial Report, Vol.46, p. 1131 (1971). ベトナム戦争当時の1968年3月16日、米軍のウィリアム・カーリー中尉とその部下がベトナム・ソンミ村の多数の一般住民を虐殺した事件である。同中尉は、米国の軍法会議において訴追審理が行われ当初は終身刑を宣告されたが、後に減刑され早期に釈放された。

[27] 2003年6月にカンボジア政府と国連との間において、ポルポト政権時代に行われたジェノサイド行為を処罰するための特別裁判所の設置が合意された。同裁判所は、カンボジア国内に混合裁判所のかたちで設置されることになった(カンボジア人判事5名、国際裁判官2名で構成)。北村泰三「カンボジア元ポル・ポト派裁判の研究:特別裁判所設置に至るまでの経緯と背景」中央ロージャーナル3号(2005年近刊)。

[28] たとえば、代表的な例としてタジッチ事件がある。山本・古川・松井編・前掲注18)書216頁。そのほかについては、アムネスティ・インターナショナル日本国際人権法チーム編『入門国際刑事裁判所』(現代人文社、2002年)22〜23頁の判決一覧表を参照。

[29] 投票の結果は、賛成120、反対7、棄権21であった。米国は、海外に派兵された自国の軍人が国際法廷で裁かれることを阻止しようとして条約採択に反対した。若干の諸国との間で、二国間条約を締結して米兵を国際刑事裁判所の管轄下に引き渡さないことを約束している。これは、将来の裁判所の実効性に懸念を生じさせている。アムネスティ・インターナショナル日本編・前掲注28)書参照。

[30] 国際刑事裁判所に関する外国文献は最近非常に多い。そのなかで本稿のテーマに密接に関連するものとして次のものがある。Yasuf Aksar, Implementing international humanitarian law, From the ad hoc Tribunals to a Permanent International Criminal Court (Routldege, 2004). E.van Siedregt, The Criminal Responsibility of Individuals for Violation of International Humanitarian Law (T.M.C. Asser Press, 2003).

[31] 安藤泰子『国際刑事裁判所の理念』(成文堂、2002年)、藤田久一「国際刑事裁判所構想の展開」国際法外交雑誌98巻5号(1999年)31〜62頁。

で発効し、オランダのハーグに裁判所が設置された。とにもかくにも人道に対する罪を裁くための常設的国際法廷が用意されたことは、画期的な出来事である。しかし、国際刑事裁判所が機能を発揮するにはなお未知数の部分が多いし、たとえこれが機能したとしても人道上重大な犯罪に限られる。また、国際刑事裁判所は「補完性の原則」によって、締約国の国内裁判機能が十分な役割を果たさない場合にのみ機能することになる32)。したがって、国際刑事裁判所の検察部が、訴追判断をするかどうかの非常に重要な要素となる。

(2) 人権条約上の機関の役割

すでに言及したように、人権条約は、拷問、非人道的取扱いまたは刑罰の禁止等規定（自由権規約第7条、ヨーロッパ人権条約第3条、米州人権条約第8条）は、ジュネーヴ諸条約共通第3条と理念を共有している。したがって、ある種の公の緊急事態においては、人権条約上の実施機関が人権条約の解釈を通じて、実質的に人道法の理念を解釈し、適用することもありうる。実際に人権条約上の実施機関は、武力紛争下または緊急事態下における人権侵害事件を審理してきている。とくに、ヨーロッパ人権が発効して以来、積み重ねてきた判例法の一部として緊急事態下における人権侵害事件を扱ってきた。

人権法の履行制度は、締約国の責任を明らかにして、違反が認められた場合には締約国政府に対して被害者に対する救済を求めたり、加害者の処罰を求めることによって解決を図ろうとする33)。その内容は事案に応じて異なるが、将来に向けた再発防止の約束、そのための立法、行政措置の採用や改正または金銭的賠償などである。したがって、その違反を行った個人に対して刑罰を言い渡したり、その他の罰則を直接的に指示し、義務づけることはない34)。履行の要素として違法行為の行為者、責任者の処罰が求められることはあったとしても、それは直接的に人権法の要請から派生するものではない。

たとえば、自由権規約委員会は、規約第7条に関する「一般的意見20」において、「委員会は、拷問又は非人道的取扱い又は刑罰を禁止し、あるいは、これを犯罪とするだけでは、第7条の実施として十分ではないと指摘したい。締約国は委員会に対し、その管轄下の領域における拷問又は残虐な非人道的な若しくは品位を傷つける取扱いに該当する行為を防止し、処罰するためにとっ

---

32) 国際刑事裁判所規程前文および第1条参照。国際刑事裁判所は、国内の刑事管轄権を補完するのであって（第1条）、国内法廷を排除するものではない。すなわち、具体的には、対象犯罪に関する事案について、管轄権を行使できる国が現に捜査または訴追を行っている場合、関係国が当該事案についてすでに捜査を行って事件の容疑者を不起訴処分にした場合、すでに関係国において当該事件の容疑者が裁判に付されている場合で、一事不再理原則の適用がある場合には、国際刑事裁判所は管轄権を行使しない。小和田恆「国際刑事裁判所設立の意義と問題点」国際法外交雑誌98巻5号（1999年）1〜30頁。
33) ヨーロッパ人権条約では、これを「公正な満足 (just satisfaction)」と呼んできた。佐藤文夫「ヨーロッパ人権裁判所と個人：『公正な満足』付与の問題を中心に」成城法学7号（1980年）107〜142頁。
34) 尾崎久仁子『国際人権・刑事法概論』（信山社出版、2004年）292頁。

た立法・行政・司法、及びそれ以外の措置を報告しなければならない」と述べている35)。すなわち、刑務所内における被収容者に対する拷問、非人道的行為は、人道法上も人権法上も禁止される。両者のアプローチの違いは、人道法では(イラクのアブグレイブ刑務所事件に見られるように)加害者個人に対する責任追及が求められるのに対して、人権法では、国家が拷問等の行為を防止し、実行者を処罰する責任を果たすことによってこれらの行為を禁圧するとともに、被害者に対する救済を求めるのである。両法分野がそれぞれの機能を発揮することによって、拷問禁止の目的が果たされるのである。

　ヨーロッパ人権裁判所では、古くはローレス事件(1961年)やアイルランド対イギリス事件(1978年)以来、緊急事態下の人権侵害を扱ってきた。これらの事例では、公の緊急事態における国家の条約解釈適用上の裁量の範囲を通常の場合に比べて広く持たせることによって、国家主権に対する配慮を示してきた36)。しかし、近年のトルコに関するいくつかの例では、締約国の拷問責任を肯定した判決を下していることが注目される37)。

　ヨーロッパ人権裁判所は、ロシア連邦内のチェチェン紛争の下でロシア空軍機による無差別攻撃によって死亡した犠牲者の遺族からの訴えを審議して、2005年2月24日に重要な判決を下した。事件の発端は、1999年10月にロシア軍の勧告に従って首都グロズヌイ市から住民が脱出する際に、空軍機からのミサイル攻撃によって犠牲者を生じさせたことにある。本件では、一般市民の犠牲について、人権条約の違反があるかどうかが問題とされた。原告側の主張によれば、ロシア軍の行為は、人権条約第2条(生命権)の遵守を侵害しただけでなく、49年ジュネーヴ諸条約共通第3条の違反にも当たるとした。判決は、本件のような武力紛争下における軍隊の行動についても人権裁判所の審査が及ぶとした。さらに判決は、原告らの家族の犠牲についてロシアが適正かつ効果的な調査を怠ったことなどを理由として、人権条約第2条および第13条(効果的救済を受ける権利)に違反したと認定し、原告らに損害賠償を支払うべきことを命じた38)。

　本件判決の意義は、従来の先例に依拠しつつ、武力紛争状況下での軍隊の作戦行動により生じた犠牲であっても、政府が真相を解明し、責任の所在を明らかにする努力を怠った場合には、国家の責任が生じると判断した点にある。本判決は、とくに空爆という軍隊の典型的な作戦行動による民間人犠牲者の保護という面にも人権条約の適用

---

35) 規約人権委員会・一般的意見20(44)1992年4月3日採択。
36) 宮崎繁樹編著『基本判例双書国際法』(同文館、1981年)122、134頁。
37) Aksoy事件(1996年)、Yaman事件(2004年)などがある。薬師寺公夫「国際人権法とジュネーヴ法の時間的・場所的・人的適用範囲の重複とその問題点」村瀬・真山編・前掲注4)書239頁。
38) Khashiyev and Akayeva v. Russia Isayeva; Yusupova and Bazayeva v. Russia、ヨーロッパ人権裁判所判決(2005年2月24日)。

を認めることによって、事実上、人道法違反の有無を認定し、犠牲者に対する賠償を認めた。このように、人権裁判所は、人権条約の解釈を通じて人道法の履行を補完する機能を果たしていることが注目される。人権法と人道法が被害者救済に向けて相互の役割を果たしつつあると思われる。

(3)相互の補完に向けて

以上のように、紛争状況における重大な人権侵害事件においては、個別国家における個人の処罰が人道法上の原則であることに基本的な変化はないが、国際刑事裁判所の今後の動きによっては国際刑事裁判所が一定の役割を果たすことも考えられる。ただし、近い将来に国際刑事裁判所が活動を始めることはあっても、前述の「補完性の原則」があるので、大国、有力国に対する管轄権の行使は（自発的付託がないかぎり）控えられるものと思われる。それでもなお、現在の重大な人権問題が法整備が未熟な移行期経済体制下の国や途上国において生じていることを鑑みれば、これらの地域における人道法の履行確保にとって国際刑事裁判所に期待される役割は大きい。

また加害行為の実行者、責任者の訴追、処罰だけが問題なのではなく、同様の犯罪行為の将来に向けての再発防止、予防も必要である。また、人権条約の適用を通じての司法的救済の確保は、被害者のための修復的司法の実現という側面をも併せ持っている。その意味では、人権条約の実施機関が果たす役割が期待されるであろう。

他方で、ジェノサイドに代表されるコア・クライムに関していえば、事後的な救済制度を設置していても、その重大な非人道的性格から見れば十分とはいえない。むしろ、事後的救済より予防的な措置の構築が肝心であろう。このような議論が提起されている最中、2004年夏にスーダンのダルフール地方において起きたジェノサイドを食い止めることはできなかった。このような事態に即応するには、人権法であれ、人道法であれ、事後的な解釈、適用にはなじむが、法という性質上限界がある。他方で、議論の多い人道的介入を肯定するには、あまりに危険が大きい[39)]。むしろ、人道の要請を確保するためには、国連と地域的機関とが連携して重大な人権侵害を防止するための早期警戒システムの構築、人間の安全保障の確保という視点からの予防のためのネットワークの構築などが必要であろう[40)]。

5.おわりに

本稿は、人道法と人権法の交錯現象

[39)] 人道的干渉（または介入）をめぐる種々の議論については以下を参照。松井芳郎「現代国際法における人道的干渉」藤田久一・松井芳郎・坂元茂樹編『人権法と人道法の新世紀』（東信堂、2001年）5～63頁、最上敏樹『人道的介入：正義の武力行使はあるか』（岩波書店、2001年）、望月康恵『人道的干渉の法理論』（国際書院、2003年）。

[40)] United Nations, *A more secure world: Our shared responsibility, Report of the Secretary-General's High-level Panel on Threats, Chalenges and Change* (United Nations Publications, 2004).

を理論と現実の両側面から分析し、この現象が個人の尊重と保護の確保にどのような影響を与えているのかを明らかにするという試みであった。実はこの問題は、人道法と人権法の双方においてかぎりなく広がりのある問題であって、また目下進行中の問題である。したがって、ここで拙速に結論を示すとすれば、無理と誤解が生じるおそれを覚悟しなければならない。この小論で示すことができるのは、絶えず生起しつつある現象の一部を捉えただけの暫定的な結論となろう。

まず確認されたことは、人権法と人道法は、その歴史、内容等において異なる様相を呈しているということである。今日でも、両者の規範体系は、依然として適用される時、場所、規範内容等においてそれぞれがそれぞれの枠組みを有していることは曲げることのできない事実である。人権法が、人道法を包摂するというような、またその逆の関係が一般的に見られるわけではない。

しかし、それでもなお、両者間の融合、補完と見られる現象が進んでいることも注目される。両法分野は、いついかなる状況の下においても確保されるべき共通の人権・人道規範を共有しているからである。

また、両者の関係は、一方が他方を排除、排斥するような関係ではなく、両者が互いに補いあって人道、人権の共通価値を実現していくものである。被害者の救済という点では、両法分野は峻別されるのではなく、融合的にあるいは相乗的に実現されるものであろうと思われる。とくに、人道法の実施の過程においては、人権法の国際実施システムが果たす役割に期待が持たれるであろう。チェチェン紛争の下で民間人に対する犠牲者をもたらしたロシア軍の行動について、最終的には国家の人権条約上の責任が問われるとしたヨーロッパ人権裁判所の判決は示唆的である。ただし、人権条約上の実施機関が実際に期待される役割を担いうるとしても、現状ではせいぜいヨーロッパや米州の地域的人権機構に限定されるであろう。これまでの経験では、自由権規約委員会が果たす役割は締約国の協力によるところが大きいので、紛争下の締約国に対して多くを期待することはできないのである。残された部分は、国連人権委員会などの政治的な協議の場や人間の安全保障のための早期警戒システムの構築に委ねられる。重大な人道法違反に対しては、国際刑事裁判所や他の国際刑事法廷が今後、加害者個人の処罰の役割を果たすことによって、人道法の要請を確保することも期待されよう。旧ユーゴ法廷やルワンダ法廷は、その役割を部分的に果たしてきた。他方で、4半世紀を過ぎた今になってようやく過去の重大な人権侵害の究明と責任追及に取り組み始めたカンボジアのような例もある。それらについては一歩ずつこれまで積み上げてきた経験を活かしながら、人権と人道秩序の構築のための営為を継続していくしかないであろう。

●国別・テーマ別報告

Legal Status of Guantanamo Detainees: What is behind the Prisoner Abuse Scandal?

9・11後の「対テロ戦争」における被抑留者の法的地位
相次ぐ虐待事件の背景にあるもの

新井 京 ●ARAI Kyo

1.はじめに

「私は1日に8時間から10時間は立っている。なぜ立たせておく時間を4時間に限定しなければならない？」

米国のラムズフェルド国防長官は、そのような走り書きを添えて、現場から要請された被抑留者尋問規則の緩和を承認した[1]。また、グアンタナモ基地で準備を指揮した陸軍少将は、囚人の頭に何日も袋を被せたままにするような圧迫的で手荒な尋問手法を、自分が母親から受けた躾や罰になぞらえ、こんな自分の母親も戦争犯罪人なのかとうそぶいたという[2]。世界に衝撃を与えた米軍による被抑留者の非人道的取扱いは、このような根本的に誤った認識に基づく政策決定の末に起った事件である。一連の残虐行為は厳しく批判されるべき事件であるが、国際法上の評価は「著しく深刻な国際法違反」といえば十分であって、個別に学問的検討を加えるまでもない。

これは、グアンタナモ基地やイラク各地で行われた「拷問」についても同様である。グアンタナモ基地やアブグレイブ刑務所などに抑留された者がいかなる法的地位にあるとしても、拷問は絶対的に禁止され、重大な罪を犯したとされるテロリストに対しても、許容される余地はない。たしかに米国政府も、拷問が許容されると主張しているのではなく、尋問手法が国際条約や国内法上禁止される「拷問」にはあたらないと解釈している[3]。しかし、その解釈がまったく正当化できないことは多言を要さない[4]。

---

[1] *Memo from the Department of Defense summarizing approved methods of interrogation, with annotation from Secretary of Defense Donald Rumsfeld*, 2 December 2002, *reproduced in* Greenberg, K. J. & Dratel, J. L. (eds.), *The Torture Papers: The Road to Abu Ghraib* (Cambridge UP, 2004) (*Hereinafter referred as* The Torture Papers), pp. 236-237.
[2] セイモア・ハーシュ『アメリカの秘密戦争』(日本経済新聞社、2004年) 26頁。

注目すべきは、このような残虐行為は個々の軍人の単なる逸脱行為ではないということであろう。虐待が次々に発生した背景には、9・11の衝撃によるパラノイアともいうべきヒステリックな応報感情とともに5)、「テロとの戦い」が従来の武力紛争とは様相を根本的に異にする「新しい戦争」であり、伝統的な国際人道法の適用にはなじまないとする思考があった。9・11の同時テロ攻撃に直面した米国の指導者たちは、この「新しい戦争」が、被抑留者の取扱いと尋問に関する伝統的な法規制によっては十分対処できないため、勝利のためには国際法の規制を回避する必要があると考え、抑留した「テロリスト」を国際人道法の枠外にある者と位置づけたのである。しかし、ある米国陸軍憲兵中隊幹部が、「アフガニスタンの囚人を、捕虜ではなく『敵の戦闘員』と規定したことが、その虐待を招いた。彼らを『兵士』と認めれば、われわれの扱いも変わっていただろう」と指摘しているように6)、この時の被抑留者の「分類」が、その後の残虐行為の下地を作ったのである。

そこで本論では、米国ブッシュ政権がすすめるテロとの「新しい戦争」の過程で問題となった、被抑留者の法的地位の問題を取り上げ、批判的に考察する。筆者は、2002年春、ブッシュ政権がいわゆる違法戦闘員のグアンタナモ基地への抑留を発表した直後に、彼ら被抑留者の法的地位に関する小論を公表した7)。その後、米国はイラクに対する武力行使を「テロとの戦い」と関連づけて強行した。またグアンタナモ基地、アフガニスタンおよびイラク国内で行われたさまざまな残虐行為が暴露され、各種裁判所の判断が出され、政権の内部文書も公開された。そこで、新たに生じた問題にも必要に応じて言及しながら、グアンタナモ基地における被抑留者の法的地位について、ここで再論しておきたい。

2. タリバン・アルカイダへのジュネーヴ条約適用可能性

ブッシュ政権は、当初、タリバンおよびアルカイダ両者との間の武力衝突には捕虜条約が適用されないとの姿勢をとった。ホワイトハウスのゴンザレス法律顧問は、大統領は最高司令官として、

---

3) たとえば、司法省の高官は、禁止される拷問を「身体器官の損傷や、身体機能の低下、死に至るような」肉体的苦痛を与えることと限定的に解釈した (Department of Justice memo to the White House Counsel regarding the definition of torture, 1 August 2002, reproduced in The Torture Papers, pp. 172-217, at 176.)。

4) アブグレイブ刑務所のスキャンダルと関連して、軍や政府機関そのものではなく、軍事任務請負会社 (Private Military Company) による人権侵害や戦争犯罪が問題とされた。私企業による行為であっても、当該実行者が軍の命令系統に統合され、任務を国家機関に代わって遂行するよう委託されているかぎり、国家による国際法違反の責任追及において、国家機関の行為と区別されない (国家責任条文案第5条)。

5) ハーシュ・前掲注2) 書19〜25頁を参照。

6) Human Rights Watch, The Road to Abu Ghraib, June 2004, at http://hrw.org/reports/2004/usa0604 visited 28 February 2005.

7) 新井京『「テロとの戦争」と武力紛争法：捕虜資格をめぐって」法律時報2002年5月号17〜21頁。

捕虜条約が適用されるかどうかを決定する権限があると述べたうえで、「アフガニスタンは崩壊国家（failed state）である」として、タリバンに対してもジュネーヴ条約が適用されるべきではないとの助言を大統領に行った。この判断は、次のような要素を考慮してなされた。すなわち、タリバンはアフガニスタン領域と住民に対して完全な支配を及ぼしてはおらず、国際社会の承認を受けておらず、国際義務を果たす能力がないこと。また、タリバン（軍）は政府ではなく、民兵的・テロリスト的性質の集団にすぎないということ、である。

ゴンザレスは、後に第2次ブッシュ政権の司法長官に指名されたため、上院における承認の過程において、このときの助言において次のように述べたことが、たびたび引用されることになった。

「テロとの戦争は新しい種類の戦争である。捕虜条約が前提としていた、戦争法を遵守する国家間の衝突という伝統的形態とは異なる。この戦争では、拘束したテロリストやその支援者から素早く情報を得て、さらなる攻撃を防止する能力など、これまでにない要素が重要になる。私の意見では、このような新しい側面は、ジュネーヴ条約が課す敵の捕虜を尋問する際の厳格な制約を時代遅れなものにした」8)。

ホワイトハウス幹部や司法省の法律家は、ジュネーヴ条約の適用によって、「新しい戦争」に対処する際の柔軟性が奪われることを嫌い、さらに将来における同種の戦争において手を縛られることを嫌って、捕虜条約の適用を回避しようとしたのである。

この立場に政権内部で対抗したのが、パウエル国務長官および国務省の法律家であった。パウエルは、上記のゴンザレス助言を受けて、ジュネーヴ条約の有用性を強調した。パウエルの主張は、米軍の信頼性と道徳的権威を維持し、米軍関係者を刑事訴追から保護する必要があるため、捕虜条約がアフガニスタンでの戦闘に適用されると認めたうえで、アルカイダやタリバンの構成員が捕虜の資格要件を満たさないとの立場をとるべきだというものであった。国務省の法律家は、アルカイダの構成員は全員がカテゴリカルに捕虜資格を持たないと考えたが、タリバン構成員については、捕虜資格を持つものが存在しうるため、ケース・バイ・ケースの認定が必要だとした。そもそも、米国はアフガニスタンを捕虜条約締約国と位置づけ、条約上の義務を守るよう求めてきた経緯があるため、アフガニスタンを崩壊国家であると見なして、紛争全体を捕虜条約の適用範囲から除外するのは政策上の矛盾だったのである9)。

この政権内部での論争を経て、ブッ

---

8) *Memo from White House Counsel to President Bush opposing the application of Geneva Conventions to the conflict in Afghanistan*, 25 January 2002, *reproduced in TheTorturePapers*, pp. 118-121.
9) *Department of State memo from Colin Powell in response to the White House Counsel's position on the application of Geneva Conventions*, 25 January 2002, *reproduced in TheTorturePapers*, pp. 122-125.

シュ大統領は2002年2月7日に、次のような判断を示した10)。
① アルカイダはジュネーヴ諸条約の締約国ではないため、ジュネーヴ条約のいかなる規定も、アフガニスタンその他世界の各地におけるわれわれとアルカイダとの紛争に適用されない。ゆえにアルカイダの被抑留者は捕虜とは見なされない。
② ジュネーヴ条約がアフガニスタンとの紛争に適用されないと決定する憲法上の権限は大統領にあるが、現時点でその権限を行使せず、アフガニスタンとの間の紛争にジュネーヴ条約が適用されることを認める。
③ しかし、タリバンの被抑留者は違法戦闘員であり、捕虜条約第4条が規定する捕虜とは見なされない。
④ 政策的考慮として、合衆国軍隊は、被抑留者を人道的に、かつ軍事的必要性に合致する範囲で捕虜条約の諸原則と一致して取り扱わねばならない。

3.被抑留者の捕虜資格

米国のこの政策には同盟国からさえ批判が噴出し、米州人権委員会への提訴11)、合衆国連邦地裁への人身保護請求などが相次いだ12)。

第1にタリバン兵の捕虜資格を否定したことが批判された。捕虜条約の解釈問題として、アルカイダが「アフガニスタン正規軍に属する民兵隊」とは考えられないため、彼らが捕虜ではないとされたこと自体は反発を受けていない13)。しかしタリバンは、ジュネーヴ条約の締約国であるアフガニスタンを代表する政権であって、その軍隊を「正規軍」と見なしうるため、構成員には自動的に捕虜資格が与えられるのではないかという疑問が呈せられた。すなわち、捕虜条約第4条は、「紛争当事国の軍隊構成員」と「紛争当事国に属するその他の民兵隊及び義勇隊の構成員」を区別して、後者についてのみ、①責任ある指揮官の存在、②識別可能な標章、③武器の公然携行、④戦争の法規慣例遵守という「4条件」を課しているため、前者の「正規軍構成員」にはそのような「4条件」は当てはまらないというのである14)。

これに対して、米国は、正規軍構成員であっても自動的に捕虜資格がある

---

10) *Memo from President Bush to his national security advisors concerning the application of Geneva Convention in the Afghanistan conflict*, 7 February 2002, *reproduced in TheTorturePapers*, pp. 134-135.
11) Inter-American Commission on Human Rights (IACHR), *Decision on Request for Precautionary Measures (Detainees at Guantanamo Bay, Cuba)*, 12 March 2002, International Legal Materials, Vol.41 (2002), p.532; *Response of the United States*, 15 April 2002, *ibid*, p.1015.
12) 2004年夏の最高裁判決が出される前までの段階であるが、詳細な判例紹介として、熊谷卓「判例紹介：テロリストと人身保護請求の可否」新潟国際情報大学情報文化学部紀要7号(2004年)119〜159頁を参照のこと。
13) この点は米国を批判するNGO等も認めるところである。*See* Human Rights Watch, *Background Paper on Geneva Conventions and Persons Held by U.S. Forces*, 29 January 2002, at http://www.hrw.org/backgrounder/usa/pow-bck.pdf (visited 28 February 2005).
14) E. g. Aldrich, G. H., "The Taliban, Al Qaeda, and the Determination of Illegal Combatants", *American Journal of International Law*, Vol.96 (2002), pp. 894-896.

とはいえないとの立場をとった。正規軍構成員であっても自己を文民と区別して行動するのでなければ捕虜資格（戦闘員資格）を失うという立場は、米国が伝統的に踏襲してきたものである15)。米国は締約国ではないが、1977年の第1追加議定書も、第44条において戦闘員が自己を文民と区別しなければ捕虜資格を失うことを、若干の例外付きで承認している。自己を文民と区別する戦闘員の義務が緩和される例外は、いわゆるゲリラ戦を正当化するために途上国により強く主張されたものであり、米国を含む多くの国家がこのような例外を設けることに反対し、解釈宣言において適用される状況を反植民地化闘争や外国軍隊による占領の状況に限定している。したがって、そのような「例外的状況」以外において自己を文民と区別することが正規軍構成員についても捕虜の資格要件となることに異論はないと考えられる。条文の意味について議論は分かれるが、本件におけるタリバンがその「例外的状況」に該当するものとはいえず、少なくとも、タリバンが国家の正規軍と見なしうるがゆえに当然に、そのすべての構成員が捕虜資格を得るとはいえないのである。

　タリバン兵の法的地位に関連して批判されるべきは、米国政府が「一律に」タリバン兵の捕虜資格を否定した点であろう。米国は、タリバン兵の大多数が軍服や識別標章をつけず、武器を秘匿して行動し、戦争の法規慣例を遵守していなかったと主張する。しかし、正規軍構成員と一応見なしうるのであれば、捕虜の資格要件を充足しているかどうかを、個別的に判断する必要があった。従来の武力紛争において、正規軍構成員が制服を着用し規律に服していることは当然の前提とされており、タリバンのような軍事団体は捕虜条約の想定外であるとはいえるかもしれない。しかしその場合でも、少なくとも、個々のタリバン兵が、自己の捕虜資格を証明する機会が設けられるべきであった。

　第2に、米国による一方的な捕虜資格の否定と捕虜条約第5条2項との整合性が問題とされた。同項は、「交戦行為を行って敵の権力内に陥った者が第4条に掲げる部類の一に属するかどうかについて疑が生じた場合には、その者は、その地位が権限のある裁判所によって決定されるまでの間、この条約の保護を享受する」と規定する。米国は、可能なかぎり捕虜条約に合致した取扱いを約束しつつ、被抑留者が捕虜ではないことは明白であって、彼らの法的地位にいかなる疑いも存在しないと主張した。しかし、米国の立場を批判した国際機関や学者の多くは、被抑留者の法的地位に「疑い」があると主張し、グアンタナモ基地の被抑留者の法的地位について検討した米州人権委員会の見解は、とくに根拠を挙げず「疑いが存在するのは周知の事実である」と述べ

---

15)この解釈は、当然相互的に米軍の構成員にも当てはまる。文民を擬装して破壊活動を行う米軍特殊部隊構成員は、捕虜資格を持たない。米軍がそのような自国兵士にまで捕虜資格を要求した例を筆者は寡聞にして知らない。

た16)。

はたして、いかなる場合に捕虜であるかどうかに「疑い」が生じたといえるのであろうか。米州人権委員会は、被抑留者の地位について「客観的に」疑いが生じていると判断しているように思われるが、そのようなことは可能なのだろうか？

判例や米陸軍規則は、抑留された本人が捕虜であるという「訴え」を起こすことで、被抑留者の法的地位に「疑い」が生じたとしている17)。しかし捕虜条約第5条自体は、明確な答えを示していない。捕虜条約の不明確さを補うために、第1追加議定書は「敵対行為に参加して敵対する紛争当事者の権力内に陥った者については、その者が捕虜の地位を要求した場合、その者が捕虜となる権利を有すると認められる場合又はその者が属する締約国が抑留国若しくは利益保護国に対する通告によりその者のために捕虜の地位を要求した場合に」(第45条1項。傍点筆者)捕虜であることを推定するとしたうえで、抑留国が捕虜であることに疑問を呈する場合を「疑い」が生じた状態としている。つまり、捕虜資格の有無についての抑留国の判断のいかんにかかわらず、また被抑留者本人の意思表示の有無にかかわらず、客観的に「疑い」が存在する余地を認めているのである。

捕虜条約第5条は、第1追加議定書が認めるような広範な「捕虜資格の推定」を明示には規定していない。そのため、被抑留者本人が捕虜資格を主張すれば必ず「疑い」が生じたと見なされ捕虜資格が推定されるような仕組みであるとは必ずしもいえない。しかし、米国自体が陸軍規則で、被抑留者が自らの発意で「訴え出る」ことで「疑い」が生じ捕虜資格認定の手続が開始されると規定していること、さらに捕虜条約第5条の「疑いが生じれば裁判で決定する」という趣旨からすれば、少なくとも、被抑留者がなんらかのかたちで自己の法的地位について中立的審査を求める機会が用意されていなければならない。米国のように、被抑留者の地位は明確で「疑いはない」としてまったく司法的審査の余地を認めないのは、捕虜条約上、許されないと考えられる18)。

被抑留者が完全に司法審査の機会を奪われた状態に置かれることは、米州人権委員会によっても、米国の連邦最高裁によっても批判された。最高裁は、直接グアンタナモ基地の被抑留者の地位に言及したわけではない。しかし2004年6月28日のRasul v. Bush

---

16) IACHR, *Decision on Request for Precautionary Measures*, op. cit., p. 533.
17) Naqvi, Y., "Doubtful prisoner-of-war status" *International Review of the Red Cross*, No.847 (2002), p. 574.
18) ただし、第1追加議定書の起草過程において、捕虜条約第5条にいう「権限ある裁判所」には米国が予定したような「軍事委員会のような行政的性質の機関」を含むことが認められている (ICRC, *Geneva Convention IV, Commentary* (1958), para.1745)。これによれば、被抑留者が軍事委員会で「違法戦闘行為」(戦闘員の資格が認められないのに暴力行為を行ったこと)について刑事責任を問われる際に、被告人となった被抑留者が、自らの捕虜資格(戦闘員資格)を主張し無罪の抗弁をすることで、捕虜資格の有無についての疑いに回答が与えられることになる。もちろん、米国が、グアンタナモ基地のすべての被抑留者を適切な時期に軍事委員会に訴追し、そのような申し開きをする機会を与えないかぎり、この解釈によっても米国の政策は正当化されない。

事件判決において、グアンタナモ基地に抑留された外国市民についての人身保護請求を連邦地裁が扱う余地があると認定した[19]。また同日のHamdi v. Rumsfeld事件判決では、米国本土に敵の戦闘員として抑留され、グアンタナモ基地の被抑留者と同じ状況に置かれた米国市民に、自己の法的地位について司法審査を求める憲法上の権利を認めた[20]。大統領の戦争権限によって「無期限抑留」を正当化し、グアンタナモ基地のトリッキーな法的地位を利用して司法審査の機会を奪ってきた米国政府は、この最高裁判決により、膨大な司法的チャレンジを受ける可能性にさらされた。

しかし政府は先手を打って、戦闘員資格審判所を設置した（2004年7月7日国防総省決定）[21]。この決定により、被抑留者には資格再審査を受ける権利が告知され、申請すれば3名の審判官による審査を受け、自身が敵の戦闘員ではないことを証明する機会が与えられた。最高裁のHamdi判決は、米陸軍規則による捕虜資格審査制度[22]を、被抑留者が司法審査を受ける権利を保障するものとして許容している。戦闘員資格審判所は、陸軍規則の制度と類似した行政手続であるが、被抑留者は、弁護人を自ら選任することができず、証拠へのアクセスも大幅に制限されている。そのように権利が制限された審査制度が、陸軍規則が想定する戦闘直近地域において戦闘継続中に暫定的になされる資格審査においてならともかく、前線から離れ、長期間抑留されているグアンタナモ基地の被抑留者のような状況においても、司法審査を受ける権利を保障するものとして十分なものであるかは疑問である。

4.違法戦闘員の法的地位

米国は、グアンタナモ基地の被抑留者を捕虜ではなく違法戦闘員であると主張している[23]。米国の政策を批判する者によれば、違法戦闘員は、国際人道法上認められた「法的地位」ではないとされる。

違法戦闘員の定義として最も一般的な理解は「交戦する権利がないにもかかわらず戦闘行為に直接参加したすべての者」というものである[24]。戦闘員としての資格が認められないため、敵の

---

[19] Rasul v. Bush, 124 S. Ct., 2686, 28 June 2004.
[20] Hamdi v. Rumsfeld, 124 S.Ct.2633, 28 June 2004.
[21] News Release at http://www.defenselink.mil/releases/2004/nr20040707-0992.html (visited 28 February 2005).
[22] *Enemy Prisoners of War, Retained Personnel, Civilian Internees and Other Detainees*, Army Regulation 190-8 (1997), Ch.1-6.
[23] 違法戦闘員なる法的カテゴリーが認められるとしても、イラク戦争において違法戦闘員が存在すると主張するのは誤りであろう。米国はイラクとの間の武力紛争に国際人道法が適用されることを明確に認めており、イラク旧軍兵士は「捕虜」と見なされる。イラク国内において反米武力闘争を行う者も、米国に対する「戦闘行為」を行ったというよりも、イラク国内で罪を犯した犯罪者と捉えるべきである。なぜならば、米国とイラクとの武力紛争（かつて2004年6月末の主権委譲まで存在した）とはまったく別の文脈で行われているからである。
[24] Dörmann, K., "The legal situation of "unlawful/unprivileged combatants"" *International Review of the Red Cross*, No. 849 (2003), p. 46.

権力内に陥った場合に捕虜とは見なされず、たとえ国際人道法に則った行為であっても戦闘行為そのものについての刑事責任を問われることになる。国際人道法が戦闘を行う資格を限定している以上、資格を持たない者による戦闘行為の普通犯罪としての刑事責任を問いうることは当然である。また、たとえば戦闘員としての資格を持たない文民が戦闘行為に直接参加した場合、文民として攻撃対象とはされない権利は失われ、合法的な攻撃目標とされてしまう25)。このように、違法戦闘員が、違法に戦闘に参加したため攻撃目標とされ、拘束されても捕虜とは見なされないと主張するにとどまるのであれば、国際法上さほど問題はない。問題となるのは、彼ら違法戦闘員に捕虜資格が認められないとすれば、どのような法的保護を受けうるかという点である。米国が暗示しているように、違法戦闘員が捕獲された場合には、何の保護も受けられないのであろうか。

　第1追加議定書は、第50条において、文民を捕虜（戦闘員）ではないものと定義し、戦闘員でなければ自動的に文民に該当すると規定している。はたして、第1追加議定書が適用されない状況では、すなわち捕虜条約と文民条約の下では、捕虜資格を否定される違法戦闘員は、文民としての地位を有すると考えられるのであろうか。

　文民条約は、主として占領地住民と敵国に居住するいわゆる「敵性外国人」の保護を目的とし、第4条1項で保護対象たる文民を「……紛争又は占領の場合において、いかなる時であると、また、いかなる形であるとを問わず、紛争当事国又は占領国の権力内にある者でその紛争当事国又は占領国の国民でないもの」と定義している。しかし、同条3項は「中立国の国民で交戦国の領域内にあるもの及び共同交戦国の国民は、それらの者の本国が、それらの者を権力内に有する国に通常の外交代表を駐在させている間は、被保護者と認められない」と規定している。また、同条4項は、ジュネーヴ第1条約、第2条約、および第3条約（捕虜条約）によって保護される者は、文民条約の保護対象ではないとしている。

　整理するならば、紛争当事国の権力下にある者で捕虜条約（および傷病兵として第1、第2条約）の保護対象にならない場合、原則として、抑留国国民以外のすべての者が文民と見なされることを意味する。占領地にある中立国国民は、文民条約の保護対象となりうる26)。赤十字国際委員会（ICRC）のコメンタリーでは、「敵の権力内にある個人は、捕虜か文民かのどちらかの地位を持ち、中間的な地位は存在しない」と説明されており27)、1949年のジュネーヴ諸条約においても、捕虜資格を持た

---

25) 第1追加議定書第51条1項、3項。戦闘行為に参加するなど、有害な行為を行えば攻撃から免除される権利を失うのは、文民病院（文民条約第19条）、医療組織（軍以外）（第1追加議定書第13条）についても同様である。
26) ICRC, Commentary, op. cit., p. 46.
27) Id., p.51.

ない被抑留者は文民に該当するといえよう28)。

ただし例外的に、共同交戦国国民、および交戦国領域内にいる中立国国民は、国籍国が抑留国と外交関係を維持している間は文民とは見なされない29)。この例外は、アフガニスタン以外の国家の国籍を持つ者を含むグアンタナモ基地の被抑留者の場合に重要になってくる。ICRCによると、被抑留者の出身国は少なくとも40カ国に及び30)、そのなかには、米国と外交関係のある国家の国民、および米国と共同で軍事行動を行う国家の国民が含まれている（たとえば、クウェート、イギリス、オーストラリアなど）。このような例外が認められるのは、それら国民は、国籍国による外交的保護を期待しうるからである。しかし、それらの者が国籍国の友好国に対して武器を取った場合に、国籍国による保護がどの程度期待できるか疑わしい。また、本件のような場合であれば、アルカイダなどの団体構成員であり、聖戦（ジハード）に参加しているという宗教的コミットメントのほうが、客観的な国籍と国籍国への忠誠よりも、当該個人の属性をより現実的に示すと考えられる31)。旧ユーゴ国際刑事裁判所は、今日の武力紛争では、客観的国籍よりも民族性（エスニシティ）が被保護者の決定において重視されるとして、伝統的な国籍要件を緩和して、文民に該当するかどうかの判断を下している32)。同裁判所が述べるように、伝統的な国家間紛争を想定していた従来の国籍要件を実質的な「忠誠」関係へと解釈を拡大することは、保護の範囲が拡大され、ジュネーヴ条約の趣旨目的から見て望ましいものといえるだろう。

それでは、違法戦闘員を文民と見なすことは可能であろうか。文民条約における文民の定義によれば、違法に戦闘に参加したことそのものは、文民条約による保護を排除する事由とは見なされていない。これは、同条約第5条の規定からも証明される。同条1項は、紛争当事国領域で「被保護者が個人として紛争当事国の安全に対する有害な活動を行った」と認められる場合に、「条約に基く権利及び特権で……紛争当事国の安全を害するようなものを主張することができない」と規定する。同2項は、占領地において、「被保護者が間ちょう若しくは怠業者（サボタージュ

---

28) ジュネーヴ条約のこのような無理のない解釈にもかかわらず、違法戦闘員は文民条約の保護対象ではないという見解もある（たとえば、Detter de Lupis, I., The Law of War (2nd. ed.) (Cambridge UP, 2000), p.136.）。しかし、そのような見解には、いかなる法的証拠も示されていない（Dörmann, op.cit., p.59）。
29) そのほか、文民条約非締約国国民も保護対象にならないとされているが、今日ではほとんど想定することはできない。
30) ICRC Operational update, *Guantanamo Bay: Overview of the ICRC's work for internees*, 30 January 2004, at http://www.icrc.org/Web/Eng/siteeng0.nsf/iwpList74/951C74F20D2A2148C1256D8D002CA8DC (visited 28 February 2005).
31) Vierucci, L., "Prisoners of War or Protected Persons qua Unlawful Combatants? The Judicial Safeguards to which Guantanamo Bay Detainees are Entitled" *Journal of International Criminal Justice*, Vol.1 (2003), p.310.
32) ICTY, Prosecutor v. Tadic (IT-94-1-A), Appeals Chamber Judgment, 15 July 1999, para.166.

を行う者)又は個人として占領国の安全に対する有害な活動を行った明白なけん疑がある者として抑留された場合」に、軍事的に絶対に必要な範囲で、「条約に基く通信の権利」を失うと規定している。すなわち、紛争当事国領域や占領地で、違法に戦闘に参加した破壊活動者、および当事国(占領国)の安全を害するような行動を行った者について、一定の権利の制約が予定されているが、文民条約のそれ以外の保護・権利は認められることを前提としているのである33)。第1追加議定書第45条3項も「敵対行為に参加した者であって、捕虜となる権利を有せず、また、第4条約に基づく一層有利な待遇を受けないものは、常にこの議定書の第75条に規定する保護を受ける権利を有する」と規定し、違法戦闘員が第4条約の保護対象であることを前提としている。したがって、条約の文理解釈上、違法戦闘員を文民と見なすことは可能であり、文民条約による保護を受けうると考えられる34)。

5. 文民たる被抑留者の取扱い

違法戦闘員、すなわち戦闘中に身柄を拘束されながら捕虜資格を否定されるものは、文民として、どのような取扱いを受けるべきであろうか。

文民条約の規定する文民は、同条約第5条が規定する例外を除いて、条約上のすべての保護を受ける。先述のとおり、第5条の例外とは、文民が紛争当事国領域内で当事国の安全に対する有害な活動を行った場合に、当該当事国の安全を害するよう条約上の権利が主張できないこと。さらに占領地でスパイ、破壊活動その他の安全を脅かす活動を行った場合に、条約上の「通信の権利」が制限されることである。

文民条約上許容される文民の拘束は、紛争当事国領域および占領地において「安全上絶対に必要とされる」文民の「抑留」「住居指定」の場合(第42条、第78条)、および占領国に対する犯罪行為の処罰の場合(第68条)である35)。拘束される場合でも、文民たる被抑留者は、人道的に待遇されなければならず(第27条)、情報を得るために「被保護者に肉体的又は精神的強制」を加えてはならず(第31条)、残虐行為は禁止される(第32条)。

文民条約第5条で「安全上の絶対の理由」により権利を制限される場合、また第4条の国籍要件により、文民として

---

33) Dörmann, op. cit., p. 50.
34) ただしこの点について、条約の起草過程において、議論が紛糾したことについて、Dörmann, op. cit., pp. 52-58を参照のこと。
35) イラクにおいて米軍に拘束された人々は、このいずれかのカテゴリーに属するものとして抑留されている。たとえグアンタナモ基地の被抑留者の場合にジュネーヴ条約の適用に疑問があるとしても、イラクにおいては国際人道法の適用は米国自身が認めており、文民の被抑留者に文民条約の保護が及ぶことは間違いない。明白かつ著しい条約違反の虐待行為が非難されているが、そのほかとくに問題になるのは、第49条により禁止される占領地域から他国領域への文民の強制移送が行われていることである。この点について十分に論じる余裕がないが、詳細は F. L. Kirgis, "Prisoner Transfers out of Iraq", *ASIL Insight*, October 2004, at http://www.asil.org/insights/2004/10/insight041027.htm (visited 28 February 2005)を参照のこと。

の地位が認められない場合でも、ジュネーヴ諸条約共通第3条により「(a)生命及び身体に対する暴行、特に、あらゆる種類の殺人、傷害、虐待及び拷問……(c)個人の尊厳に対する侵害、特に、侮辱的で体面を汚す待遇、(d)正規に構成された裁判所で文明国民が不可欠と認めるすべての裁判上の保障を与えるものの裁判によらない判決の言渡及び刑の執行」が禁止される。共通第3条は、内戦に適用されることを念頭においた規定であるが、国際武力紛争においても、「最低限度の人道的基準」として遵守されるべき慣習法規則を表すものと考えられる36)。また第1追加議定書第75条は「紛争当事者の権力内にある者であって諸条約又はこの議定書に基づく一層有利な待遇を受けないもの」に関する「基本的保障」を規定している。それによれば、殺人、拷問(身体的なものであるか精神的なものであるかを問わない)などの、「人の生命、健康又は心身の健全性に対する暴力」、ならびに「個人の尊厳に対する侵害、特に、侮辱的で体面を汚す待遇、強制売春及びあらゆる形態のわいせつ行為」が、「いかなる場合においても、また、いかなる場所においても、文民によるものか軍人によるものかを問わず」禁止されている。同条3項は、「武力紛争に関連する行為のために逮捕され、抑留され又は収容される者は、これらの措置がとられた理由をその者が理解する言語で直ちに知らされ」、「犯罪を理由として逮捕され又は抑留される場合を除くほか、できる限り遅滞なく釈放されるものとし、いかなる場合においてもその逮捕、抑留又は収容を正当化する事由が消滅したときは、直ちに釈放される」ことを規定する。さらに4項において「通常の司法手続に関する一般的に認められている諸原則を尊重する公平かつ正規に構成された裁判所が言い渡す有罪の判決によることなく、武力紛争に関連する犯罪について有罪とされる者に刑を言い渡すことはできず、また、刑を執行することはできない」と規定される。本条は、紛争当事者の権力下に置かれたすべての者のための「セーフガード」規定であり、被抑留者の地位の如何を問わず適用可能である。また、本条が慣習法上の規則であることは広く認められており、米国自体がその旨を確認している37)。

グアンタナモ基地(さらにはアブグレイブ刑務所など他の収容所)に関して暴露された一連の「虐待」は、疑いなく上記の最低基準に反する取扱いである。また米国は、グアンタナモ基地の被抑留者を抑留し続けることができる理由として、紛争当事者は、敵の戦闘員が再び戦闘に参加することを防止する

---

36) International Court of Justice, *Military and Paramilitary Activities in and against Nicaragua (Nicaragua v. United States of America), Merits, Judgement*, I. C. J. Reports, 1986, p. 14, at 114, para. 218.
37) Matheson, M. J., "The United States Position on the Relation of Customary International Law to the 1977 Protocols Additional to the 1949 Geneva Conventions", *American University Journal of International Law and Policy*, Vol. 2 (1987), pp. 419-31.

ために、武力紛争が継続しているかぎり、(合法であれ違法であれ)敵の戦闘員の抑留を継続することができるのだと主張している38)。しかし第1追加議定書第75条によれば、そのような被抑留者も、抑留措置がとられた理由を告知され、その理由が消滅すれば直ちに釈放されなければならない。グアンタナモ基地の被抑留者が抑留の理由を告知されたかどうかは不明であるが、抑留の必要が今日も存在するかどうかは大いに疑問がある。米国は、テロとの戦争が継続中であるとし、また彼らのもたらす脅威を強調する。しかし、「テロとの戦争」なるものが国際人道法の適用される国際的武力紛争として継続していると論証するのは理論的に非常に困難である。仮に武力紛争が継続していると論証されたとしても、第1追加議定書第75条の規定の趣旨からすれば、少なくともアフガニスタンでの実質的戦争の終結以降は、軍事委員会において被抑留者の「違法」戦闘行為についての刑事責任を問うのでないかぎり、個々人がいかなる安全上の脅威をもたらすのかを個別的に判断しなければならないと考えられる。

米国は、2004年夏の最高裁判決後に戦闘員資格審判所と定期再検討制度(被抑留者の脅威の有無を定期的に再検討する行政組織)を立ち上げたが、この時点まで、被抑留者が地位の見直しを求める仕組みを設置しなかったこと自体批判されねばならない。新しい制度も、前述のとおり公正な司法審査とはいえない。したがって、少なくとも現時点では、現在のような制度の下で、米国がグアンタナモ基地における抑留の継続を正当化する法的根拠は、国際人道法上も見出せない。

6.むすびに代えて

以上に検討した、グアンタナモ基地の被抑留者の法的地位に関する米国の政策は、国際人道法に対する重大な挑戦といえるだろう。たしかに、国際人道法が9・11やその後の経過のような状況を想定していなかったことは事実である。しかし、国際人道法発展過程において、群民兵、レジスタンス運動、ゲリラ、民族解放団体など、通常の国家軍構成員以外の者にいかなる法的地位が与えられるかがつねに大きな問題とされてきた。その意味では、今日の国際人道法は、アルカイダのような存在に対処する法規則をある程度は備えているともいえる。新しい「現実」にあわせて国際人道法をアップデートする作業は必要であろうが、既存の法的枠組みに対する十分な理解なく、国際人道法の変革を主張するのは拙速であろう。本論で触れたように、本来なら違法である行動を正当化するために、意図的に新しいパラダイムを設定し国際人道法の適用を回避した米国の政策は許容されない。

また、国際人道法を補完する国際人

---

38) *Response of the United States.*, op. cit., p.1021.

権法の役割も強調しておきたい。人権法と人道法の関連についての詳細な議論は本書掲載の他の論文に譲るが、次の点は強調されなければならない。たとえ9・11以降に生じた「新しい状況」に対する国際人道法の適用可能性が曖昧であるとしても、今日、国際人権法は武力紛争時においても遵守されなければならず、少なくとも逸脱できない人権を保障する義務がつねに紛争当事国には課されている。その意味では、いかなる状況においても、自己の権力下にある者に、いかなる権利も認めず恣意的に拘束し続けることができる「法的ブラックホール」[39]は存在しないのである。これは国際人権法の発展が国際人道法にもたらした最も重要な貢献として評価されるべき点である。

---

39) Steyn, J., "Guantanamo Bay: The Legal Black Hole" *International and Comparative Law Quarterly*, Vol. 53 (2004), pp. 1-15.

●国別・テーマ別報告

International Criminal Tribunals: From the Perspective of Post-Cold War International Peace and Security

アドホック国際刑事裁判所とポスト冷戦時代の国際安全保障

二村まどか ●FUTAMURA Madoka

1. はじめに

　旧ユーゴのミロシェビッチ元大統領の裁判、チリのピノチェト元大統領の引渡し問題、そしてサダム・フセイン裁判に至るまでの国際世論などが示すように、冷戦後、「人道に対する罪」、ジェノサイドなどの重大な戦争犯罪や深刻な人権侵害に携わった国家指導者の裁判と処罰が、国際的関心事となった。そして、戦争犯罪裁判に国際社会が深く関わるようになったことは、国連によって設置された旧ユーゴ国際刑事裁判所、ルワンダ国際刑事裁判所、シエラレオネ特別法廷、そして現在検討されているカンボジア特別法廷などに見ることができる。1998年に裁判所規程が採択された「常設」国際刑事裁判所（ICC）と異なり、これらの国際刑事裁判所はどれも、管轄権が領域的にも時間的にも制限されている「アドホックな」裁判所である。

　なぜ、冷戦後の国際関係において、国際刑事裁判所がにわかに注目されるようになったのか、いいかえるなら、なぜ、第2次大戦後の国際軍事裁判所以後約半世紀の間、国際刑事裁判所は設立されなかったのか。さらには、これらのアドホックな国際刑事裁判所は、何を目的としているのか。これらの「政治的な」問いは、国際法や人権の専門家を中心になされている国際刑事裁判所研究において、必ずしも十分に考察されていない。一方、国際政治や安全保障を専攻する者からは、国際刑事裁判所はとかく軽視されがちなトピックである。しかし、「アドホックな」国際刑事裁判所は国際法と国際政治の産物であ

り、またその設立および目的の背景には冷戦後の国際安全保障概念が大きく関わっている。

　本稿は、冷戦後の「国際刑事裁判所ブーム」の皮切りとなった旧ユーゴ国際刑事裁判所（ICTY）を通して、上記の問いを分析し、国際刑事裁判所の冷戦後の国際安全保障における位置づけ、働き、そしてその可能性と限界を考察するものである。

　ICTYがなぜ、そして何のために設立されたのかという問いを分析する前に、以下ではまず、ICTYの「先駆者」であるニュルンベルク国際軍事裁判所の、冷戦下の国際関係における意味合いを考察したい。

2.冷戦下の国際関係と「ニュルンベルクの遺産」

　ポスト冷戦時代の国際刑事裁判所の原点にあるのは、第2次大戦後に設置された、史上初の公的国際裁判所、ニュルンベルク国際軍事裁判所である1)。ニュルンベルクは、大戦中に行われた「平和に対する罪」（侵略戦争）、「戦争犯罪」、および「人道に対する罪」に責任を有するナチスドイツの指導者たちを訴追し処罰することを目的に設置された。その翌年には、同じ3つの戦争犯罪に対して責任を有する日本の主要戦争犯罪人を裁くために、極東国際軍事裁判所（東京裁判）が設置された。主要戦争犯罪人の処罰は、連合国の戦後ドイツ・日本に対する非ナチ化・非軍事化および民主化政策の一環であった。と同時に、上記の3つの戦争犯罪およびそれに対する個人の刑事責任を明記したニュルンベルク条例と、その条例に基づき実際に国家の指導者を国際裁判で裁くという前例が、戦後の国際法の発展、そして戦争の抑止と国際平和に貢献することも、強く期待されていた2)。しかし以下に見るように、ニュルンベルクが戦後の国際社会にもたらした「遺産」は、必ずしも期待・予測されたものではなかった。

(1)「ニュルンベルク諸原則」の法典化と国際法の発展

　ニュルンベルクおよび東京裁判に対しては、罪刑法定主義に反する事後法による裁判であるという強い批判が、当初からあった。しかし、ニュルンベルク条例が構築した原則は、戦後国際社会によって支持された。1946年12月11日、国連総会において全会一致で採択された「ニュルンベルク諸原則」は以後、さまざまなかたちで法典化されていく。

　戦争犯罪に対する「個人の刑事責任」という概念については、1949年ジュネーヴ諸条約そして1977年の2つの追加議定書において、国際人道法の「重

---

1) 以後ニュルンベルク裁判とは国際軍事裁判を指し、国際軍事裁判が終了した後、同地でアメリカ占領軍によって行われた「ニュルンベルク継続裁判」を指さない。
2) R・H・ジャクソン『R.Hジャクソン報告書：1945年6月から8月までのロンドンにおける軍事裁判に関する国際会議』(法務大臣官房司法法制調査部、1965年)。

大な違反行為」を行ったまたは行うことを命じた個人の刑事責任が明確にされ、それに対して各締約国が必要な処置をとることが義務づけられた。「人道に対する罪」は、一国内でその国民に対して行われた残虐行為であっても国際法上の刑事責任が生じるとした点で、国際法、とくに人権法の発展に大きな貢献をなした[3]。実際に「人道に対する罪」は、ジェノサイド条約、世界人権宣言、自由権規約、社会権規約、アパルトヘイト条約、拷問等禁止条約の基礎となったといえよう。なかでもジェノサイド条約は、その罪を犯した個人の刑事責任を追及することを締約国に義務付けている。

その一方で、ニュルンベルク裁判所が法典化を最も期待した「平和に対する罪」は、戦後明確に定式化されなかった。冷戦が始まりイデオロギー対立が深まる中で、何が「侵略行為」で何が「自衛行為」なのかについて、国際社会のコンセンサスを導き出すことは不可能だったからである。

(2)「ニュルンベルク諸原則」の履行

「ニュルンベルク諸原則」は、国際法に「個人の刑事責任」という概念を持ち込んだ点で画期的である。国際人道法の焦点が国家から個人へと移り、それと同時に人権法が国際人道法を形成していく過程に影響を及ぼすきっかけと もなったからである[4]。しかし、国際法上の「個人の刑事責任」から生じる責任は2種類あることを確認しておかなくてはいけない。1つは、国際法上で直接問われる「個人の責任」であり、もう1つは国際法上の刑事責任を負う個人を処罰する「国家の責任」である。ニュルンベルク以降、国連を中心に、戦争犯罪を犯した個人の責任を直接問うことのできる常設国際刑事裁判所の設立が検討され始めた。しかしその試みは、ニュルンベルクが最重要視した「平和に対する罪」の概念が定型化されないなか、挫折する。超国家的な常設刑事裁判所を持たない国際社会では、個人の刑事責任の追及は各国の政策に委ねられることになる。そしてここに、国家によるニュルンベルク諸原則の「履行」の問題・限界が生じるのである。

まず、国家が自国民の戦争犯罪を訴追することは、戦争犯罪がしばしば国家政策の遂行と不可分であることから難しい問題をはらみ、厳しい処罰がなされないことが多い。このことはベトナム戦争でのアメリカ軍によるミライの虐殺とその後のアメリカ政府の対応からもうかがえる[5]。次に、「人道に対する罪」に関しては、それが国家権力によって自国民に対して行われることが多い事実を考えると、国内裁判による責任者の処罰を期待するのは非現実的である。一方、ある国の戦争犯罪および人道に

---

[3] Theodor Meron, "The Humanization of Humanitarian Law", *The American Journal of International Law*, Vol.94, No.2(2000), p. 263.
[4] Meron前掲注3)論文, pp. 243-244。
[5] 藤田久一『戦争犯罪とは何か』(岩波書店、1995年)152～154頁。

対する罪の責任者を、他国は国際法をもとに裁こうとするであろうか。この点に関しても、冷戦下の国際社会は非常に消極的であった。超国家的組織を持たない国際関係においては、国家主権の相互尊重が大原則である。一国の責任者および国民を他国が訴追することは、その国に対する内政干渉、主権侵害になりかねない。国家主権の尊重という原則の下、ウガンダのイディ・アミン政権下の50万ともいわれる殺戮も、ポル・ポト政権下の大量虐殺も、冷戦中は黙認されたのである。

ニュルンベルク以後、諸原則がさまざまな国際法を通して法典化される一方で、その諸原則の履行や新たな国際戦犯法廷の設置は、冷戦下では実現しなかった。戦争犯罪の国際的訴追と処罰は、国家主権を脅かし、「不干渉(不介入)原則」を侵害し、ひいては国際平和と安全を脅かす、と見なされたのである。そもそも、国際人道法(戦争法)は、戦時における国家間の相互主義を基盤にしており、国民をその政府の迫害から守ることを目的としてはいない。また冷戦下では国家の側でも、直接利害のない他国内での大量殺戮や残虐行為を積極的に非難し、正そうというインセンティブもなかった。加えて戦後の国際社会には、国際裁判そのものに対するシニシズムがあったといえよう。ニュルンベルク裁判の提唱者が、国際裁判の有用性を侵略戦争の「国際犯罪」化においたからこそ、「平和に対する罪」が法典化されず、旧連合国間で核戦争の脅威が高まるなか、国際刑事裁判はしょせん「勝者の裁き」に過ぎないという批判を受けることになったのである[6]。

(3)「ニュルンベルク」と「移行期の正義」

履行という点では消極的な評価しかできない「ニュルンベルクの遺産」だが、戦後社会に与えた「規範的」影響は見逃せない。規範としてのニュルンベルクが注目を浴びるきっかけとなったのは、ニュルンベルクにおいて大きな役割を担ったアメリカによるベトナム戦争であった。ベトナム戦争は、知識人や市民団体による大規模な反戦活動を引き起こしたが、ここで注目すべきは、アメリカの政策に対する批判が「ニュルンベルク・アナロジー」を用いてなされたこと、つまり、アメリカの戦争が「平和に対する罪」であり、戦争遂行に当たって戦争犯罪と「人道に対する罪」が行われ、これらの責任者は処罰されるべきだ、と批判されたことである[7]。1967年にはバートランド・ラッセルとジャン=ポール・サルトルらによって非公式裁判(「ラッセル裁判」)が開かれ、ニュルンベルク諸原則に基づいて、アメリカのベトナム戦争が審理された。この過程で「ニュルンベルク」が、国際戦犯法廷に

---

[6] たとえば以下を参照。Eugene Davidson, *The Nuremberg Fallacy: Wars and War Crimes since World War II* (New York: Macmillan, 1973).
[7] Donald A. Wells, *War Crimes and Laws of War* (Lanham, MD: University Press of America, 1984), p. 103. Telford Taylor, *Nuremberg and Vietnam: an American Tragedy* (Chicago: Quadrangle Books, 1970) も参照。

対する総称として使われ始めたことは興味深い。

　ベトナム戦争を契機に国家の外交・軍事政策を批判するために用いられるようになった「戦争犯罪」、「ニュルンベルク」という概念は、その後人権NGOらによって、1970〜80年代のラテン・アメリカにおける「民主化の波」の文脈においても用いられるようになる。軍事政権から民主政権への「移行期」において、ラテン・アメリカの多くの社会が直面した難問のひとつが、前政権下で国民に対して行われた大規模な暴力や人権侵害をどう扱うかということであった。被害者とその家族の怒りを鎮めることは、将来の暴力の火種を取り除き、社会の再生を促すのに必要不可欠である。また、被害者の「正義」を求める声に応えることは、新しい民主政権の国内的、国際的正統性にも関わってくる。「移行期の正義」をどのように追求するのか。その答えとして、国家の指導者たちの犯した国際人道法違反を裁いたニュルンベルクの経験が、国際世論において注目されるようになる[8]。国際人権団体らのプレッシャーを受けアルゼンチンの新政権は、旧政権下における大規模な人権侵害の首謀者たちの訴追に踏み切ったのである。

　ここで重要なのは、「移行期の正義」の追求においては、社会が何から何へ移行するのかによって、その手段も目的も一律ではないということである。ラテン・アメリカの民主化の過程と戦後ドイツの非ナチ化の経緯とは、前者が国内問題、後者が国際戦争という点だけを見ても、「移行」の文脈は異なる。にもかかわらず、文脈の違いを超えて、「ニュルンベルク」が「移行期の正義」のモデルと見なされたのである。それと同時に、「移行期の正義」という概念と結びつくことで戦争犯罪裁判は、国際人道法違反のみならず、国家指導者による自国民に対する多大な人権法違反の処罰を行うことも期待されるようになった。つまり戦争犯罪裁判は、国家と国家の関係においてのみでなく、国家とその国民との関係という文脈においても論じられるようになったのである[9]。そしてこの過程で、戦犯裁判の焦点が従来の「平和に対する罪」や戦争犯罪から、「人道に対する罪」へと移り、その目的も戦争抑止から人権侵害を受けた被害者の救済、旧政権の断罪と決別に必要な「プロセス」、と理解されるようになったことは重要である。

　冷戦下の国際関係では日の目を見なかった「ニュルンベルクの遺産」は、市民団体や人権NGOによって新しい息吹を吹き込まれ、冷戦後の国際関係において花開くこととなる。

3. 冷戦後の国際安全保障とICTYの設立

　1990年代に入り、ボスニア・ヘルツェ

---

[8] Ruti G. Teitel, *Transitional Justice* (Oxford University Press, 2000), pp. 29-31.
[9] Jonathan A. Bush, "Nuremberg: The Modern Law of War and Its Limitations," *Columbia Law Review*, Vol. 93 (1993), p. 2066.

ゴビナ紛争下で行われた戦争犯罪や「人道に対する罪」を裁くために旧ユーゴ国際刑事裁判所（ICTY）が設立された背景には、「ニュルンベルク諸原則」をもとに十分に発展した国際法が存在したこと、そして確実に根づいていった人権思想とそれに対する国際的関心がある。しかし、これらだけでは公的な国際裁判の実現に至らないのは、冷戦下の国際関係において見たとおりである。ニュルンベルク以後半世紀を経て、1993年にICTYが設立されたのは、冷戦後の国際関係の変化に伴い、国際刑事裁判所の設立が「可能」になった（消極的要因）だけでなく、戦犯の訴追が国際平和の維持に「必要」と見なされるようになった（積極的要因）からである。以下では、これらの要因を冷戦後の安全保障概念とともに見ていきたい。

(1) 冷戦後の「介入主義」——消極的要因

冷戦終結後の国際安全保障においては、大国間の核戦争の脅威が減少する一方、民族紛争を始めとする国内レベルの武力紛争が関心を集めるようになった。それに伴い、従来は国際関係において優先事項ではなかった内戦、あるいは厳密には国家間の戦争といえない紛争が、国連の安全保障理事会によって「国際平和と安全に対する脅威」と認定されるようになった。湾岸戦争後のサダム・フセインによるクルド人抑圧、ルワンダの集団虐殺、ボスニア・ヘルツェゴビナ紛争が示すように、一国内で発生した大規模な暴力と人権侵害は、大量の難民を発生させ、隣国の安全を脅かすことで「国際化」する。さらに、一国の民族紛争は、同種の民族構成を持つ隣国へと飛び火する可能性も持つ。バルカン紛争、ルワンダのケースがそうである。「国内問題」の「国際化」は、グローバリゼーションに伴うコミュニケーション技術の進歩とメディア効果によって、さらに促進される。遠く離れた一国内の惨劇はメディアを通して世界中に伝えられることで「国際問題」となり、これに反応した国際世論が、国家の外交政策に影響を与えるようにさえなった。

他国の国内問題が、自国あるいは国際社会の安全保障に影響を及ぼすようになるなか、それまで絶対的であった「不介入原則」が揺らぎ始める。たび重なる民族紛争勃発のなか、内政であってもそれが国際平和と安全に関わるものであれば国際社会は積極的に介入していくべきだという考えが、1990年代前半に浸透し始める[10]。「国家主権は絶対ではない」という主張は、当時の国連事務総長デクエヤルやガリによってもなされた[11]。ICTYが設置されたのは、「新介入主義」が盛んに唱えられるようになった、まさにこの時期である。冷戦時代、国家主権の絶対性が国際

---

10) James Mayall (ed.), *The New Interventionism, 1991-1994: United Nations Experience in Cambodia, former Yugoslavia, and Somalia* (Cambridge; New York: Cambridge University Press, 1996).
11) Boutros-Boutros Ghali, "An Agenda for Peace," UN Doc. A/47/277 para 17, 17 June 1992.

法廷の設立を阻んだ大きな要因だったことを考えると、国際法廷の設立が「可能」となった背景として、この時期の介入主義は重要である。ICTY設立に携わっていたアメリカ政府の高官が述べたように、安保理による国連憲章第7条下の強制措置として設立され、一国の責任者の戦争犯罪を直接裁くことを担ったICTYは、まさに「国際司法介入」という側面を持つのである12)。

(2)人道的危機と国際安全保障──積極的要因

国内問題が国際平和と安全に対する脅威となりうるという認識に伴って、国際安全保障において軍事問題に加え「非軍事問題」にも焦点が当てられるようになる。従来二次的重要性しか持たなかった問題の解決が、国際平和と安全にとって不可欠だという認識は、安保理によっても表明されている。1992年1月31日の安保理議長宣言(S/23500)は、国家間の武力紛争のみならず、「経済、社会、人道、環境の分野における不安定という非軍事的源泉が、国際平和と安全の脅威になってきた」とし、国連加盟国は、これらの事柄の解決を最優先すべきだと述べている。

なかでもとりわけ注目されたのが、人道的あるいは人権に関わる問題であった。旧ユーゴにおける武力紛争では、異民族間の対立をもとに、組織的かつ大規模な殺戮やレイプが繰り返された。その背景には、片方のグループによって行われた戦争犯罪や「人道に対する罪」が対立グループの報復を招き、さらなる戦争犯罪を引き起こし、紛争がエスカレートするという状況があった。そのなか安保理は、決議713(1991)ですでに情勢を「国際平和と安全に対する脅威」であると認めていたにもかかわらず、決議808(1993)であらためて、「民族浄化」、集団レイプをはじめとする「旧ユーゴの領域内における広範囲にわたる国際人道法違反」を「脅威」と決定したのである。このことは、武力紛争に密接にかかわった国際人道法違反と人権を侵害された被害者の憎しみに対して、安保理がなんらかの処置をとる必要性を示唆している。そして、その「脅威」に対応するために安保理が設置したのが、ICTYである13)。

ICTYの任務は、「旧ユーゴの領域内で行われた国際人道法に対する重大な違反について責任を有するものを訴追する」ことであり、その事項的管轄権は、ジュネーヴ諸条約の重大な違反、戦争法規または慣例に対する違反、ジェノサイド、そして人道に対する罪の4つである14)。「非国際的」要素をも持つ旧ユー

---

12) David Scheffer, "International Judicial Intervention," *Foreign Policy* 102 (1996), pp. 34-51.
13) ICTYの設立を促した「触媒」として、旧ユーゴの紛争下の「民族浄化」、難民、強制収容所の模様が「ホロコースト」になぞらえて報道されたことは重要である。90年代の「ホロコースト」への対処として「ニュルンベルク」が必要だという国際世論が、ヒューマンライツ・ウォッチをはじめとするNGO、知識人、そしてメディアによって作られたのである。Human Rights Watch, Helsinki Watch Committee, *War Crimes in Bosnia-Hercegovina* (New York: Human Rights Watch, 1992); Roy Gutman, *A Witness to Genocide: the 1993 Pulitzer Prize-Winning Dispatches on the "Ethnic Cleansing" of Bosnia*, (Shaftesbury: Element Books, 1993).

ゴの武力紛争に対する国際人道法の適用は、冷戦後の武力紛争が民族紛争、内戦の様相を呈していること、そしてこのような紛争が国際安全保障において重大な関心事となったことを色濃く示している15)。

ここで重要なのは、ICTYにおいて戦犯の訴追そのものは、「目的」ではなく、安保理の掲げる「広義の目的」に対する「手段」であるということである。つまりICTYは、「国際の平和および安全の維持」のため、国連憲章第7章の強制措置として作られたのである。このことは、ICTYの働きを考察するうえで忘れてはいけない点である。ICTY設立の背景にあったのは、「平和」(治安)の確保のために「正義」(人権・尊厳)の確保が「必要」だという認識、そして「正義を通して平和を達成する」という理念であった16)。ここにおいては、従来対立的に扱われてきた「平和」と「正義」という概念が、新しい国際安全保障概念の下、「相互補完的」に理解されているのである。

4. 国際安全保障におけるアドホック国際刑事裁判所の働きと有用性

それでは、「国際の平和および安全の維持」という目的に対してICTYに期待される働きとは、具体的にどういうものであろうか。この点に関しては、欧米において数多くあるICTY研究においてもコンセンサスがあるとはいえない。各研究が、個々に想定・期待する役割やインパクトに基づいて、裁判を考察しているというのが現状である。このことは、刑事裁判が本来担うべき範囲を越えた多種多様な働きが、ICTYに対して期待されていることを反映している。同時にこのことが、ICTYの「目的」を曖昧にさせ、その有用性・効果を適切に考察することを困難にしているともいえよう。以下では、ICTYの働きを国際安全保障の関わりのなかで分析し、「何のために国際法廷で戦争犯罪を裁くのか」という問いと照らし合わせながら、その限界と可能性を論じたい。

(1) 短期的有用性

紛争の真っ只中に設置されたICTYには、その存在および活動が、当時繰り返されていた戦争犯罪に対して抑止効果を持つことが期待されていた17)。しかし、ICTYの短期的抑止効果については疑問が生じる。裁判所が戦犯訴追を開始し始めていた1995年7月に、セルビア側によるムスリムに対する「スレブレニツアの虐殺」が起こったからであ

---

14) UN Doc. S/RES/827 (1993), 25 May 1993. ICTYが「アドホック」な国際刑事法廷であることは、その管轄権が領域的および時間的に制限されていることから明らかである。4つの犯罪は、旧ユーゴ領域内において、1991年1月1日以降に行われたもののみを対象とする。
15) 藤田久一『国際人道法〔新版再増補〕』(有信堂、2003年) 308頁。
16) Richard J. Goldstone, "Justice as a Tool for Peace-making: Truth Commissions and International Criminal Tribunals," *International Law and Politics*, vol.28 (1996), pp. 485-503.
17) UN Doc. S/RES/827 (1993), 25 May 1993.

る。逆にICTYは、人道的危機を食い止めるための武力介入に消極的な国連が「アリバイ作り」として設置した、という批判を受けることになった。

その一方で、停戦合意を待たずに設立されたICTYは、和平プロセスを阻害するという批判も受けた。ICTYがターゲットにしている「戦争犯罪に対して重大な責任を負う者」は、和平プロセスにおいても重要な役割を担う者である可能性が高いからである[18]。実際、ICTYによって訴追されたセルビア人勢力指導者カラジッチと同勢力軍司令官ムラディッチは、最終的な和平交渉の席につくことはなかった[19]。短期的な抑止効果ならびにその有用性については疑問・批判を投げかけられたICTYであるが、1995年のデイトン和平合意以降は、その長期的インパクトへと焦点が移っていく。

(2) 長期的有用性

異民族間の組織的かつ大規模な殺戮や人権侵害を伴う武力紛争においては、軍事レベルの解決である停戦は、本質的な解決とはならない。暴力の源泉である異民族間の憎しみや不満が残るかぎり、暴力の連鎖は続き、停戦合意が保障されないからである。「真の平和」の達成には、停戦後の地域・社会における「長期的」安定を確保することが必要となる。ICTYに対して安保理がこの長期的インパクトを期待していることは、ICTY設置を決定した安保理決議827（1993）を通して見ることができる。従来の決議が、強制措置の目的として、国際平和の「維持」、「回復」あるいは「維持または回復」のいずれかの文言を使っているのに対して、決議827は国際平和の「回復と維持」という文言を使用している[20]。つまり、紛争状態から停戦、そして社会の再建へという、「移行期」における長期的平和に焦点が置かれているのである。

この「移行期」において問題となるのは、暴力によって分断された社会の再生と、そこにおける異民族間の平和的共存をどのように達成するかである。そして、これに対する措置として国際刑事裁判所が適用されたのである。ICTYが民族間の和解を促し、社会の再生に貢献するという考えは、すでに見た「移行期の正義」の影響を色濃く受けている。このことは、アパルトヘイト後の南アフリカにおいて正義の追求に尽力したリチャード・ゴールドストーンがICTYの初代主席検察官に選ばれたこと、そして彼や初代裁判所長であるアントニオ・カッセーゼらが、裁判所の役割において、被害者の「正義」を求める声に

---

[18] Anthony D'Amato, "Peace vs. Accountability in Bosnia," *The American Journal of International Law*, Vol.88, No.3. (1994), pp. 500-506.
[19] ICTYの訴追によってカラジッチらが交渉の席から外れたことは、和平交渉にとってプラスとなったという意見もある。Paul R. Williams and Michael P. Scharf, *Peace with Justice?: War Crimes and Accountability in the Former Yugoslavia*, (Lanham, MD: Rowman & Littlefield, 2002), p. 120.
[20] まったく同じ文言が、ルワンダ国際刑事裁判所の設置を決定した安保理決議955（1994）にも使われている。

主眼を置いていることからも明らかである。彼らを中心に主張されたICTYの有用性の骨子は、①戦争犯罪に責任を負う個人の刑事処罰が、被害者の尊厳を回復し、報復の欲求を満たすことで、さらなる暴力を防ぐ、②戦争犯罪に最も重大な役割を担った指導者の責任を追及することで、その民族全体に責任が帰結するのを防ぎ、異民族間の憎しみを和らげる、③裁判を通して、紛争中起こった惨劇の「真実」、さらにはそこにおける指導者たちの役割を明らかにすることで、暴力の再発を防ぎ、紛争後の社会に必要な「共通の記憶」をつくり上げる、というものである21)。

これらの主張に対しては、いくつかの問題点を指摘できる。

第1に、移行期という不安定な時期に懲罰的な刑事裁判を行うことが、はたして社会の安定につながるのかという点である。ラテン・アメリカの民主化の過程では、アルゼンチンを含め多くの国が、前政権の責任者の刑事訴追を最終的には断念している。新しい社会づくりのためには、不起訴や恩赦を通して前政権の関係者と協力的関係をつくっていくことが不可欠だ、と考えられたからである22)。また、刑事裁判は対立関係を明確にするので、かえって互いの憎しみを増大させてしまい、平和共存の障害になるという懸念もある。さらには、被害者救済に焦点を置くのであれば、被害者の声を通して歴史的記録を作成することを目的とした「真相解明委員会」のほうがふさわしいのではないかという議論もある。実際ラテン・アメリカ諸国の多くが、「移行期の正義」のために委員会を設置している23)。

第2に、過去の暴力を積極的に掘り起こし「記憶」することは、紛争後の平和的共存をかえって妨げないかという指摘がある。なによりも、歴史の「記録」ないし「記憶」の手段として、有罪・無罪を決定することを目的とした刑事裁判は不適当だとする声は少なくない24)。

これら2つの点に加え重要なのは、刑事裁判が本当に社会の再生と和解に対して期待されているような役割を果たすのかについては、「実証的」考察が十分なされていないという点である。

「裁きか許しか」、「記憶か忘却か」という問題は、国際刑事裁判所にかぎらず、さまざまな分野において問われ続けているものであり、紙面の都合上、ここではこれ以上踏み込まない。国際刑事裁判所に直接関わってくるのはむしろ、紛争後の社会の再生と和解を念頭に置いた刑事裁判を、国連を中心とした国際社会が行うべきかという問題であ

---

21) Goldstone前掲注16)論文および、*First Annual Report of the International Tribunal for the Prosecution of Persons Responsible for Serious Violations of International Humanitarian Law Committed in the Territory of the Former Yugoslavia since 1991*参照。
22) マーサ・ミノウ『復讐と赦しのあいだ：ジェノサイドと大規模暴力の後で歴史と向き合う』(信山社出版、2003年)54頁。
23) 真相解明委員会の役割・効果に対する詳しい考察は、ミノウ前掲注22)書を参照。
24) Mark J. Osiel, *Mass Atrocity, Collective Memory, and the Law*, (New Brunswick, N.J.: Transaction Publishers, 1997), pp. 79-141, pp. 209-239.

ろう。これは、新たなアドホック国際刑事裁判所の設置が検討され、ICCが活動開始の準備を進めている現在、検討されるべき問題である。

(3)「国際正義」と「国内正義」の競合

「国際」裁判所の是非はICTY以後、ルワンダ国際刑事裁判所(ICTR)、シエラレオネ特別法廷、検討されているカンボジアに対する特別法廷、そしてイラク特別法廷設立に至るまでの国際世論において、繰り返し議論されてきた。国際刑事裁判所を設置することの必要性について第1に挙げられるのが、紛争後の社会は、自力で戦犯法廷を開くことが難しいという点である。1つには、戦犯を裁くための法的枠組み・制度、そして人材が欠如している、そしてもう1つは、暴力によって分断された社会は、公平な裁判を行う意思が存在しないことが多いからである。国際法の専門家らによって運営される国際裁判所では、裁判の質と公平性が確保される。加えて、国際社会によって正統性も保障される。

第2に、「民族浄化」、人道に対する罪などの国際人道法・人権法違反は深刻な「国際犯罪」であり、責任者の処罰は国際社会全体の利益であるという点である。第3に、国際裁判所による戦犯の訴追は、他国の指導者たちへの警告となり、将来の戦争犯罪、自国民の迫害に対して抑止効果を持つという点である。そして第4に、国際刑事裁判所の設置・運営そのものが、国際人道法・人権法の発展に大きく貢献するという点である。

これらはどれも、国際裁判を推進する人権NGO、識者、実務家によって、旧ユーゴ以外のさまざまなケースにおいても、繰り返し主張されてきた点である[25]。しかし、ICTY、そしてICTRの活動を見ると、これらの主張には理論・実行レベルにおいてさまざまな問題が付随することがわかる。

第1に、裁判所の正統性・公平性に関しては、対象となる社会には、裁判は国際社会による「押しつけ」あるいは「勝者の裁き」であるという不満の声が存在する。ミロシェビッチやカラジッチらの訴追を重視したICTYを、セルビア社会では自分たちをターゲットにしたものだと見なす声が少なくなく、反発的なナショナリズムを引き起こしている[26]。また、死刑制度を採用しているルワンダでは、死刑を採用しないICTRに対する不満が根強い。国際裁判で裁かれた国家の指導者たちが懲役刑にとどまるのに対して、国内裁判にかけられた末端の兵士が死刑となるからである。

第2に、戦争犯罪や人道に対する罪を「国際犯罪」として扱い、その訴追に国際社会が深く関わることで、その審理の過程が、当事国の人々から物理的

---

[25] たとえば以下を参照。Michael Scharf, "Is It International Enough? A Critique of the Iraqi Special Tribunal in Light of the Goals of International Justice," *Journal of International Criminal Justice*, Vol.2 No.2 (2002), pp. 330-337; Goldstone前掲注16)論文。
[26] Jack Snyder and Leslie Vinjamuri, 'Trials and Errors: Principle and Pragmatism in Strategies of International Justice', *International Security*, Vol.28, No.3 (2003), pp.21-22.

にも心理的にも切り離されてしまうという点がある。ICTYはオランダ・ハーグ、ICTRはタンザニアという遠隔地に設置されていることもひとつだが、裁判の準備・運営において当事国民が主導権を握れないことも大きな原因である[27]。公平性のためとはいえ、国際刑事裁判所が、対象とする社会から切り離されることは、裁判が期待する、紛争後の社会に対するインパクトのほどに疑問を生じさせる。同時に、法秩序の確立や司法制度の強化を通じて民主化を進めるのなら、国内裁判のほうがより大きな教育的効果を期待できるともいえよう。

第3に、国際社会と対象となる社会がターゲットとする犯罪人は必ずしも一致しない。国際刑事裁判所が「国際的」抑止効果を念頭に置くなら、訴追対象は国家の指導者などの「大物」に絞られるべきであろう。この点において、ICTYにおける最初の裁判の被告人タジッチが下層の兵士だったことは、ICTYの初期の活動に対して生じた失望感の要因となった。しかし、「被害者の正義」という観点に立つなら、いわゆる「小物」の訴追も被害者とその家族にとっては大きな意味を持つ。限られたコストと時間のなかで、国際裁判所は「誰を」訴追すべきか。これは、純粋な「正義」の追求を超えた問題である[28]。

以上の問題点が示すのは、「国際社会の考える正義」と「国内社会の求める正義」との競合である。ここであらためて問われるのは、国際刑事裁判所が何のために戦犯を訴追しようとしているのかである。「国際正義」に着目するなら、ICTYの功績は評価されよう。国際関係における戦犯法廷への関心を高め、相次ぐアドホックおよび常設の国際刑事裁判所の設立のきっかけとなり、さらには国際人道法・人権法の発展を促したからである。また、国際法秩序を強化することで、冷戦後の国際の平和と安全の維持にも一定の貢献をしたといえる。

その一方で、「被害者の正義」に着目するなら、ICTYのように、正義の追求が「国際」安全保障との補完的関係のなかで模索される場合、国際の平和と安全とは無関係な個人・地域社会の正義をどこまで追求できるのかという問題が生じる。重要犯罪人として訴追されて以来10年間、カラジッチとムラディッチが未だ逮捕されていない背景には、彼らを擁護する地元社会の暴力的反発を招いてまで、国益に関わらない犯罪人を逮捕することに対する、NATO諸国の躊躇がある。理念は支持しても実行には消極的な国家の姿勢は、冷戦中と根本的には変わらない。これは国際刑事裁判所を通して「被害者の正義」を追求することの限界を示している。

理論・実行における限界を反映してか、ICTY・ICTR以後の国際刑事裁判所においては、国際社会が直接果たす役割が軽減されている。シエラレオネ

---

27) たとえば、ICTYおよびICTRは国内裁判所に対して優越的管轄権を有している。ICTY規程第9条参照。
28) 業務終了期限を目前に、現在ICTYは「大物でない」被告人の裁判を、ボスニアやクロアチアの国内裁判所に委任し始めている。

政府の合意の下、国連によって2002年に設置されたシエラレオネ特別法廷は、裁判官と弁護士にシエラレオネの国民も含む、「混成」裁判所である。これはICTYらと異なり、紛争後の社会の再生に「直接」焦点を置いたものといえ、これからのアドホック国際刑事裁判所のモデルとして注目されている。またICCにおいては、その管轄権は国内裁判所に対して「補完的な」ものであり、戦犯訴追における国内裁判所の働きが重視されている。「ニュルンベルク」が、その後本来の意味を超えて発展したのと同様、ICTY以後の国際裁判所も、その時々の文脈、目的に応じて形を変えて発展しているのは注目に値しよう。

5.おわりに

 以上本稿では、ICTYの考察を中心に、アドホック国際刑事裁判所のポスト冷戦時代における位置づけ、働き、そして可能性と限界を、国際安全保障の視点から論じた。冷戦後の「国際刑事裁判所ブーム」の背景には、深刻な国際人道法・人権法違反に対する人道的考慮のみならず、それらが「国際の平和と安全」に関わるものだという認識が存在する。ここに見ることができるのは、従来対立関係にあると見なされてきた国際安全保障と人権とを相互補完的に扱うことの可能性と限界である。国際社会は今後、どのようにアドホックおよび常設国際刑事裁判所を運営していくのか。そこにおいては、国際安全保障（平和）と人権の尊重（正義）との関係のみならず、その関係のなかにさらに存在する国際正義と国内正義との関係を、どう理解するのかが問われることになる。

 国際人道法および人権法は、国家と個人、国際社会と国内社会、そして国際法と国際政治を巻き込み、独自のダイナミズムを形成し発展している。両法の発展、そしてその履行のメカニズムにおける可能性と限界は今後、より多角的に見ていくことが要求されるであろう。

●国別・テーマ別報告

The Post-Conflict East Timor and the Work of the Commission for Reception, Truth and Reconciliation (CAVR)

東ティモール紛争後の現場から
東ティモール受容真実和解委員会の仕事

松野明久 ●MATSUNO Akihisa

1. はじめに

　東ティモール受容真実和解委員会（以下、委員会）は、国連暫定行政下の2002年4月、紛争中に起きた人権侵害を調査・記録し、国民和解を進めることを目的として設立された。南アフリカの真実和解委員会や中南米諸国の真相究明委員会といった先行モデルに学び、加えて共同体和解プロセスという東ティモールの伝統的司法と近代司法を接合したユニークな和解手続を考案・実践した。東ティモール受容真実和解委員会は、本格的な真実和解委員会としては東南アジア初ということで注目を浴びた。なかでも共同体和解プロセスは、当委員会のユニークな貢献として内外のメディアにしばしば取り上げられた。

　小論は、こうした委員会の仕事を紹介するとともに、委員会が直面したいくつかの問題を考察するものである。私は委員会の歴史調査アドバイザーとして2003年4月から1年間、委員会本部で仕事をした[1]。その後も調査者兼最終報告執筆者として毎月委員会本部を訪れている。小論がその間の私の経験を基礎としていることはいうまでもないが、委員会で仕事をする者には法律で守秘義務が課されている。したがってこ

---

[1] 委員会の歴史調査アドバイザーというポストは、国連開発計画が東ティモールの公的機関などに対する人材支援策として設けていたアドバイザー・ポストのひとつで、委員会では分野別に数名のそうしたアドバイザーがいた。また、委員会の特別アドバイザー、法律アドバイザーは国連東ティモール支援団（UNMISET）本体からの派遣ポストであった。さらに委員会は独自に外国人専門家とコンサルタンシー契約を結び、過去の委員会の経験者からのアドバイスを積極的に受け入れた。こうして委員会本部には10人前後の外国人スタッフが働いていた。彼らは意思決定に参加することができない。

67

こで私が書けることにはおのずと制限があること、また、ここで述べることはすべて私個人の見解であって、委員会を代表するものでないことをあらかじめご理解いただきたい。

この小論を書いている段階では、委員会の大半の仕事は「過去」のものとなっている。委員会は最終報告書執筆を残して他の部門をほとんど閉じてしまっている。以下、多くの部分が過去形で語られるのはそうした事情からである。

2.委員会の構成

委員会は法律によって設立された独立機関であり、内閣による方向づけや規制を受けないことが法律で明記されている2)。委員会としての意思決定は、7人のナショナル・コミッショナー（中央委員）が行う。この7人は設立準備委員会が指名し、当時の暫定行政の長（すなわち国連事務総長特別代表）が任命した。財源は外国政府の拠出により、東ティモール政府からの資金は受けていない。ただし、委員会は東ティモール政府会計検査院の監査を受けている。当初の予算は約450万ドル3)。その後マンデートの延長（合計1年）に伴って追加資金が各国政府より寄せられている。

真実和解委員会にとって独立性は重要である。委員会は紛争中に起きた「すべての当事者」による人権侵害を調査範囲としている。東ティモールの場合、紛争の当事者であったインドネシア軍からの圧力はすでにほとんどないとしても、東ティモール政府、フレテリン（東ティモール独立革命戦線）、UDT（ティモール民主同盟）、その他すべての政治グループとの関係において自律的でなければ、紛争中の人権侵害を公平に調べることはできない。そのなかにはフレテリンとUDTがお互いに行った人権侵害、フレテリンがアポデティ（インドネシア統合派の政党）に対して行った人権侵害、フレテリン内部の粛正に伴う人権侵害など、東ティモール人同士の人権侵害が多く含まれているのである。

ナショナル・コミッショナー7名のうち6名は独立派、1名が統合派の出身で、2名が女性の委員である。彼らは「和解」「真実探求」「難民」「会計」などの分野をそれぞれ担当し、定期的に会合を開いて委員会全体の運営を議論している。

委員会はディリに本部を持つほか、6つの地方事務所を持っていた。また、ナショナル・コミッショナーの下には28人の地方コミッショナーがいて、地方事務所で仕事をした。その主たる仕事は共同体和解プロセスの実施であったが、2004年3月に地方事務所は閉鎖され、地方コミッショナーのポストもそれと同

---

2) United Nations Transitional Administration in East Timor, *Regulation No. 2001/10 on the Establishment of a Commission for Reception, Truth and Reconciliation in East Timor*, (UNTAET/REG/2001/10, 13 July 2001).
3) 日本政府はこのうち100万ドルを拠出した。そのうち53万ドルは本部事務所修復費に当てられた。本部事務所は旧刑務所を修復してでき上がった。

時になくなった。

　委員会本部は、それがウィングを最も広げた時期には、かなりの大所帯となっていた。真実探求と和解という2つのマンデート部門が最も大きなセクションであったが、被害者救済ユニット、番組編成ユニット（ラジオ）、広報といった活動部局があり、事務局、会計、用度、IT（情報）、プログラム・サポートユニットといったセクションがこれらの活動を支えた。2004年4月、委員会が活動をほぼ終了し、最終報告書執筆段階に入ると、これらはすべて再編され、報告書の仕上げに向けて一本化されると同時に、資料の整理を行うアーカイブが新たに設置された。また、委員会には法律ユニットがあり、人権侵害調査、和解プログラムの法的アドバイスからスタッフの雇用契約に至るまで、法律に関係する業務を行った。

3. 真実探求

　委員会は紛争中の人権侵害を調査し、その結果を報告しなければならない。この場合、紛争とは、1974年4月25日から1999年10月25日まで続いた政治的対立を指す。それは、ポルトガル本国の政変によって東ティモールの非植民地化がスタートした日から、住民投票の結果を受けてインドネシアが撤退した日までである。つまり、非植民地化プロセス全体を射程に入れている。紛争の時期をこのようにとると、UDTのクーデターとフレテリンの反撃、フレテリンによるUDT・アポデティ系囚人に対する虐待・処刑といった、インドネシア軍の侵攻以前に起きた重大な人権侵害事件が射程に入ってくる。紛争全体を見れば、インドネシア軍による東ティモール独立派に対する弾圧を背景とする人権侵害が、数でも規模でも圧倒的に多い。しかし、東ティモールの国民和解という観点からいえば、インドネシア軍侵攻に至る過程で東ティモール人同士が内戦で戦ったことの歴史的総括は重要である。もちろん、東ティモール人にとってインドネシアを非難することは簡単でも、東ティモール人内部の紛争の傷を正面から見つめ、総括することは痛みを伴う。紛争の間、封印されてきた問題でもあり、事実を明らかにすることが対立の再燃を招くかもしれないという危惧もあった。

　委員会の人権侵害調査は、個々の人権侵害について調べるだけでなく、そうした人権侵害が発生した原因や状況、人権侵害を引き起こした考え方、国内的・国際的要因など、歴史的な状況に触れるものでなければならない。さらには、人権侵害に責任を有する国家機構、個人について、その責任がどのようなものかも論じなければならない。委員会の人権侵害調査は、どうしてそのような人権侵害が起きたのかを人々が理解するための歴史的、政治的文脈を明確なかたちで提示するというところに焦点がある。過ちを過ちと明言することで、歴史認識の共有化、そしてそれに基づく国民としての和解をめざすというのが委員会の任務となっているからである。戦争犯罪などを訴追する場合と若干違

う目的がここにある。

4.人権侵害の調査

委員会の人権侵害調査は3つのアプローチをとった。

(1)人権データベースの構築

1つは人権データベースの構築である。人口の1％にあたる9,000人を目標に、人権侵害の個々の事例について国民からの聞取りが行われた。実際には8,000人からの聞取りが達成され、聞取りは録音テープ、陳述者ファイル（陳述の要約を含む）のかたちで保存され、それらのファイルからデータが抽出されてデータベースが構築された。

より具体的には次のようなやり方であった。地方別に陳述採取者(statement-taker)のチームが編成され、各村に一定期間滞在してその地方で陳述を採取して回った。彼らは聞き取ったことをフォーマットに整理し、陳述の要約を作った。それらは地方事務所に集められ、2週間に1回、本部事務所に運ばれた。国土が荒廃した東ティモールで、村々を回っての陳述採取はたいへんな作業であったと想像される。また郵便制度が首都以外にないため、すべてのファイルは人間が運ばなければならなかった。膨大な量の陳述を前に、私を含む調査担当者は途方に暮れたわけであるが、それでも手書きで書かれた陳述の要約には陳述採取者の人々の苦しかった記憶を書き留めておかなければという意気込みが感じられた。

本部に集められた陳述ファイルは、陳述解析者(statement-reader)に渡された。解析者は1つの陳述の中にある人権侵害事件の1つ1つを分離し、その日時、場所、実行者あるいは組織、被害者、人権侵害のカテゴリーなどをフォーマットに記入した。これもまたたいへんな作業であった。人々の陳述というのは「語り」であり、長い場合24年間の苦労話がしばしば時間的にも前後して一緒に語られている。日時、人名など記憶違いや誤りであることも少なくない。陳述採取においては、採取者は一切口を挟んではいけないルールになっているので、とにかく人々が語ったままが陳述になっている。解析の結果、繰り返し出てくる人権侵害の実行者の名前や組織（部隊名）、多くの人の記憶に残っている有名な事件、人権侵害の種類や日時についてのパターンなどが見えてくる。解析された結果はデータ入力班(data-entry team)に渡され、コンピューターに入力された。

(2)人権データベースの分析

こうして構築された人権データベースは、統計チームが分析を行った。統計チームは委員会内部のチームではなく、いわゆる外注で、委員会はアメリカの人権侵害統計専門集団とコンサルタンシー契約を結んだ。この集団はかつてはAAAS(American Association of Advanced Sciences)のチームであったが、2003年にカリフォルニア州にある民間企業ベネテック社に所属を移

した。彼らはこれまでにグアテマラ、ペルー、ユーゴスラビアなどの同種の委員会から委託を受けて人権侵害の統計分析を行ったことがあり、この分野では世界的にパイオニアである。ペルーでは、それまで一般にいわれていた死者数（行方不明者を含む）3万人の倍である6万人の死者数を統計的にはじき出して話題を呼んだ。東ティモールでも紛争中の死者数は論議の的となってきたので、この統計チームがどのような結論を出してくるか注目されている。委員会の最終報告書が出たときにヘッドラインとなるのはその数字ではないかと期待されているくらいである。

委員会の最終報告書が出るまで統計結果は公表することができないので、ここでは具体的な分析結果には触れることはできない。ただ、人権侵害の統計分析は今後ますます重要なものになっていくだろうということを述べておきたい。それは、どういう人権侵害がどこでいつ多かったかというような単純なパターンがわかるだけでなく、軍事作戦と人権侵害の相関関係など、責任の追及のための「証拠」としてその分析結果を使うことが可能だということがあるからである。

(3)個別リサーチ

さて、人権侵害調査の最後のアプローチは個別リサーチである。委員会の真実探求部には調査ユニットが設けられ、常時十数名のリサーチャーが個別事例の調査にあたった。リサーチャーはテーマに分かれて作業した。テーマは「強制移動と飢餓」「虐殺」「殺害・失踪」「政治的投獄・拷問」「女性」「子ども」「政党間対立」「フレテリン・ファリンティル（東ティモール民族解放軍）」「インドネシア国軍」「国際的アクター」の10である。

「強制移動と飢餓」は、1975年のインドネシア軍侵攻後山地に逃れた住民が掃討作戦によって追いつめられ食糧不足などで多数の死者を出したこと、また1978年のマテビアン山陥落後収容キャンプに入れられたものの食糧不足で多くの死者が出たこと、1980年代初頭ゲリラとの関係を疑われてアタウロ島に流刑にあった人々が深刻な食糧不足に直面したこと、そして1999年の騒乱によって西ティモールに人々が追い立てられたことなどを事例としている。

「虐殺（massacre）」は、よく知られたクララスの虐殺（1983年）、サンタクルス虐殺（1991年）などのほか、各地の処刑地で起きた連続的・計画的な殺害も射程に置いた。ややテクニカルな話になるが、「虐殺」というのは国際人権法上定義がない。一般には大量殺人、無差別殺人、残虐な殺人などを指すと考えられている。委員会は当初「虐殺」の定義をグアテマラの委員会にならって「5人以上を一度に殺害すること」とした。その結果各資料から120件以上の虐殺事件がリストアップされた。しかし虐殺の担当リサーチャーは1人しかいない。これではとうてい調べきれない。また、虐殺というカテゴリーで東ティモールの人権侵害の実態の一端を記述することが、調査の過程でだんだんと

不適切だと思われるようになった。グアテマラでは、軍が先住民をまるごとゲリラの温床・支持者と見なすようになったため、先住民に対する恣意的・無差別な殺害事件が頻発した。5人以上一度に殺害した「虐殺」は600件を越え、その大半が先住民に対するものだったという統計結果が出され、それに基づき委員会はジェノサイド罪が適用されるという主張を提示した4)。しかし、東ティモールにおける殺害事件は、独立派に対する選択的殺害がほとんどであったため、ジェノサイド罪の適用は難しかった。また、時期、文脈、動機などがばらばらな多くの殺害事件を犠牲者数5人を基準に分けたところで、何が主張できるのかはっきりしなかった。こうしたことから、途中で虐殺の定義を「個人をターゲットにしない恣意的な集団殺害」というように性質を基準としたものに変えた。辞書的な意味でもこちらのほうが虐殺の定義としてはしっくりくる。そうすると、通常の殺害がターゲットを絞り込んだ選択的殺害であるのに対し、恣意的な集団殺害としての虐殺が浮かび上がり、それは数は少ないが、極端な事例としてとくに背景、文脈、動機などが問題となってきた。結局、当初最終報告書で大きく取り上げるつもりであった「虐殺」は、一般的な超法規的処刑の一部となった。

「女性」と「子ども」という被害者グループをテーマにした調査は、近年の真実和解委員会の示すひとつの傾向であり、東ティモールの委員会はこの2つのテーマにかなりな力を入れた。「女性」については委員会はフォクペルス（東ティモール女性連絡協議会）という人権NGOに調査そのものをパッケージで委託した。フォクペルスは1997年に設立され、女性に対する暴力の事例などを独自に収集していた。調査を委託されたフォクペルスは5人のチームを編成し、短期間で集中的な調査を行った。その他のテーマが基本的に1人か2人のリサーチャーしかいなかったのに対し、5人ものリサーチャーを持ちえた女性チームは贅沢なチームだったといえるかもしれない。しかし、過去の委員会の報告書はいずれもジェンダー暴力について書いてはいるが非常に少ないという印象があり、もっと力を入れて当然と思われた。東ティモールの委員会を境に女性への暴力が報告書の一章を構成するようになっていくであろう。

「子ども」についても、これまでの委員会の報告書は非常に少ない紙数しかさいていなかった。東ティモールの委員会は専門のリサーチャーを置いたことで、従来よりも一歩進んだ成果が見込まれる。

「政党間対立(party conflict)」というテーマは、東ティモール独自のものである。1974年4月に始まった東ティモールの非植民地化過程では、即時完全独立を掲げるフレテリン、ポルトガルとの連邦から漸次的独立を掲げるUDT、インドネシアとの統合を主張するアポデ

---

4) La Comisión para el Esclarecimiento Histórico, *Guatemala Memoria del Silencio*, 1999, 第20章「虐殺」、第21章「ジェノサイド」。

ティ、コタ、トラバリスタといった政党が生まれた。なかでも勢力を競ったのはフレテリンとUDTで、彼らはアポデティなどに対して独立を主張した点では同じであり、現実に1975年1月には独立連合の結成にすら至るが、ラディカルなフレテリンと保守的なUDTは、冷戦を背景に、するどく対立していた。フレテリンはUDTを植民地主義を温存するものと非難し、UDTはフレテリンを共産主義と非難した。そこにインドネシアの分断工作が絡み、東ティモールの政治は不安定化していった。そしてついに1975年8月、フレテリンがクーデターを計画しているとの噂からUDTが先手を打ってクーデターを起こし、フレテリンの追放を企てた。ポルトガル政庁はそれを認めず、さりとて鎮圧するわけでもなく、話合いによって事態の鎮静化を狙ったが、フレテリンが政庁の毅然としない態度に業を煮やして反撃に出たため、8月20日には内戦に突入した。ポルトガル政庁は首都を放棄してアタウロ島に移り、フレテリンはUDTを駆逐して、全土を掌握するに至った。結局、インドネシアが東ティモールの全面侵攻に踏み切ったのは、フレテリン支配が既成事実化するのを恐れてのことであり、その意志はクーデターの失敗以後急速に固まっていった。フレテリンは12月のインドネシア軍侵攻後、多数のUDT、アポデティ関係者を処刑した。当初は囚人を連れて避難していたが、囚人がだんだんと重荷になり、敵に渡すよりは殺してしまうという道を選んだのである。

内戦の犠牲者は1,500人ほどと推測されている。また、フレテリンに処刑された人の数は100人前後はいたと推測される。そのなかには、ポルトガル政庁の警察署長を務めていたポルトガル人も含まれている。彼はUDTのクーデターに加担し、フレテリンに捕らえられ、ひどく拷問されたあと、処刑された。遺体の一部は2003年になってポルトガルの遺族に返還されている。

内戦の傷は今も東ティモール社会に深く残っている。内戦によってUDTの支持者たちはインドネシア領西ティモールに亡命した。その後、彼らはポルトガルやオーストラリアに移住し、フレテリンの亡命者たちとともに「海外亡命東ティモール人社会」を構成した。UDTは「フレテリンが政権をとればインドネシアが躊躇せず侵略する。東ティモールの独立を防衛するために行動を起こす」としてクーデターを行った。結局、そのクーデターが情勢悪化の直接的原因となり、インドネシア軍の侵攻を招く結果になったのであるから、フレテリンやその後の独立派はUDTの軽率な行動を非難してやまない。両者はなかなか折り合わず、UDTとフレテリンは同じ独立派でもほとんど口をきかないほど仲が悪かった。

独立後の東ティモールでは、フレテリンが議会の最大派閥となり、政権を担当している。UDTはたった2議席しかとれず、また、かつてのUDTの主要メンバーは有力野党である社会民主党に移っている。社民党とフレテリンの対立の一部は内戦という30年前の歴史が未精算であることと無関係ではない。

次に「フレテリン・ファリンティル」であるが、このテーマは当初、人権侵害そのものより紛争の当事者としての独立派組織の研究のために設けられた。しかし、フレテリン・ファリンティルによる人権侵害も少なくない。上の政党間対立とは別に、1976年から1978年にかけて、インドネシア軍側に通じたとか、反革命的であるといった理由で、独立派内部の粛正が行われた。それは、インドネシア軍に追いつめられるなかで、フレテリン指導部がラディカル化した結果であった。そのピークが1977年のフレテリン党首で大統領になったシャビエル・ド・アマラルの逮捕・投獄である。彼は住民多数を引き連れての対インドネシア戦は不可能であると考え、フレテリン中央委員会の決定を無視して、住民にインドネシア軍への投降を勧めていた。彼自身は死刑にはならなかったが、フレテリン中央委員会の革命遂行、対インドネシア戦争継続の路線に反対した多くのシャビエル派が逮捕、拷問、投獄、そして処刑されていった。そのなかにはファリンティルの司令官が何人も含まれている。結局、フレテリンはインドネシア軍の圧倒的な掃討作戦の前に1978年末には抵抗を維持できなくなり、住民に投降を勧め、シャビエルの主張した路線への転換を余儀なくされたのであるが、シャビエルはその後もフレテリンを「裏切った」との汚名を着せられたまま今日に至っている。シャビエルは現在、ASDT（ティモール社会民主協会）という野党の党首を務め信望を集めている。しかし、フレテリン政権は、シャビエルを逮捕・追放して第2代大統領・フレテリン党首となったニコラウ・ロバトのみを顕彰し、空港の名前をニコラウ・ロバト空港としたり政府庁舎の前の通りをニコラウ・ロバト通りと命名したりしている。和解はまだ成立していないのである。

フレテリンが政権をとっている現在の東ティモールで、フレテリンを批判するのは難しい。フレテリンから粛正された人々やその遺族は名誉回復を求める気持ちが強いが、それを公然と言うことができないでいる。委員会の調査でも彼らはなかなか口を開こうとはしなかった。

「インドネシア国軍」の調査は、インドネシア国軍の駐留部隊、司令官、作戦といった側面についての調査である。インドネシア国軍による人権侵害はその他のテーマのリサーチャーが行っているので、ここではもっぱら組織に関する基礎データの収集・整理が行われた。しかし、これはいうほど簡単ではなかった。インドネシア軍は6カ月をローテーションとしてめまぐるしく駐留部隊を交代させた。また、兵士がニックネームを使ったり、階級を偽って住民と接していた場合も多いようで、実際の部隊の同定は困難を極めた。東ティモール人もインドネシア軍兵士とはできるだけ話さないようにしていたので、独立派の人間ほどインドネシア軍兵士の具体的な名前を知らない。リサーチャーは東ティモール各地を旅行して、各地に駐留した部隊についての情報を集めた。これもまたたいへんな作業であった。

「国際的アクター」は、ポルトガル、アメリカ、オーストラリア、欧州諸国、日本といった関係国、国連、連帯グループ、亡命東ティモール人社会といった海外の動きを整理するもので、その中心的なトピックは自決権であった。

5.公聴会

委員会は、真実探求のマンデートのもとで7回の公聴会を行った。公聴会（public hearing）は7人のナショナル・コミッショナーが壇上に座り、人権侵害の被害者（ないしは加害者、目撃者、遺族等）が証言台に立って公に証言を行うのを聞くというものである。公聴会は委員会本部で行われ、テレビ・ラジオがそのほぼ全編を生放送したことで、一躍委員会を有名にした。東ティモールで委員会といえば、公聴会のイメージが非常に強いのではないかと思う。

公聴会は周到に準備されたイベントのようなものであった。証言者はあらかじめ調査されており、委員会によって選ばれ、証言の要約が作成・印刷されている。もちろん公聴会では宣誓して証言するので、印刷・配布されている要約とは重みが違う。印刷・配布されているのはあくまで「参考資料」である。

7つの公聴会は「政治囚」「女性」「強制移動と飢餓」「虐殺」「政治的対立」「子ども」「国際社会と自決権」について行われた。食べ物がなくて苦しかったこと、アタウロ島に送られ生きることに必死だったこと、老人や子どもを置き去りにして逃げたこと、窓のない監獄に入れられたこと、虐殺を目撃したこと、虐殺を危うく逃れたこと、レイプされたこと、インドネシア軍兵士の性奴隷とされたこと、子どもの頃インドネシア軍の作戦助手となって山々を歩き回ったこと、インドネシアに連れて行かれインドネシア人として育てられたこと等、あらためてとうとうと語られる証言に、聴衆はそのつど涙したり、静かに聞き入ったりしていた。

証言することの意義については、すでに理解が定着していると思われる。語ることによって被害者たちは積年の思いを吐露し、心の区切りがつけられる。それが過去を乗り越え、新しい未来へと進んでいく気力を被害者たちに与える。また、一方で、新しい時代になって被害者たちのことが忘れ去られがちになっているところに、被害の痕跡がいかに大きいものかを社会に知らしめるという意味もある。そして、性的暴力の被害者など、社会から差別的な眼差しを向けられていた人々の名誉を回復するチャンスにもなっている。インドネシア軍兵士にレイプされたり、彼らの性奴隷とされた東ティモール人女性たちは、被害を受けただけでなく、周囲からインドネシア軍側に寝返ったのではないかと疑われたり、汚れた女性と見なされたりしてきた。女性についての公聴会で何人もの女性が性的暴力を受けたことを証言した。東ティモールの家父長的風土を考えると画期的なことであったと思う。それだけ語らずにはいられない積年の思いがあったのである。

最も難しい公聴会は「政治的対立」についての公聴会であった。この公聴会はクーデターから内戦を経て、フレテリンによる反対派の処刑までの時期（1974年4月〜1976年1月）を扱った。証言者は大統領、首相、外相、内相、各政党の指導者たち、そして処刑を生き延びた被害者たちであった。現役の政治指導者が勢揃いするということで、時間の調整、プロトコルの調整、用語の調整、内容の調整に委員会はかなりな時間をかけることになった。水面下での会合が何度も開かれ、いろいろな紆余曲折を経たと聞いている。結果は、公聴会でほとんどの政治指導者が過去の過ちを反省し、最後はみなが抱き合ってフィナーレを迎えるという「成功」だった。公聴会の最後の日、後片づけをしながらうれしさをこらえきれないスタッフたちは深夜までビール片手に騒いでいた。

　委員会の「政治的対立」についてのスタンスは、若い世代の気分を多分に反映したものだったということができる。1975年の内戦は同じ独立派でありながら、ライバル意識からお互い譲れず武力衝突に発展した、いわば民族分裂の象徴であった。インドネシアによる侵攻を前に内輪喧嘩をしていた当時のエリート指導者たち全体に対して若い世代は大きな不信感を抱いている。したがってどの政党が正しかったかという問題とは別に、武力衝突を避けることができず、対立をエスカレートさせた政治指導者たちの共同責任を問う気分が強い。独立を希求した路線は正しかったとしても、フレテリンの統合派に対する処刑は残酷で非人間的であった。それが民族内部の亀裂を深め、東ティモール人の団結の障害となっていた。

　委員会の政治的対立に関する仕事は、この問題を東ティモール人が自ら隠すことなく取り上げ、議論し、和解に向けて動くことができるということを示した意義があった。これで対立が解消され、過去が清算されたとはまだまだいえないが、対インドネシア闘争の影に隠れて論じられなかった東ティモール人社会のタブーがひとつ破られたといえるだろう。

6.共同体和解プロセス

　共同体和解プロセス（community reconciliation process）は、東ティモールの伝統的司法と近代司法を接合して考案されたユニークな和解プロセスである。法律には明記してないが、このプロセス考案の背景には次のような考慮があったということができる。

　まず、1999年の騒乱において発生した人権侵害および犯罪（殺害・拷問・虐待・性的暴力・強制移動・放火破壊等）をそのままにしておくことはできない。そのままにしておけば報復というかたちで暴力の連鎖を生み、紛争が再燃しかねない。こうした人権侵害及び犯罪を行った当事者たち（通常は統合派民兵）は、紛争後の社会に再統合されないまま、気まずい思いと恐怖心を抱えて潜在的な対立再燃の原因になっており、彼らを社会に再統合する必要があ

る。しかし、通常の司法プロセス（裁判）で決着をつけようとすると、件数が膨大すぎ、資金がかかりすぎる。司法プロセスは、重大犯罪（殺害・拷問・誘拐・性的暴力・強制移動）と分類される深刻な人権侵害を取り扱っているが、重大でない犯罪までは手が回らない。そこで、共同体の成員がいわば仲裁に参加して、元民兵と被害者を直接向き合わせ、和解を成立させるという手法が考えられたのである。つまり、共同体和解プロセスは、重大犯罪の裁判プロセスを補完するものとして位置づけられている。

　共同体和解プロセスの手続は法律で細かく定められている。それによると、プロセスは加害者によって始められなければならない。まず、共同体に復帰したいと希望する供述者（deponent）が陳述書を委員会に提出する。陳述書は自分がしたことを書き、その責任を認めるものでなければならない。陳述書のコピーは検察庁に送られ、検察庁は陳述書に書かれた（犯罪）行為を自己の管轄としたい場合（つまり重大犯罪と見なした場合）、共同体和解プロセスができないことを供述者に伝達する。この判断は14日以内に行われ、さらに時間を要するときは14日延長することができる。プロセス実行が決まると、委員会は地方コミッショナーを中心に共同体和解プロセス・パネル（仲裁団）を招集する。パネルは3人から5人で構成され、地方コミッショナーが議長を務める。パネルの意思決定はコンセンサスで行うことを基本とするが、意見の一致を見ない場合議長が最終決断を下す。

　以上の準備を経て、共同体で集会が開かれる。集会には供述者、被害者、パネル、そして共同体の成員たちが参加する。供述者が告白・謝罪し、被害者が意見を述べ、和解が可能な場合には共同体労働、補償、公の謝罪およびその他の悔恨を示す行為と引換えに、共同体への受入れが宣言される。この和解の合意は文書として記録され、裁判所に保存される。和解が成立した場合、供述者は和解が成立した行為について、検察によって訴追されることはない。しかし、供述者がもっと別な犯罪行為にも関わっていたとか、和解と引換えに約束した行為をしなかったりした場合は、そのかぎりではない。

　委員会は約1年半の活動期間に1,500件の陳述書を受け取った。そして約1,400件について和解を成立させた。残りの約100件は、検察庁がゴーサインを出さなかったり（つまり重大犯罪として訴追される可能性があると判断された）、集会当日に供述者が（怖くなってか）現れなかったり、集会は開かれたが和解が成立しなかったりしたものである。1999年の騒乱の規模から考えて、1,400件というのは決して多い数字ではない。しかし、最初は供述者の出足も鈍かったのが、効果が知られるようになって供述者の申込みがだんだん増えた。委員会の仕事が終了したあともニーズは存在していると考えられる。

　この共同体和解プロセスについては、次の3点を指摘しておきたい。

まず第1点は、伝統的司法を取り入れたことが特徴として取り上げられることが多いが、実際には近代司法の側からの基準管理がかなり強く働いているということである。伝統的司法については、基準が恣意的だとのマイナス点が指摘されている。委員会の共同体和解プロセスは、委員会が指名している地方コミッショナーが発言権を持ち、また検察庁が重要なところで判断する権限を持っている。

　第2に、共同体和解プロセスは殺人・拷問・性的暴力・強制移動といった重大な犯罪については扱うことが許されていないということである。したがって、もともと和解しやすい問題に取り組んでいるので、和解の成立する確率が高いのは当たり前だということができる。したがって、このプロセスだけで被害者たちに「終わったという感覚」(sense of finality)、日本語風にいえば「心の区切り」をもたらすのは難しい。人々は、本当の責任者たちはインドネシアにいて裁きを免れていることを知っている。彼らが処罰されないかぎり、和解プロセスそのものの意義が薄れてしまうのは避けられない。つまり、和解プロセスの成功は重大犯罪裁判の成功に連動する関係がある。

　第3に、このプロセスでは「和解」というものが客観的に定義されているということである。それは、加害者の告白・謝罪と被害者と共同体の受容が書面で確認されるということを意味する。和解が客観化されたことでハンドリング可能な概念となった一方、本来かなり主観的な了解を前提とする和解という「行為」の本質が追及されず、表面的な儀礼に終わってしまうという危険性をはらむことになった。共同体和解プロセスを経て和解が成立したとはいえ、その後も口をきかず、反目したままという状態では和解が「実現」したとはいいがたい。潜在的な対立は別なかたちで現れることもありうるだろう。人々は和解推進が政府の方針だというのを察して、委員会の進める共同体和解プログラムに協力する。しかし、それは表面的なことであり、本当の意味で加害者を許してなどいないのではないか。そうした疑問を私も耳にした。

7.おわりに

　委員会の仕事は、上に述べたもの以外にも、正義・和解をテーマにしたラジオ番組を制作したり、被害者のトラウマ・ワークショップを開催したり、各共同体で集まって紛争のコミュニティ・プロファイルを作成したり、各地で被害者の証言を聞く地方版公聴会を開いたりとさまざまなものがあった。非常に忙しい委員会であったということができる。

　委員会は最終報告書で、調査した人権侵害についてどうすべきか勧告を行うことになっている。そして東ティモールの議会がそれを議論し、政府としてどのようなフォローアップを行うかを決める。現段階での動きの方向性は、なんらかの委員会を別途設置して、活動を継続、発展させるというものである。

　真実和解委員会については、一般論

として、司法プロセスに代わるものと位置づけられているため、人権侵害の責任者を処罰すべきだとする立場からは妥協の産物ないしは後退と見なされてきた。たしかに、南アフリカの委員会の場合、真実告白と引換えに恩赦が与えられるなど、被害者にとって納得しがたい結果を生み出している。東ティモールの委員会はその反省から、重大犯罪については管轄そのものを外し、重大でない犯罪についても恩赦を与える権限を持たないことが決められた。また、中南米諸国では、委員会が人権侵害の真実を明らかにしても政府に政治的意思がなく、その責任を追及しないままになっていることが多い。真実和解委員会を、責任者処罰に代替するものとして、紛争に終止符を打つ手段と考えているのである。東ティモールの委員会は、重大な人権侵害はあくまで裁かれるべきとの紛争処理の建前に沿ったかたちで設立されているので、責任者処罰に代替するものとの位置づけはない。しかし、一方、東ティモールの重大犯罪部はインドネシアにいる責任者に手が届かないし、インドネシアの特別人権法廷は軍人全員を無罪にして失敗に終わった5)。国際的な法廷以外に彼らを裁く道はないと考えられるが、国際社会の政治的意思がない状況では、責任者処罰の可能性はかぎりなく小さいといわざるをえない。こうした全体状況が東ティモール人のポスト・コンフリクトの「心の区切り」に影響を与えており、委員会の小さな成功は全体の大きな失敗の前に、かき消されてしまいそうである。委員会の成功を本当に願うのであれば、ポスト・コンフリクトの正義の政策全体を成功したといえるものにしていかなければならないのである。

---

5)インドネシアの特別法廷のレビューとして詳細なのは、David Cohen, *Intended to Fail: The Trials before the Ad Hoc Human Rights Court in Jakarta*, ed. by International Center for Transitional Justice (International Center for Transitional Justice, 2003).

●国別・テーマ別報告

Afghan Refugees: Mass Influx of Refugees in the Context of the International Refugees Law

国際難民法と大量難民
アフガニスタン難民の事例から

工藤正樹 ●KUDO Masaki

1.はじめに

　本稿は、国際人権法と国際人道法が交錯する論題のひとつとして大量難民の問題を取り上げる。

　国際難民法は、20世紀に入って後、さまざまな国際文書の積み重ねのうえに形成されてきたといえる[1]。現行の「難民の地位に関する条約」(1951年。以下、難民条約)および「難民の地位に関する議定書」(1967年。以下、議定書)が成立した後、国際難民法は、国際人権法や国際人道法の発展と連動するように展開してきた。

　そして今や21世紀というひとつの節目を迎え、国際難民法はどのように機能展開し、現代国際法体系においていかなる位置づけがなされるのかが問われている。とはいえ、紙幅の限られた本稿でこのような根本的な問いを十分に論じ尽くすことはできない。そこで、ここでは、アフガニスタン難民の事例をもとに近年注目された問題を取り上げ、この問いへのひとつの接近を試みたい。

　その問題とは、国際難民法における大量難民の取扱いである。難民条約の成立以来、バングラデシュ、ラオス、ベトナム、カンボジア、アンゴラ、モザンビーク、アフリカ北東部、中米諸国、南東欧諸国、あるいはアフガニスタンなどで大量の難民が発生しており、その流れは今も途絶えていない。本稿が対象としている大量難民とは、国際紛争や一国内での紛争などを原因としており、かつ個別の難民認定では対応しきれないほど大規模に移動する集団のことを指している。

　難民条約は個人を対象としており、条約上の受入れ義務は必ずしも生じないにもかかわらず、なぜ多くの事例にお

---

[1] 国際難民法の発展については、広部和也「難民の定義と国際法」加藤節・宮島喬編『難民』(東京大学出版会、1994年)21〜31頁に詳しい。

いて各国は集団としての大量難民を受け入れてきたのか。そうした国家実行は、どのような法的義務に基づくものなのか。

これらの問いは、国際難民法の性質や機能の展開を理解するうえでも重要な意味を持っていると思われる。大量難民の受入れ・保護をめぐっては、個人を主対象とする難民条約と、集団を主対象とする国連難民高等弁務官事務所（United Nations High Commissioner for Refugees: UNHCR）規程との狭間で、「難民とは誰か」、「誰を受け入れるべきか」、そして「どのような保護を与えるべきか」といった問題が、時として国際人権法や国際人道法の発展とも交錯しながら繰り返し問われてきた。伝統的な論点のひとつであるノン・ルフールマン原則の解釈と実際の運用をめぐる問題がそこに伏在しているからである。

世界に目を転じると、冷戦終結後も紛争とりわけ内戦が頻発している。その影響は、個別認定よりも集団認定による難民の割合が圧倒的に多いという事実にも反映されている2)。当分の間は、そうした変動が安定することはないとすれば、こうした大量難民に関わる事態は、今後も世界各地で起きると考えられる。そうした重要性にもかかわらず、大量難民は条約難民に比べてほとんど研究が進んでおらず、既存文献の中で部分的あるいは副論として扱われているものが大半である3)。

そこで本稿では、アフガニスタンの事例を通じてこの問題を論じてみたい。具体的には、国際難民法体系における大量難民の位置づけを確認するとともに、既存文献で明らかにされた論点や運用上の問題点の再検討を、アフガニスタンの事例をもとに試みたい。

なお、ここでアフガニスタン難民を取り上げるのは、それが20世紀から21世紀をまたいで難民の発生と帰還を体験した大量難民の代表事例であるという理由だけでなく、アフガニスタンが、イランとパキスタンという難民条約の加盟国と非加盟国に同時に隣接し、大量難民の問題を扱ううえで稀有な事例となっているからである。

アフガニスタン難民については、後述のように、とくに2002年に大規模な本国帰還が実現したものの、2005年2月現在、未だに130万人以上が国外にとどまっている。そうした人々の帰還、あるいは帰還後の定着の問題など、その解決はまさにこれからが正念場である。現在進行形の問題を扱う以上は、事例

---

2) 近年は、集団認定による「推定難民」（後述）の割合のほうが圧倒的に多い。たとえばUNHCR統計によれば、集団認定あるいは「推定難民」として認定される難民が64％であるのに対して、個別認定は24％である（UNHCR, *2003 Global Refugee Trends*, p.5.）。
3) 大量難民の問題を「一時的保護」の観点から論じたものとして、滝澤美佐子「大量難民への国際的対応：庇護の限界と『一時的保護』の可能性」峯陽一・畑中幸子編『憎悪から和解へ：地域紛争を考える』（京都大学学術出版会、2000年）。また、紛争に起因する武装難民の問題などのテーマにおいて部分的に論じたものとして、たとえば、Margaret E. Mcguinness, "Legal and Normative Dimensions of the Manipulation of Refugees," in Stephen John Stedman & Fred Tanner (eds.) *Refugee Manipulation: War, Politics, and the Abuse of Human Suffering*, (The Brookings Institution, 2003).

分析のデータについても既存文献では十分とはいえないので、本稿では、アフガニスタン難民を管轄するUNHCRカブール事務所、イスラマバード事務所、およびテヘラン事務所のそれぞれの担当者に対して聞き取り調査を行い、可能なかぎり最新データの収集に努めると同時に、"現場の担当者らの声"を基にして、アフガニスタン難民の実態と問題点を把握するよう心がけた。

以下では、まず、国際難民法体系における大量難民の位置づけを確認し、次に、アフガニスタンの事例を通して、その運用をめぐる実際の問題点を明らかにしてみたい。

2. 大量難民の位置づけ

国際社会における難民に関する法の総体を国際難民法とするならば、その中で大量難民（mass influx/mass exodus of refugees）は、どのような位置づけにあるのか。以下では、既存の難民条約体制の限界と問題点を概観し、次に、大量難民の受入れ・保護に一定の役割を果たしている「一時的保護」の概念を検討する。そのうえで、こうした一定の限界を抱える難民条約体制を補完すると考えられる、国際人権法と国際人道法、UNHCR規程と関連文書について、考察してみたい。

(1) 難民条約体制の基本構造と限界

今日の難民保護体制は、1951年の難民条約（および1967年の議定書）を基盤とする。同条約において難民の受入れ・保護は、国家の権利ではあるが義務ではない。したがって、難民の受入れの判断は、各締約国に任されている。近年は基本的人権保護の立場からさまざまな主張が見られるにしても、条約上も国際慣習法上もこの基本構造は変わらないというのが一般的な見解である[4]。しかし、今日発生している大量難民のほとんどは、主に次の3つの理由から、こうした現行の難民条約体制の枠外に置かれている。

第1に、難民条約では、難民の定義が限定的である。周知のように、いわゆる条約難民として認定されるためには、客観的要件としての「迫害を受けるおそれ」と、難民申請者本人の主観的要件としての「十分に理由のある恐怖」の双方が満たされなければならない（第1条A項(2)）。なお、「迫害を受けるおそれ」とは、人種、宗教、国籍、あるいは特定の社会集団の構成員であることまたは政治的意見を理由とする迫害に限定される。外国による侵略や占領、あるいは国内紛争や自然災害など、今日の大量難民の主たる発生原因は、原則としてこれに該当しない。

第2に、難民条約は、個別認定を基本としている。難民条約では、おのおの

---

[4] 国際難民法については以下を参照。B.S Chimni (ed.), *International Refugee Law*, (Saga Publications, 2000); Erika Feller, Volker Türk & Frances Nicholson eds., *Refugee Protection in International Law*, (Cambridge University Press, 2003); Guy S.Goodwin-Gill, *The Refugee in International Law, 2nd ed.*, (Oxford University Press, 1996).

の申請者に対し個別認定を想定しているため、大量の難民集団の認定には適さない。

第3に、受入れに伴う負担への懸念から、一般に条約規定は厳格に適用される。これは難民条約体制の基本構造とも関わる問題であるが、難民の権利保障は国家裁量に委ねられているため、国家は、しばしば条約を厳格に適用しようとする。たとえば、難民の法的受入れ・保護で最も重要な原則のひとつであるノン・ルフールマン原則は、迫害のおそれがある国家への追放・送還を禁止している(難民条約第33条)。しかしその適用範囲をめぐっては、条約難民のみとする厳格な立場と、条約難民に限定されないという見解がある。学説では後者の意見が多いと思われるが5)、実際の国家実行では、前者の厳格な立場が広く観察される。というのも、大量難民の受入れや保護は経済的、社会的に大きな負担を伴うからである。実際、1951年の難民条約に関する会議においてオランダ政府は、大規模な人の移動の場合にはこの原則は適用されないという厳格な立場を早くも表明している6)。

以上のように、既存の難民条約体制では、個別認定による条約難民を対象とし、条約の運用も国家裁量が基本である。そのため、今日発生している大量難民のほとんどは、条約難民と同等の保護を必要としているにもかかわらず、その法的保護の対象外となっている。

(2) 一時的保護

ほとんどの大量難民が難民条約体制の枠外にあるとすれば、国家はどのようにして大量難民を受け入れているのか。たとえば、アフガニスタン難民の大部分を受け入れているパキスタンやイランは、これらの難民に「一時的保護(temporary protection)」を与えている。一時的保護とは、「条約難民とは必ずしも認定されない大量流出した庇護希望者を集団認定し、一定の期間、暫定的な保護を与え、状況の安定がはかられた後、本国帰還を恒久的解決の基本的目標とする諸国民の包括的対応」のことである7)。

しかしながら、これは条約義務に基づく措置ではなく、あくまで国家裁量の範囲内によるものなので、大量難民保護の観点からは十分なものとはいえない。後述のように、実際の運用は大変流動的であるため、十分な保護が与えられず、強制的な本国送還が行われるなどの問題が生じている。構造的な問題を抱える従来の難民条約体制に対して、一時的保護は大量難民の権利保護に中核的な役割を果たしているといえるが、そこにおいても一定の限界が存在する。

そこで次に、こうした難民条約体制

---

5) たとえばそうした見解として、Elihu Lauterpacht & Daniel Bethlehem, "The Scope and Content of the Principle of Non-refoulement" in Erika Feller, Volker Türk & Frances Nicholson (eds.), op. cit., pp. 87-181参照。
6) Guy S.Goodwin-Gill, op. cit., pp. 121-122.
7) 滝澤・前掲注3) 論文79頁。

の問題点や一時的保護の限界を補完しうる枠組みとして、国際人権法と国際人道法、UNHCR規程などに着目してみたい。

(3)国際人権法と国際人道法

国際難民法体系は、国際人権法や国際人道法と、どのような接点を持っているのか。具体的には、後者の2つの条約体系において庇護権やノン・ルフールマン原則は、どのように規定されているのか。たとえば、難民条約が成立した1950年代以降に採択された実定国際法について概観すると、庇護権については、1989年の子どもの権利条約（第22条）が難民となった子どもの保護について規定している。また、国際人道法のひとつである1977年の国際的武力紛争の犠牲者の保護に関する追加議定書（第73条）が、難民および無国籍者に付与すべき保護内容を確認する。さらに国際人権条約としては、1984年の拷問等禁止条約（第3条）が拷問されるおそれがある国への追放を禁じており、1966年の自由権規約第7条も同様に解釈されている[8]。

難民条約の枠組みに該当しない場合でも、内戦などを逃れてきた非戦闘員の難民は、これらの国際法体系の枠組みにおいて保護される可能性はあるだろう。その意味では、これらの規定は難民の権利保障を補完するものといえる。もちろん、国際難民法体系からは、人権委員会やNGOなどの関係諸機関にかかる役割を求めているわけではない。しかし、そうした役割は否定されているわけでもないだろう。

(4)UNHCR規程と関連文書

国際人権法や国際人道法が、大量難民の保護に補完的な役割を果たしているとすれば、UNHCR規程と関連文書は、大量難民の保護に中核的な役割を果たしているといえよう。というのも、当初UNHCR規程が対象としていた難民は条約難民のみであったが、その後、UNHCRはその活動対象を漸進的に拡大してきたからである。

UNHCRは、国際連合の補助機関として設立され、その機能や権限は1950年のUNHCR規程に規定されている[9]。規程が対象とする難民は、難民条約とほぼ同じである（第6項A(ii)）。しかしながら、UNHCR規程第2項には集団としての難民を対象とする旨が規定されており、またUNHCRは補助機関であるため国連総会や経済社会理事会の政策指示に拘束されるなど（第3項）、難民条約とはその法的性格が根本的に異なる[10]。UNHCRは、規程成立後に採

---

[8] UN Human Rights Committee, general Comment No.20 (1992), (HRI/HEN/1?Rev.1), 28 July 1994.
[9] UNHCRの活動や発展については以下に詳しい。Gil Loescher, *The UNHCR and World Politics*, (Oxford University Press, 2001).
[10] 難民条約は、それ自体が国際法の法源であるのに対して、UNHCR規程は国連総会の決議（UN Doc. A/RES/428(V). 14 December 1950）として成立したものである。いうまでもなく条約の規定は条約加盟国を法的に拘束するものだが、決議は必ずしも国連加盟国に対して法的拘束力を持つものではない。

択された決議により新しい任務を担うことになり、結果としてこれまでに活動やその保護対象が拡大してきた[11]。たとえば1981年にUNHCRが設置したガイドラインでは、難民に与えられる庇護権について、国際的に受容されている基本的市民権、食料や住居、医療などの基本的ニーズ、裁判権などが一時的に自国に逃れてきた人々にも与えられるべきだとしている[12]。また、第一次受入国に対して、その地位にかかわりなくすべての大量難民の「一時的保護」を要請している[13]。

ところで、こうして漸進的に活動対象を拡大していくUNHCRの活動、もしくはUNHCR規程と関連する国連決議に対して、国家はどのような義務を負うのか。UNHCRは「政府および政府の認可を条件として、……難民問題の恒久的解決を計るという任務」（規程第1項。傍点筆者）を負う国連補助機関である。それに対して、難民条約の批准国はもとより（第35条）、国連加盟国も、自らが加盟する国際組織に対する義務として協力を行うのである。しかし、上記の規程第1項「政府の認可を条件として」という文言からも推察されるように、原則としてそれらは、主権の範囲内での協力義務であろう。UNHCRと関係国との間で締結される協定は、そうした協力義務に基づき、領域内で活動するUNHCRの活動に許可を与える法的文書といえる。

以上のように、既存の難民条約では、今日大量に発生している難民について対応しきれない部分を持つ。その保護や受入れは、条約義務としてではなく国家裁量の範囲内で「一時的保護」が行われているのが実態である。こうした限界に対しては、国際人権法や国際人道法がそれを補完しうる可能性がある。また、UNHCR規程とその関連文書は、国家に法的義務を課すものではないものの、今日では大量難民の保護に中核的な役割を果たしているといえる。

3.アフガニスタンにおける大量難民と周辺国の対応

次に、アフガニスタン難民の事例を検討する。既述のように一時的保護は国家裁量を前提として行われているが、実際に周辺国はいかにして大量の難民を受け入れ、また、どのような保護を与えているのか。以下では、まずアフガニスタンと隣国の関係条約加盟状況を確認し、次に1979年以降のアフガニスタ

---

11) 任務の段階的な拡大を整理したものとして、川島慶雄「国際難民法の発展と課題」覚道豊治ほか編『法と政治の現代的課題（大阪大学法学部創立三十周年記念論文集）』(有斐閣、1982年) 261〜266頁。
12) Report of the 32nd session: UN Doc. A/AC.96/601 (Margaret E. Mcguinness, op. cit., pp. 145-147.で引用)。
13) なお、それまでにUNHCRがその保護・支援対象を漸進的に拡大してきたことが、その背景となっている。まず、1959年には、国連総会決議により「斡旋難民 (good office refugee)」という新たなカテゴリーを設け、規模の大きい難民集団を一括してその保護対象として認めた。さらに、1960年代からは、とくにアフリカにおける大量難民流出を受けて「推定難民 (prima facie)」というカテゴリーを設けて、事実上難民となっている人々を、とりあえず集団認定し、UNHCRの関心対象とするというアプローチがとられた（滝澤・前掲注3）論文60頁）。

表●アフガニスタン・イラン・パキスタンの加入状況

	国連加盟	難民条約(議定書)	自由権規約	拷問等禁止条約	子どもの権利条約	文民条約
アフガニスタン	1946年11月	－	1983年1月	1987年4月	1994年3月	1956年9月
イラン	1945年10月	1976年6月(同上)	1975年6月	－	1994年8月	1957年2月
パキスタン	1947年9月	－	－	－	1990年11月	1951年6月

出所●国連高等弁務官事務所(UNHCR)や赤十字国際委員会(ICRC)の資料をもとに筆者作成(2004年12月15日現在)14)

図●パキスタンとイランにおけるアフガニスタン難民の受入数の変動

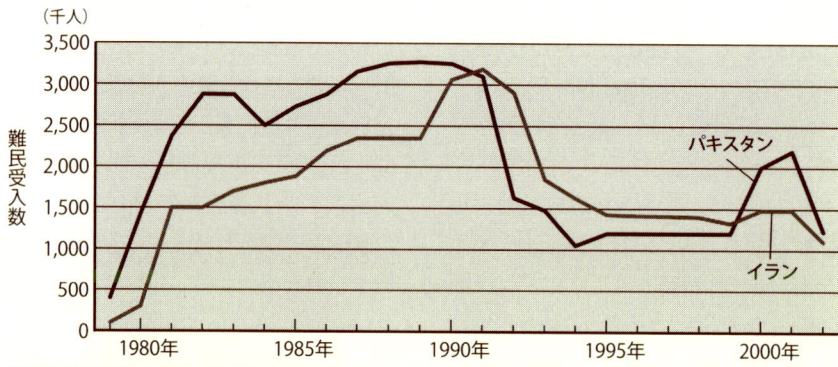

出所●UNHCR資料を元に筆者作成15)

ン難民の動向を検討する。最後に、一時的保護の設定に伴う3つの争点を取り上げ、アフガニスタン難民の事例からその問題点を検討してみたい。

(1) 各国の条約批准状況

上の表は、難民条約と関連国際文書について、アフガニスタン、イラン、パキスタンの加入状況を整理したものである。3国とも国連加盟国であり、子どもの権利条約および文民条約についても批准している。また、隣国イランについては難民条約・議定書および自由権規約の批准国であるが、パキスタンはそれらを批准していない。したがって、パキスタンは国連加盟国として、UNHCRの活動に対して主権の範囲内での協力義務を負うが、難民条約上の法的義務は負わないと考えられる。

(2) アフガニスタン難民の発生と帰還

上の図は、UNHCRの統計をもとに、パキスタンとイランにおけるアフガニスタン難民の受入数を示した統計資料である。UNHCRが直接・間接に関わる難民は、政府管轄かUNHCR管轄、

14) UNHCR資料 (http://www.unhchr.ch/tbs/doc.nsf/Documentsfrset?OpenFrameSet)、ICRC資料 (http://www.icrc.org/ihl.nsf/WebNORM?OpenView&Start=30&Count=30&Expand=43.1#43.1) 参照。
15) UNHCR, The state of World's Refgees 2000: Fifty Years of Humanitarian Action, (Oxford University Press, 2000), P. 119; UNHCR, Global Refgee Trends, 2003.

さらに、個別認定か集団認定かに大きく分類される。ただし後者の集団認定については、政府管轄でもUNHCR管轄でも、膨大な時間と労力が必要とされるため、今日そのほとんどは、事実上特別の認定手続を要しない「推定難民」である。実際に、1990年代後半以降のUNHCR資料によれば、アフガニスタン難民はパキスタンではUNHCR管轄、イランでは政府管轄であるが、両者とも推定難民という分類がなされている16)。

なお、イラン政府はこれら自国に受け入れたアフガニスタン難民を、難民条約に基づく「難民」であるとする場合もあるため、UNHCR統計資料でも法的地位としては「条約難民」という分類をしている。しかし後述のように、実際には、国内におけるその法的地位は非常に流動的である。また、その保護の内容も「条約難民」には遠く及ばない。

2002年には183万人、2003年には47万人、2004年には76万人のアフガニスタン難民が帰還したが、これら難民の本国帰還の流れは現在も続いている17)。アフガニスタン難民は未だに国外に130万以上おり、世界最大規模で

ある。さらに、国内には多数の国内避難民がいるというのが2005年2月現在の状況である18)。

(a)ソビエト軍侵攻から撤退後(1979〜1991年)

以下で、1979年以降の動向について、1992年と2002年を便宜上の時期区分とし、一時的保護の具体的な運用を見ていきたい。というのも、1992年と2002年にそれぞれ難民の流れに大きな変動が生じているためである。

アフガニスタンにおける大量の難民発生は、1979年のソビエト軍侵攻をひとつの契機としている19)。図のとおり1979年から1990年までに合計600万人以上のアフガニスタン難民が隣国のパキスタンやイランなどに流出している20)。

アフガニスタン難民の流入を受けて、パキスタン、イラン、あるいはアフガニスタン国内でUNHCRがそれぞれ活動を開始している。パキスタン政府は1979年4月にUNHCRへの支援を公式要請し、同年10月には首都イスラマバードにUNHCR事務所が設置された。それを受けて、北部の国境付近を中心

---

16) UNHCR統計(www.UNHCR.CH/STATISTICS)。
17) UNHCR, Operational Information Monthly Summary Report (March 02-Dec 04), 2005.
18) 統計によれば、2004年9月の時点で未だ16万7000人が難民キャンプでの避難生活を余儀なくされている(Norwegian Refugee Council, *Profile of Internal Displacement: Afghanistan*, (2004))。
19) アフガニスタン現代史については、前田耕作・山根聡『アフガニスタン史』(河出書房新社、2002年)など。また、とくにパキスタンとの関係では、広瀬崇子・堀本武功編著『アフガニスタン:南西アジア情勢を読み解く』(明石書店、2002年)、Frédéric Grare, "Geopolitics of Afghan Refugees in Pakistan," in Stephen John Stedman & Fred Tanner (eds.), op. cit., pp. 57-94 ; Pierre Centlivres & Micheline Centlivres-Demont, "The Afghan Refugee in Pakistan," *Journal of Refugee Studies* Vol.1, No.2, (1988), pp. 141-152。とくにイランについては、David Menashri, *Post-revolutionary Politics in Iran: Religion, Society and Power*, (Frank Cass Publishers, 2001)を参照。
20) なお、アフガニスタン北部に隣接するカザフスタン、キルギスタン、タジキスタン、ウズベキスタンなどの中央アジア諸国へ逃れた難民も存在する(UNHCR op. cit., pp. 115-122)。

に難民キャンプが設置されていく。テントや小麦などの国際支援がUNHCRなどを通じて提供され、またUNHCRと連携したNGOなどにより教育も施された。同様に、1979年のイラン革命によりイラン＝イスラム共和国となったイランにも多数の難民が流入したが、それに対してイラン政府は、無償の教育や医療サービスなどを提供した。なお、イランにおいてUNHCRが活動を開始したのは1986年からであるが、イランのアフガニスタン難民は政府管轄であるので、UNHCRテヘラン事務所の活動は、教育や保健衛生などの物理的な支援よりも、伝統的な保護活動である「難民の要求を代弁して、政府と交渉すること」に重点を置いている[21]。1988年には、ソビエト軍の撤退を定めたジュネーブ合意が締結され、同年UNHCRは、アフガニスタン難民の帰還を支援するためにカブールとヘラートに事務所を開設した。

(b)ムジャヒディン政権樹立からタリバン政権の崩壊（1992〜2001年）

1992年以降多くの難民が帰還したが、国内の政治問題が解決しないなかで帰還は定着しなかった。ソ連の撤退後、1992年には共産主義政権がムジャヒディン政権にとって代わられたのに連動して難民帰還への期待が高まり、隣国や国連は帰還のためのプログラムを実施し始めた。しかしながら、1992年以降ムジャヒディン間の内戦が激化し、その後再び難民が流出するようになると、以下で見るように受入国の難民に対する姿勢は次第に厳しくなっていく。

パキスタンにおいては、ソ連撤退以後の難民帰還に備えて、UNHCRが「登録解除プログラム（encashment program）」という帰還民支援構想を打ち出す[22]。その後1990年代後半になると、パキスタン政府の受入れ体制は次第に硬化してくる。それまでパスポートや有効な査証を持たない外国人は、法律の規定により「非合法移民」と見なされていたものの、アフガニスタン難民は例外とされてきた。ところが、2000年1月1日以降に国境を越えてパキスタンに入ってきた新たな難民については、この例外規定は適用されないことになった。そして、2000年11月にパキスタン政府は正式にアフガニスタンとの国境を閉鎖した[23]。

イランの受入れ状況も、前述のパキスタンと同じように、難民帰還は積極的に支援するものの、新たな難民の受入れは望まないというものであった。1992年まではすべてのアフガニスタン人が事実上受け入れられていたが、それ以降は対応が変化し、一部のアフガニスタン難民は非合法外国人と見なさ

---

[21] 2005年1月26日聞き取り調査、テヘラン。ヘンリク・M・ノルデントフトUNHCRテヘラン事務所副代表。
[22] パキスタンにおける1993年までのUNHCRプログラムについては以下を参照。UNHCR, *Repatriation Under Conflict: A Review of the Encashment Programme for Afghan Refugees in Pakistan*. Evaluation reports, (1994).
[23] David Turton & Peter Marsden, *Taking Refgees for a Ride? - The Politics of Refgee Return to Afghanistan*, (Afghanistan Research and Evaluation Unit (AREU), 2002), pp. 13-14.

れるようになったという。同年12月には、イラン政府とアフガニスタン政府およびUNHCRとの間で帰還計画が合意されたが、1995年にタリバン勢力がアフガニスタン西部の都市ヘラートを陥落させたことで、この帰還支援プログラムは事実上停止した[24]。その後は、少なくとも新規の難民受入れには消極的な姿勢を貫いている。1997年には、イラン政府はアフガニスタンからの新たな難民の登録を拒否し、2000年4月には国会で、職を持たない外国人に2001年3月までに国外へ退去することを命じる法令が採択された。それを受けて、イラン国内にとどまることを希望する外国人は、本国帰還で生命が危険にさらされることの証明を求められるようになった[25]。さらに2001年9月には、アフガニスタンとの国境が封鎖された[26]。次に述べるように、隣国によるこうしたアフガニスタン難民への厳しい姿勢は、本国での政治状況が大幅に改善したアフガニスタン新政権の誕生以降、とくに加速していくことになる。

(c) アフガニスタン新政権の誕生から現在まで（2002年〜）

アフガニスタンで新政権が成立した2001年12月以降は、国内の政治状況が改善するなかで多くの難民が帰還し、その定着が実現していく。「9・11同時多発テロ事件」以降、アフガニスタンを取り巻く状況は急速に展開した。アルカイダの掃討を目的として、米国等の同盟軍によるアフガニスタンへの軍事介入、タリバン政権の崩壊、ボン合意、東京会議やベルリン会議の開催など、事態が急転するなかでアフガニスタンの平和構築と復興を支援するための国際的枠組みが一気に構築されていく。2001年12月のボン合意では、暫定政権の発足や新憲法の制定など新生アフガニスタンの復興プロセスが明らかにされた。2002年1月には、アフガニスタンの復興支援を協議するためのアフガニスタン復興支援国際会議（東京会議）が東京で開催され、45億ドルの支援が約束された。こうして、新生アフガニスタンが復興への道を歩み始めるのと同時に[27]、図のとおり2002年にはおよそ200万人という大規模の難民帰還が実現した。

UNHCRの活動も活発化した。それまで閉鎖されていたカブールのUNHCR事務所も2001年末に再開し、①帰還のための渡航費・食料支援、②

---

[24] Peter Marsden, *The Taliban*, (Zed books, 2002), p. 48.
[25] David Turton & Peter Marsden, op. cit., p. 15.
[26] US Department of State, "Iran: Country Reports on Human Rights Practice 2001, 2002, section d.," at http://www.state.gov/g/drl/rls/hrrpt/2001/8251.htm.
[27] アフガニスタン復興支援については、内海成治編『アフガニスタン戦後復興支援：日本人の新しい国際協力』（昭和堂、2004年）、総合研究開発機構・武者小路公秀・遠藤義雄編『アフガニスタン：再建と復興への挑戦』（日本経済評論社、2004年）など。とくに援助調整の観点から、Nicholas Stockton, *Strategic Coordination in Afghanistan*, Afghanistan Research and Evaluation Unit (AREU), (2002)。また、アフガニスタン政府の難民政策については、政府ウェブ・サイト「Refugees & IDPs CG」(http://www.afghanistangov.org/cg/refugeeidp/index.asp) を参照。

シェルター設置、③水供給システム構築、④雇用創出(職業訓練、短期雇用創出プロジェクト、収入創出プロジェクトなど)、⑤保護(帰還民のモニタリング、法律相談支援など)などの支援活動を開始した。本年2005年には、およそ70万5000人の難民帰還、そして11万人の国内避難民(IDP)の定住を見込んで支援活動を実施する予定である28)。同様に、パキスタンのUNHCRは2002年3月1日から、イランのUNHCRは4月6日から活動を開始している。

本国での受入れ態勢が次第に整備されていくなかで、それと連動するように、アフガニスタン難民を本国へと押し戻そうとする隣国からの圧力が次第に強くなっていく。2001年の空爆後、およそ20万人のアフガニスタン難民がパキスタンに再び流入した。しかし、帰還支援プログラムの開始された2002年2月には、パキスタン中部の国境沿いに位置するチャマン地域における難民の新規登録を拒否するなど、新たな難民の受入れには消極的な態度をとるようになる。イランにおいても同様の状況であり、たとえば2002年夏にイラン政府は非合法滞在のアフガニスタン人は8月11日までに国外へ退去しなければならない旨の声明を発表している29)。

最後に、UNHCRの活動についてまとめてみると、多くのアフガニスタン難民が発生した1980年代以降においては、教育、住居、医療の提供など受入国の保護活動が中心であった。しかし、とくに「9・11」以降は、保護から解決へと活動の重心が移っている。すなわち、現在は以下の3つの対応策、①本国への帰還、②受入国での定住、③第三国での定住、がその主な活動目標となっている。しかし一般に受入国政府は、負担の大きい自国での定住には難色を示す傾向がある。たとえば現在、イラン政府は①の難民の本国帰還を性急に進めようとしている30)。それに対してUNHCRテヘラン事務所は、難民の権利を重視し、①にしても時機を見計らっての本国帰還、あるいは②のイラン社会での定住を主眼に置いており、現在両者の間で、どのように問題の「解決」を図るべきかをめぐり日々議論や交渉が行われている31)。

他方、アフガニスタン難民に対するパキスタンの姿勢はイランとは若干異なり、②の自国での定住を事実上認めている点が注目される。2005年2月にベルギーのブリュッセルにおいて開催されたアフガニスタン難民に関するハイレベル協議において、パキスタン政府は、問題解決のためには、第1に、アフガニスタン本国の発展、第2に、難民受入れ

---

28) 2005年2月13日聞取り調査、カブール。下沢祥子UNHCRカブール事務所代表アシスタント兼プログラム・アシスタント。
29) David Turton & Peter Marsden, op. cit., pp.31-32.
30) イラン政府によるアフガニスタン難民の強制帰還の問題については、さまざまなメディアにより報じられている。たとえば、Atta Kenare, "UNHCR Threatens Iran with Suspension of Aid for Afghan Refugees, 2" (AFP, 15 January, 2005); Pam O'Toole, "Iran 'Forced' Afghans to Go Home," (BBC News, 21 January, 2005)。
31) 2005年1月26日聞取り調査、テヘラン。ヘンリク・M・ノルデントフトUNHCRテヘラン事務所副代表。

により経済的・社会的負担を受けた地域の復興・開発、そして第3に、アフガニスタン難民を受け入れた国々の発展が重要であると主張した。3点目の受入国の発展についてパキスタン政府は、今後も一定数のアフガニスタン難民が自国にとどまることが予想されるため、それに対する国際社会の支援が必要であると述べている。これは自国での定住を事実上認める発言であり、こうしたパキスタン政府の姿勢を歓迎する旨の声明が米国などから発せられた[32]。

(3) 大量難民の保護と問題点

最後に、一時的保護をめぐる主な問題点として以下の3点を検討してみたい。

第1に、一時的保護者の認定の問題である。とくに問題となるのは、一時的保護難民として認める範囲を、武力紛争や人権侵害などの人災に限定するのか、あるいは、自然災害なども含めるのか、という点である。アフガニスタン難民の場合には、大国の介入や内戦などの人災が主要な発生原因であるものの、長年にわたる干ばつの存在も要因として指摘されており[33]、複合的な事態といえる。もちろん、庇護希望者のなかにはいわゆる武装難民や単なる経済難民もいることから、一定の選定作業が必要なるのはいうまでもない[34]。しかし、アフガニスタン難民の事例のように100万人単位の移動の場合には、そうした「要因」に注目することは実際問題としてあまり重要ではなく、認定基準としては「アフガニスタン人かどうか」といった点により集団認定が成されているようである[35]。むろん認定基準の設定に意味がないわけではなく、一般論としては人災だけでなく自然災害も認定要因に含めるべきであることは当然である。

第2に、一時的保護者の法的地位の問題である。すなわち、一時的保護難民に対してどこまでの権利を保障すべきかといった問題である。具体的には、ノン・ルフールマン原則の適用、生存権や身体の自由などの基本的人権、あるいは就業や教育権などの社会権などの権利が問題となるであろう。だが、事例で検討してきたように、大量難民は保護やその法的地位がたいへん流動的である。たとえば、イランおよびパキスタンにおける難民の扱いについては、とくに1990年代後半以降、未だ本国が不安定なままであるにもかかわらず強制的な帰還が実施されるなど[36]、ノン・ルフールマン原則に反する国家実行が

---

[32] 2005年3月2日聞取り調査、イスラマバード。インドリカ・ラトワテUNHCRイスラマバード事務所シニア帰還コーディネーター。
[33] たとえば、Edward Girardetm Jonathan Walter, Charles Norchi & Mirwais Masood (eds.), *Afghanistan (2nd edition)*, (Crosslines Publications, 2004), p. 280-281.
[34] 武装難民などの問題については、Stephen John Stedman & Fred Tanner前掲注3)書が詳しい。
[35] 2005年1月26日聞取り調査、テヘラン。ヘンリク・M・ノルデントフトUNHCRテヘラン事務所副代表。
[36] とくにイランにおいては強制的帰還が多い。たとえば2004年の統計では、パキスタンからの強制的帰還民が52名であるのに対して、イランからは73,161名である (UNHCR, Operational Information Monthly Summary Report (March 02-Dec 04), 2005, p.21)。

見られる。また、イランでは、公的に認められた難民キャンプや難民村に居住する人々に対して以外は、保健、教育などの基本的なサービスが提供されていない37)。とくに「9・11」以降は難民の帰還を促すために、それまで提供されていた教育や医療などのサービスが事実上停止している。

　第3に、一時的保護の終了に伴う問題である。ここには、大量難民とノン・ルフールマン原則をめぐるもう1つの問題が提起されている。すなわち、ノン・ルフールマン原則は、迫害などのおそれがある国への追放・送還を禁止するものであるが、そうしたおそれがなくなった場合に、どのような解決が図られるべきか、という問題である。たとえば、2001年の暫定政権樹立以降アフガニスタンは、「帰還すれば殺害される」という状況から「帰還すれば（とくに経済的に）困難な状況に陥る」というふうに情勢が変化している。そうした状況下において、とくに、①の本国帰還により問題解決をめざす場合には、どのようなタイミングで、またどのようにして帰還させるのか、自発的帰還か、それとも強制的帰還か、といった点について統一的な国際基準は未だ存在していないであろう。大量難民については、その受入れだけでなく最終的な問題の「解決」方法についても、今のところ国家の裁量に大きく左右されている。

4.おわりに

　以上の論点から、次のことが指摘できよう。第1に、大量難民の受入れや保護については原則として国家の権利であって義務ではなく、その意味で従来の難民保護の基本構造に変化はない。第2に、国際難民法は、一定の限界を抱えているが、それに対して国際人権法や国際人道法が補完的な役割を果たしうる、という2点である。そして、これらに若干の考察を加えるならば、次のとおりである。

　まず第1に、大量難民の保護や受入れは、あくまで国家裁量の範囲内で行われている。アフガニスタンからの大量難民は、パキスタンにおいてはUNHCR管轄の推定難民として、またイランでは政府管轄の推定難民として受け入れられてきた。原則として、これらの難民キャンプあるいは難民村には、受入国の法律が適用され、とくに基本的人権保障の立場から保護が与えられるべきである。しかし本稿で見てきたように実際には、これらの難民にはUNHCRガイドラインが要求しているような国際人権法に準じた保護が与えられているわけではない。いうまでもないことだが、大量難民に対する保護内容については、必ずしも難民条約加盟国のほうが充実しているわけではない。条約難民に対しては、条約加盟国たる国家に法的な保護義務が生じるが、大量難民の場合に

37) U.S. Department of State, Iran: Country Reports on Human Rights practice 2000, 2001 at http://www.state.gov/g/drl/rls/hrrpt/2001/8251.htm.

はそうではなく、その保護内容は国家裁量に委ねられているからである。

大量難民の受入れ・保護では、一時的保護がその中核的な概念となっている。それを踏まえて国際難民法における大量難民の位置づけを確認しておくと、難民条約においては、一時的保護についての規程は存在しない。また、UNHCR規程と関連文書については、その漸進的発展の過程で一時的保護が要請されるに至ったが、これらは法的拘束力を国家に課すものではない。UNHCRの活動に対して国連加盟国は協力義務を負っているが、それはあくまで主権の範囲内でのものである。すなわち一時的保護は、国家の権利であって義務ではないという既存の難民保護体制の枠内で、国家裁量により行われている、といえよう。

第2に、内戦などから逃れてきた文民や非戦闘員は、難民条約の枠組みに該当しない場合でも、国際人権法や国際人道法の諸規定の一部が適用され、その枠組みにおいて保護される可能性はある。実際に、こどもの権利条約第44条に基づいてイラン政府が定期的に報告書を提出しているが、それに対して子どもの権利委員会は、子ども難民の対応を改善するための勧告を行っている[38]。他方で、国際人権法や国際人道法の観点からは、庇護権やノン・ルフールマン原則に関係するこれら諸権利の保護が、国際難民法体系の枠組みにおいて実現されることもあるだろう。たとえば、本稿で見てきたように国際難民法体系の発展を受けて、UNHCRは今や大量難民の保護に主要な役割を果たしているが、それは同時に、基本的人権の保障や紛争犠牲者の保護にもつながる活動である。

以上のように見るならば、前者と後者の法体系は、庇護権やノン・ルフールマン原則などを接点として相互補完関係にあるといえる。それは、難民という個人の尊重と保護を強化していくためのひとつの制度的展開とも考えられる。現在、国際保護に関するグローバル協議（global consultations on international protection）などの場を通じ、難民条約の改正も視野に入れた新たな議論が提示されている。両法体系間の相互浸透を通じて、国際難民法は、今後さらに機能展開していくことが予想されよう。

---

38) CRC/C/15/Add.123 cited Human Rights Internet, For the Record 2000, The United Nations Human Rights System(2000). これら年次報告書は以下のURLを参照。http://www.hri.ca/fortherecord1998/index.htm.
※本稿の各サイトには2005年2月28日アクセス。

第Ⅱ部

Part2 Development of Human Rights Activities in the Asia-Pacific Region
アジア・太平洋地域の人権の動向

●国連の動向

Human Rights Activities by UN in 2004

2004年の国連の動き

　2003年8月バグダッドでデ・メロさんが亡くなった後空席となっていた人権高等弁務官に、2004年7月ルイーズ・アルブール元カナダ最高裁判事が就任した。

　また、国際情勢の変化などに国連が対応するために、国連事務総長提唱のハイレベル委員会が12月、国連の改革に関する報告書を提出した。アナン国連事務総長はそれを踏まえて、2005年3月「いっそう大きな自由のなかで」と題した国連の今後の取組み、機構改革などを含む報告を提出した。その報告には、安全保障理事会、経済社会理事会の変革のほかにも人権委員会を廃止し、人権理事会を設置する案なども含まれている。

1.国連人権委員会

　6週間の会期中、合計88の決議と28の決定、ならびに5つの議長声明が採択された。

⑴テロリズムと人権

　前年の2003年、国連バグダッド本部へのテロ攻撃で亡くなったデ・メロ人権高等弁務官、そして開会直前にスペイン・マドリードで起きた爆破事件のショックのなか開催された第60会期人権委員会では、テロリズムならびに法の支配内でのテロリズムとの戦いが大きな焦点のひとつになった。多くの参加者が、イスラム教をテロと結びつけるイスラム排斥主義など、反テロ措置が人権に及ぼす影響を取り上げ、テロリズムには宗教はなく、イスラム教は平和の宗教であるということが繰り返し強調された。当該問題に関し、独立した専門家が任命されている。

⑵ジェノサイド防止とマイノリティの権利擁護

　ルワンダでのジェノサイド（集団虐殺）から10年。4月7日に開かれた特別集会では、コフィ・アナン国連事務総長がジェノサイド防止のための行動計画を発表し、その枠組みにおいて、ジェノサイド防止に関する事務総長特別顧問のポストが新しく設けられた。このポストには後日、アルゼンチン出身のファン・メンデスさんが任命されている。

　ルワンダのジェノサイドは、国連の「大失敗」の一例とされ、特別集会でも、「二度と繰り返さない」という言葉が、何度となく発せられた。「（ダルフールの）状況をどう呼ぼうが、国際社会は何もしないで い続けるわけにはいかない」（アナン事務総長）。しかしスーダンのダルフール地方において依然とし

て続く大虐殺を目の前にしているにもかかわらず、特定国の人権状況に関する議題項目の下でのアフリカ諸国に関する決議の採択に抵抗するアフリカ政府グループと、強い勧告を採択しかつ特別報告者を任命することを求める欧州連合や米国を中心とする国が対決。結局会期最終日に妥協案として、「作業方法」に関する議題項目3の下で決議を採択。独立した専門家を任命して報告書を次会期人権委員会に提出するよう求めた。ちなみにこのような「変化球」は、コロンビアに続く2カ国目である。

ジェノサイドの早期防止に重要なマイノリティの権利の擁護に関しては、人権委員会から人権高等弁務官に対し、マイノリティ問題の現状を常に認識するための方法を研究するよう要請。人権小委員会から出されていたマイノリティ関連の活動に関する自発基金の設置の勧告も、承認されている。

(3)人身売買

会期最初の4日間、政府高官のスピーチが続くハイレベルの会議において、きわめて多くのスピーカーが取り上げたのが人身売買問題。ラムチャラン人権高等弁務次官(当時)の強い要請で、人権委員会は女性や子どもなどの人身売買に関する特別報告者のポストを新たに設置。ちなみにこれは、いずれの政府でもNGOでもなく、ラムチャラン高等弁務次官が強く推進したもので、彼自身が各国と協議を行い実現させたという、珍しい形式をとった。後日、このポストにはバングラデシュ出身のシグマ・フーダさんが任命されている。

また、関連する女性に対する暴力に関して、人権委員会は同問題に関する特別報告者に対し、そのような女性に対する暴力のインデックス案を作成するよう要請した。

(4)人権教育

2004年末に終了する「国連人権教育の10年」については、世界の多くの人権教育関係者が第2次の10年を求めていたが、「2度目の10年設定が、人権教育の具体的推進に対し特別な意義を与える」ことに懸念を示す国があり、他方、人権教育を継続して推進する世界的な枠組みの重要性には概ね合意が見られたため、人権委員会は10年のフォローアップとして、「人権教育のための世界プログラム」に着手することを勧告した。このプログラムは人権高等弁務官事務所が起草し、その採択のために同年の総会に提出しており、その草案づくりには世界各国の多くの人権教育関係者が関与した。「世界プログラム」は数年(2～3年)を時間的枠組みとするひとつの「段階」として区切り、その期間、人権教育の実施と結果について、とくに焦点を当てる特定分野を設定し、それぞれの「行動計画」を策定する。2005年から2007年までの第1段階では、初等中等教育制度における人権教育が焦点となっている。

(5)人種主義、差別

人種主義に関する特別報告者が、今後取組みがとくに必要な問題のひとつ

にカースト差別を挙げている。特別報告者はまた、日本の部落差別や在日コリアンなどへの差別も取り上げ、「カーストのような問題は国内問題であり、それを変えるには何世代もかかる、という主張は、国際原則に基づき、受け入れられない」としている。

人種主義に関し今会期人権委員会で初めて取り上げられたのが、「現代的形態の人種主義、人種差別、外国人排斥および関連する不寛容をあおるような、ある種の行為が承認しがたいこと」に関する決議。長いタイトルだが、これはロシア共和国のイニシアティブで、ラトビアにおけるナチス諜報機関の元メンバーを賛美する記念碑などの建立に対する懸念を表明するために提案された。ネオナチなど、より広い問題を扱うかたちで、投票により採択されている。

(6)特定国の人権状況

特定国に関する決議に対する反対の機運は一段と高まり、前述のとおり、とくにアフリカ政府グループが活発に反対の働きかけを行った。結果、中国に加え、チェチェンとジンバブエに関する決議案に対し、「採決にかけない」（ノーアクション）動議が採択され、ブルンジ、コンゴ民主共和国、チャドそれぞれについては、特別報告者に代わって、技術援助の枠組みで独立した専門家が任命された。アジア地域では、初めて朝鮮民主主義人民共和国に関する決議が採択され、特別報告者が任命され、ネパールについては議長声明が採択されている。

米国主導の、キューバに対する決議は22対21の僅差で採択され、今会期とりわけ高いキューバと米国との緊張がピークに達し、キューバの政府代表が米国の政府代表を殴り、意識不明にさせるという、前代未聞の事件まで発生した。

以上のほか、トルクメニスタンとベラルーシ、ビルマ（ミャンマー）に関する決議が採択されている。

(7)新しい機関、基準設定など

国内避難民の保護の領域において、既存のイニシアティブを強化するため新しい機関を設置するよう、人権委員会は事務総長に要請。

基準設定作業に関して、とりわけ注目されたのは、人権小委員会が作成した、「人権に関する多国籍企業およびその他の企業の責任に関する規範」。これに対し人権委員会は、人権に関する企業責任の問題の重要性を確認。「規範」は法的拘束力がなく、小委員会はいかなるモニタリング機能も果たすべきではないとしながらも、当該領域における基準の強化のための選択肢を特定するため、人権高等弁務官事務所に対し、関連する既存のイニシアティブならびに「規範」をはじめとする基準の範囲および法的地位を明確にし、未解決の問題を特定する報告書を作成し、次会期人権委員会に提出するよう要請した。

個人通報システムを設置することが提案されている社会権規約の選択議定書、あるいはその他の選択肢を議論するための作業部会の作業の継続につい

ては、なかなかコンセンサスがとれず、とりあえず2年間のみ延長することが決まった。

「国際人権・人道法侵害の被害者の救済および補償への権利に関する基本的原則と指針」は最終段階に向かい、その最終案の作成のために第3回協議会が開かれることも決定された。

(田中敦子／反差別国際運動ジュネーヴ事務所・国連代表)

2.国連人権高等弁務官事務所

2004年、人権高等弁務官事務所はスーダンおよびイラクに調査団を派遣し、それぞれに関する調査報告を作成、2005年3月の人権委員会に提出した。

(1)スーダン・ダルフール地域における人権状況[1]

スーダン西部のダルフール地域において、2003年初頭から反政府武装勢力の台頭により紛争が激化し、政府はそれに対抗するためにアラブ系の民兵組織ジャンジャウィードを支援した。ジャンジャウィードは時には政府軍の支援を受け、時には政府軍とともに村を襲撃し、殺害、レイプ、拷問、破壊などを行い、その結果、大量の国内避難民、隣国チャドへの難民が生じ、重大な人道問題を引き起こしていた。

調査団は4月にチャド、4月後半から5月にかけてハルトゥームとダルフールを訪れ、政府、国連機関、NGOや難民、ダルフール内の避難民と会い、報告書をまとめた。

調査団は、政府軍および政府が支援する民兵組織ジャンジャウィードによって、スーダンに適用される国際人道法、人権法および慣習法に反した制度的または広範な侵害のパターンが生じており、また、ダルフールにおいて人権侵害の不処罰の事態が続いていることも指摘した。報告書の他の主な内容は次のとおりである。

政府軍および民兵組織の襲撃の対象は主に文民であり、空爆も行われた疑いがある。政府軍、民兵組織は逃亡できなかった住民、とくに男性を標的にした。死者が何人になるのかは不明である。住民への無差別攻撃は緊急事態でも逸脱できない自由権規約第6条の生命の権利やジュネーヴ条約に反し、戦争犯罪とも見なされる。

また、難民および避難民の女性から、女性および女児に対するレイプおよび虐待が襲撃時だけでなく、避難地域内、あるいはその周囲で継続していると報告されている。これらは、避難民を辱めるだけでなく、避難地域から移動することを妨げる方策である。レイプおよび他の性暴力は拷問、残虐または非人道的な行為と見なされ、またジュネーヴ条約共通第3条の個人の尊厳に対する侵害にあたり、戦争犯罪となる。また、文民に対する制度的、広範な侵害である

---

[1] "Report of the United Nations High Commissioner and Follow-Up to the World Conference on Human Rights: Situation of human rights in the Darfur Region of the Sudan," (E/CN.4/2005/3), 3 May 2004.

場合、人道に対する罪にもあたる。

襲撃では、家屋、農業施設、その他施設などの焼き討ち、破壊や穀物、家畜の略奪、破壊が行われていたが、ジュネーヴ条約第2追加議定書第14条の住民の生存に不可欠なものの保護に違反しており、略奪は国際人道法で禁止され、戦争犯罪にあたりうる。また、殺害や破壊により必然的に大規模の難民、避難民が生じたが、国内の避難民だけでなく難民に対しても未だに襲撃や略奪が報告されていることが懸念される。避難地域を離れると襲撃されるおそれがあり、また家に戻っても十分な保護はないため、政府が帰還を奨励しても帰還は困難である。国内避難民は100万人と推定され、隣国チャドに登録されて難民キャンプにいるのは2万2500人、人道機関などの推定では11万人の難民がいるとされる。文民の安全または軍事上の理由なしに、文民を強制移住させることは戦争犯罪であり、制度的に行われた場合は人道に対する罪にあたる。また、逃げる際の離散により、行方不明になったり、民兵組織による拉致があったことも報告されている。

政府は武力紛争を部族間の紛争と説明したが、根本に特定の集団の制度的な排除が見られる。ジャンジャウィードの襲撃を止め、加害者を訴追し被害者を救済しなければならないという住民の最大の関心事に政府があまり対応していないこと、政府の対応策として、ジャンジャウィードに対して、武器と援助の交換を計画していることなどがその見方を裏づけている。

報告は、スーダン政府が民兵組織を非武装化・解体し、加害者の追及、処罰を行い、非差別、マイノリティ、先住民族の保護に基づく法の支配を促進すること、人道活動家のダルフールへのアクセスを確保し、難民の安全な自発的帰還を認め、土地を再び取り戻すことを認めること、とくに女性の被害者、子ども、老人、障害のある人に注意を払い、すべての被害者に公正な補償を行うこと、再発を防止することなどを勧告した。また、スーダン国内の司法制度が十分に対応できていなかったことから、政府軍や民兵組織による侵害、当局の関与などを調査し、適切な対応を勧告する国際調査委員会の設置などを勧告した[2]。

[2) ダルフールの状況について、その後、9月に安全保障理事会は国連事務総長に国際諮問委員会の設置を要請することを含めた決議(1564)を採択し、10月、事務総長は5人の専門家による委員会を任命した。委員会はすべての当事者による国際人権および人道法の侵害を調査し、ジェノサイドの行為が行われたかどうか判断し、国際人権および人道法侵害の加害者を特定し、責任者への対応措置を提言することを任務としていた。委員会は2005年1月に報告を提出し("Report of the International Commission on Inquiry on Darfur to the United Nations Secretary General," 25 January 2005, at http://www.ohchr.org/english/darfur.htm (visited 28 March 2005)参照)、スーダン政府およびジャンジャウィードにより大規模な戦争犯罪および人道に対する罪が行われたとしたが、しかし、政府の政策として全体または一部としてある民族、人種または宗教的集団を殺害する具体的な意思を示していないとして、政府がジェノサイド政策を追求したのではないと判断した。委員会は、その判断が個人がジェノサイドで有罪となる可能性を排除するものではないとし、それは権限のある裁判所が判断することであるとした。状況の重大さや規模にもかかわらず、スーダン政府が追及した責任者があまりにも少なく、対応措置が非常に不十分なため、スーダン政府に対応を委ねることを不適当として、安全保障理事会にこの事件を国際刑事裁判所に付託するよう強く勧告し、理事会は3月、付託を決議した。

⑵イラクにおける人権状況3)

この報告は、サダム・フセイン政権崩壊後、暫定施政当局（CPA）および連合軍、イラク当局などの管轄下の人権状況について、暫定施政当局長官、イラクに派兵している政府、イラク外務大臣および人権担当大臣、国連機関、NGOなどに情報提供を要請し、さらにアンマンでイラクからの人権NGOなどの30人から聴取してまとめたものである。報告の目的は人権委員会に対し、国際関心事である人権の状況に関する側面について、将来の保護に向けて人権委員会および国際社会が状況を評価できるように情報を提供することである。1991年以来、人権委員会には毎回イラクの人権に関する特別報告者が報告してきたが、2004年の第60会期でその任務が更新されなかったことに報告は言及している。

報告は、占領下にある文民の保護が十分でないこと、治安の悪化による被害のほかに、治安維持にあたる連合軍などの過剰対応や、巻き添えで被害を受ける住民がいることなどに対して、国際人道法は文民と軍事目標を区別し、文民を直接標的とすること、文民に対する報復行為などが禁止されていることを挙げた。また、逮捕、拘禁、解放の際の処遇について、米国軍の内部調査報告であるタグバ報告および赤十字国際委員会の報告を取り上げ、拷問、非人道的処遇などが国際人道法、人権法によって禁止されていることを指摘し、収容所などで行われた行為について、責任が追及されることが重要であるとしている。帰還した難民、避難民の安定した住居がない、あるいは家賃の高騰で家を出ざるをえなくなった人々が多数いるが、2003年の国連バグダッド本部爆破以来、国際人道機関などは退去したままであり、十分な支援、モニタリングができていないことも指摘されている。

女性の権利に関して、女性の政治および他の公的分野への参加が制限されているなどがある一方、連合軍による虐待、品位を傷つける行為なども報告されている。また、子どもの権利について、栄養状態の悪化、治安の悪化などによる影響、また虐待されたといわれる被拘禁者のなかに子どもがいるという報告に懸念を表明した。さらに、政治的、市民的権利、経済的、社会的および文化的権利などについてもイラクの状況を記述している。

報告は、連合国の侵攻の合法性については報告で扱うべき範囲ではないとしたうえで、連合国の管理下において、人権規範を含めた憲法の枠組みに関する議論が起こっていること、人権省の設置、女性の参加の拡大など肯定的な面があるとしている。他方、多数の人が拘禁されているのに、その理由、状況、あるいは拘禁場所などが公表され

---

3)"Report of the United Nations High Commissioner for Human Rights and Follow-Up to the World Conference on Human Rights: The present situation of human rights in Iraq," (E/CN.4/2005/4), 9 June 2004.

ていないなど、重大な人権侵害が起こっており、イラクの人々の苦難は現実のものであることも指摘している。それに対し、報告は連合軍派兵国にすべての拘禁場所の定期的な監視を導入し、人権侵害を行った軍の関係者を追及、処罰することなど、また、イラク暫定政府に、独立の国内人権機関を設立し、国際人権基準に適合しない法の改正や新しい法の起草に向けた委員会をつくることなどを勧告した。また、前政権下の人権侵害に対する、侵害の救済、真実追求などを含む包括的な戦略の策定の必要性なども勧告している。

(岡田仁子／ヒューライツ大阪研究員)

3.国連難民高等弁務官事務所

2004年は、難民救援においては、ルード・ルベルス国連難民高等弁務官が2004年10月に開催された第51回執行委員会(EXCOM)の閉会式で指摘したように「帰還の年」[4]であり、アフガニスタン、シエラレオネ、アンゴラで数百万人が帰還した。しかし、一方では「国家の安全の強化や世界的なテロへの懸念、外国人排斥の機運の高まりなどにより、難民に対する友好的な空気が冷めつつある」と同高等弁務官自身が述べているように[5]、UNHCRの支援対象者の減少を、世界的な難民保護体制の好転と見るにはほど遠い現状がある。加えて、高等弁務官は、前記の状況を「政治家が煽っている場合も多く、何か問題があると難民を含む外国人のせいにされ、脅威の対象と見なされる」としている。

同執行委員会では、難民保護に関する新たな2つの結論が採択された。1つは、自発的帰還の文脈における法的安全の確保、もう1つは大量発生時における責任に関する協力および負担と責任の分担についてであった。前者においては、近年増えている「自発的」帰還に対し、その自発性をどのように確保するのか、ということが論点となった。また、後者においては難民の大量発生時において、その第1次流入先となる国々の負担を和らげ、国際社会がどのように責任を分担するのかという観点に立った結論が提示された。一方、NGOは国際的な保護と題する意見書を提出し、難民の権利を確保するための各国間での責任分担の必要性、再定住を戦略的に捉え推進していくこと、収容が増えている現状への懸念を示し原則として収容されるべきでないことの確認、難民認定手続にUNHCRが積極的に関与していくことの重要性を述べた[6]。

また、多国間で難民問題の恒久的保護システムの確立をめざしルベルス高等弁務官によって2002年に開始された条約発展(Convention Plus)の進捗

---

4) UNHCR, Closing Statement by Mr. Ruud Lubbers, United Nations High Commissioner for Refugees, at the Fifty-fifth Session of the Executive Committee of the High Commissioner's Programme, Geneva, 8 October 2004, at http://www.refugee.ch (visited 25 March 2005).
5) REFUGEES, 2004 Year in Reviewより。
6) ICVA, "International Protection NGO Submission Agenda Item 6 (i)".

に関しては以下のとおりである。

(1)非正規な2次的移動に関するワークショップ

2004年2月には、南アフリカとスイスを中心に非正規な2次的移動に関するワークショップが開催された。

この問題は多国間を横断し、1カ国で庇護申請の結果を待つことがないこと、および非正規な移動を行う者の多くが有効な旅券または許可を有していないことから、当該国家の出入国管理政策を脅かす性質の問題であることが指摘された。最終的には、難民と庇護希望者の登録と文書の発行を適切に実施、難民申請における各国の責任の配分の基準を設定、各国の難民保護体制のキャパシティ・ビルディングの実施、開発支援や再定住、持続的な帰還など恒久的解決における義務の負担、地域ごとのアプローチの実施、密輸・人身売買等に関する刑法規定のすりあわせの強化、モニタリング・システムの確立の促進を指摘、要請した[7]。

(2)「他国間枠組みの再定住に関する覚書」

2004年6月には、カナダを中心とする中核グループが、条約発展の課題の1つである再定住問題に関する「他国間枠組みの再定住に関する覚書(Multinational Framework of Understanding on Resettlement)」を発表した。同覚書では、UNHCRが中核になって多国間での事業を調整し、参加型の計画の立案、継続的なモニタリング、定期的な報告の実施をする必要性を指摘した。とくに再定住先の国は、難民の個々のニーズに対応するだけではなく、受入れによって生じる問題に適切に対応するために、UNHCRや関係機関との連携による問題解決を図る方向性が確認された[8]。

同覚書は、同年6月の第30回常任委員会にも報告された。報告では伝統的な再定住先の国や大量の難民を受け入れてきた国にとって、再定住という選択をより戦略的に用いることで負担を減少させ、また難民にも再定住の機会をより多く付与することが必要とされるとされている。これらの再定住の問題は、近年難民に対する態度が厳格化したEU諸国では、域内での自由な移動が許可された反面、出身国を制限することが各国に認められたことで、その難民受入れ状況がいっそう厳格化するという事態を引き起こしている。厳格化する庇護政策に伴い、EU諸国で再定住希望者の受入れも減少しているという実態は、この覚書の提案に対するアイロニーともいえるだろう。

(3)開発と難民に関する報告書に基づく意見交換

3月には、日本とデンマークによって

---

7) UNHCR, "Convention Plus: Issue paper 'Addressing Irregular Secondary Movements of Refugees and Asylum-Seekers,'" (FORUM/CG/SM/03), 11 March 2004.
8) UNHCR, "Convention Plus Core Group on The Strategic Use of Resettlement Multilateral Framework of Understandings on Resettlement," June 2004, para. 6,11.

とりまとめられていた開発と難民に関する報告書に基づいて、高等弁務官のプラットフォームで意見交換が行われた。議論では開発支援を有効に活用することが、多国間義務負担の枠組みを強化しうることが指摘された。

　紛争直後における難民支援の現場では、紛争時に人道上の要請から迅速な保護と救援活動が求められるのとは対照的に、経済的社会的自立のための長期的支援が求められており、「伝統的な短期間の人道支援と長期的な開発支援の『格差』に陥る」傾向にあった。とくにこの開発支援は、近隣諸国から大量の難民を受け入れる、発展途上国である1次庇護国にとって、非常に大きな経済負担であり、義務負担が適切に行われていたということが難しい状況にあった。かかる傾向のなかで難民支援機関と開発機関では、難民および帰還民への効果的な支援プログラムを作成・実施するための計画・調整・協力のメカニズムの見直しを実施した。両国は共に支援しているザンビア・イニシアティブ (Zambia Initiative) を1次庇護国での難民の定住促進と開発政策を実施する、従来UNHCRが提唱してきたDAR（難民のための開発支援）、4R（帰還、再統合、復興、再構築）概念の好例として報告、関心があるドナー国に参加を呼びかけたほか、NGOも含めた他機関との連携の可能性などを結論として述べた[9]。

　2005年2月15日時点での難民条約加入国は142カ国である。アジアにおいては、依然として日本を含む6カ国（日本、カンボジア、中国、韓国、フィリピン、東ティモール）のままである。

（長島美紀／特定非営利活動法人難民支援協会
フェロー・早稲田大学助手）

4. 条約委員会

　主要7条約の締約国による履行を監視するために、それぞれ条約委員会が設置されている。2005〜2006年のそれら委員会の会合予定は表1、2005年3月現在のアジア・太平洋地域の各国の条約の批准状況は表2のとおり。

　なお、2003年7月に発効した移住労働者権利条約の委員会は2005年4月25〜29日に第2会期を開催する。また、子どもの権利委員会について、国連総会第59会期において、2年間、未審議の報告がたまる問題を解消するために例外的暫定的措置として必要な場合、委員会を2つに分けて検討する提案などを歓迎することを含めた決議が採択されている（A/RES/59/261）。

（岡田仁子）

---

9) See UNHCR, "Convention Plus: Targeting development Assistance to Achieve Durable Solutions for Refugees," Form2004/3, 17 February 2004.

表1●2005〜2006年の国連条約機関の検討仮日程（2005年3月28日現在）

	会期	期間	審議される国（予定）
社会権規約委員会	第34会期	2005.4.25-2005.5.13	**中国（香港、マカオを含む）(1)**、ザンビア(1)、セルビア・モンテネグロ(1)、ノルウェー(4)
	第35会期	2005.11.7-2005.11.25	オーストリア(3)、**ウズベキスタン(1)**、モナコ(1)、リビア(2)、スロベニア(1)
自由権規約委員会	第83会期	2005.3.14-2005.4.1	バルバドス(*)、ギリシャ(1)、アイスランド(4)、モーリシャス(4)、**ウズベキスタン(2)**、ケニア(2)
	第84会期	2005.7.11-2005.7.29	シリア(3)、**タジキスタン(1)**、イエメン(4)、スロベニア(2)、**タイ(1)**
	第85会期	2005.10.17-2005.11.4	カナダ(5)、イタリア(5)、パラグアイ(2)
人種差別撤廃委員会	第66会期	2005.2.21-2005.3.11	**オーストラリア(14-15)**、アゼルバイジャン(3-4)、バーレーン(6-7)、フランス(15-16)、アイルランド(1-2)、**ラオス(6-15)**、ルクセンブルク(10-13)、ボスニア・ヘルツェゴビナ(*)、エチオピア(*)、**パプア・ニューギニア(*)**、**ニュージーランド(**)**
	第67会期	2005.8.1-2005.8.19	バルバドス(8-16)、グルジア(2-3)、ベネズエラ(14-18)、ザンビア(12-16)、**トルクメニスタン(1-5)**、ナイジェリア(14-18)、アイスランド(17-18)、タンザニア(8-16)、リトアニア(2-3)、ボスニア・ヘルツェゴビナ(*)、セイシェル(*)、セント・ルシア(*)、マラウィ(*)、モザンビーク(*)
子どもの権利委員会	第39会期	2005.5.16-2005.6.3	ボスニア・ヘルツェゴビナ(1)、**ネパール(2-3)**、**フィリピン(2)**、ノルウェー(3)、ニカラグア(3)、**モンゴル(2)**、イエメン(3)、コスタリカ(3)、エクアドル(2-3)、セント・ルシア(1)
	第40会期	2005.9.12-2005.9.30	トリニダード・トバゴ(2)、ウガンダ(2)、ロシア(3)、デンマーク(3)、**オーストラリア(2-3)**、サウジアラビア(2)、フィンランド(3)、アルジェリア(2)、**中国（香港、マカオを含む）(2)**
	第41会期	2006.1	ペルー(3)、アゼルバイジャン(2)、ハンガリー(2)、リトアニア(2)、リヒテンシュタイン(2)、ガーナ(2)、**タイ(2)**、モーリシャス(2)、コロンビア(3)
	第42会期	2006.5-2006.6	ラトビア(2)、タンザニア(2)、レバノン(3)、**マーシャル諸島(2)**、メキシコ(3)、**ウズベキスタン(2)**
女性差別撤廃委員会	第33会期	2005.7.5-2005.7.22	ベニン(1-3)、**北朝鮮(1)**、ガンビア(1-3)、レバノン(1)、ブルキナ・ファソ(4-5)、ガイアナ(3-6)、アイルランド(4-5)、イスラエル(3)
	第34会期	2006.1.16-2006.2.3	**カンボジア(1-3)**、エリトリア(1-2)、マケドニア(1-3)、トーゴ(1-5)、**オーストラリア(4-5)**、マリ(2-5)、**タイ(4-5)**、ベネズエラ(4-5)
拷問禁止委員会	第34会期	2005.5.2-2005.5.21	フィンランド(4)、アルバニア(1)、スイス(4)、バーレーン(1)、ウガンダ(1)、カナダ(4-5)、トーゴ(1)
	第35会期	2005.11.14-2005.11.25	エクアドル(3)、**スリランカ(2)**、オーストリア(4)、ボスニア・ヘルツェゴビナ(1)、フランス(4) (1週間の会期延長の要請が認められた場合、**ネパール(2)**、**韓国(2)**、ハンガリー(4)、コンゴ民主共和国(1)、ガイアナ(*))
	第36会期	2006.5	グルジア(3)、グアテマラ(4)、イタリア(4)、ウクライナ(5)、デンマーク(5)、ロシア(4)、オランダ(4)
	第37会期	2006.11	ルクセンブルク(5)、ペルー(4)、ポーランド(4)、メキシコ(4)、ノルウェー(5)、カタール(1)

注1●国連人権高等弁務官事務所のホームページ（http://www.ohchr.org/english/）、女性差別撤廃条約ホームページ（http://www.un.org/womenwatch/daw/cedaw/）より（2005年3月28日）。審議済みを含む。
注2●審議される（予定）国の太字はアジア・太平洋地域。
注3●審議される国の後の（　）内は対象となる報告、(*)は報告書なしの審議、(**)は早期警戒・緊急手続。

表２●アジア・太平洋地域各国の人権条約批准状況

		社会権規約	自由権規約	自由権規約第一選択議定書	自由権規約第二選択議定書	人権差別撤廃条約	アパルトヘイト禁止条約	アパルトヘイト・スポーツ禁止条約	ジェノサイド条約	戦争犯罪時効不適用条約	子どもの権利条約	子どもの権利条約選択議定書（武力紛争）	子どもの権利条約選択議定書（人身売買など）
	採択時期	66/12	66/12	66/12	89/12	65/12	73/11	85/12	48/12	68/11	89/11	00/5	00/5
	世界194カ国中の締約国数	151	154	104	54	170	102	58	136	48	192	95	93
	アジア・太平洋地域内(45カ国)の締約国数	22	20	11	5	29	14	5	26	7	45	14	14
東アジア	韓国	90/4	90/4a	90/4		78/12b			50/10		91/11	04/9	04/9
	北朝鮮	81/9	81/9*						89/1	84/11	90/9		
	中国**	01/3	s			81/12	83/4	s	83/4		92/3	s	02/12
	日本	79/6	79/6			95/12					94/4	04/8	05/1
	モンゴル	74/11	74/11	91/4		69/8	75/8	87/12	67/1	69/5	90/7	04/10	03/6
東南アジア	インドネシア					99/6		93/7			90/9		
	カンボジア	92/5	92/5	s		83/11	81/7		50/10		92/10	04/7	02/12
	シンガポール								95/8		95/10	s	
	タイ	99/9	96/10			03/1					92/3		
	フィリピン	74/6	86/10a	89/8		67/9	78/1	87/7	50/7	73/5	90/8	03/8	02/5
	ブルネイ										95/12		
	ベトナム	82/9	82/9			82/6	81/6		81/6	83/5	90/2	01/12	01/12
	マレーシア							s	94/12		95/2		
	ミャンマー(ビルマ)								56/3		91/7		
	ラオス	s	s			74/2	81/10		50/12	84/12	91/5		
	東ティモール	03/4	03/9	03/9		03/4					03/4	04/8	03/4
南アジア	アフガニスタン	83/1	83/1			83/7	83/7		56/3	83/7	94/3		02/9
	インド	79/4	79/4			68/12	77/9	90/9	59/8	71/1	92/12	s	s
	スリランカ	80/6	80/6a	97/10		82/2	82/2		50/10		91/7	00/9	
	ネパール	91/5	91/5	91/5	98/3	71/1	77/5	89/3	69/1		90/9		
	パキスタン	s				66/9	86/2		57/10		90/11		
	バングラデシュ	98/10	00/9			79/6	85/2		98/10		00/8	00/9	
	ブータン					s					90/8		
	モルジブ					84/4	84/4	s	84/4		91/2	04/12	02/5
太平洋	オーストラリア	75/12	80/8a	91/9	90/10	75/9b			49/7		90/12	s	s
	キリバス										95/12		
	クック諸島										97/6		
	サモア										94/11		
	ソロモン諸島	82/3				82/3					95/4		
	ツバル										95/9		
	トンガ					72/2			72/2		95/11		
	ナウル		s	s		s					94/7	s	s
	ニウエ										95/12		
	ニュージーランド	78/12	78/12a	89/5	90/2	72/11			78/12		93/4	01/11	
	パヌアツ										93/7		
	パプアニューギニア					82/1			82/1		93/3		
	パラオ										95/8		
	フィジー					73/1			73/1		93/8		
	マーシャル諸島										93/10		
	ミクロネシア										93/5		s
中央アジア	ウズベキスタン	95/9	95/9	95/9		95/9			99/9		94/6		
	カザフスタン	s	s			98/8			98/8		94/8	03/4	01/8
	キルギス	94/10	94/10	95/10		97/9	97/9		97/9		94/10	03/8	03/2
	タジキスタン	99/1	99/1	99/1		95/1					93/10	02/8	02/8
	トルクメニスタン	97/5	97/5	97/5	00/1	94/9					93/9		

*97年8月、北朝鮮は国連事務総長に対し、規約の破棄を通告したが、同規約には破棄条項が設けられていないため、事務総長はすべての締約国の同意が得られないかぎり、そのような破棄は不可能だという見解を出している。
**香港とマカオを含む。
※奴隷条約、奴隷条約改定議定書、改正奴隷条約は、実質的に同じものとみなした。批准(加入)の時期は国連事務総長に批准書もしくは加入書が寄託された年月による。

国連の動向 ● 2004年の国連の動き

女性差別撤廃条約	女性差別撤廃条約選択議定書	女性の参政権条約	女性の国籍条約	既婚女性の国籍に関する条約	結婚最低年齢に関する条約	拷問等禁止条約	拷問等禁止条約選択議定書	改正奴隷条約※	奴隷制廃止補足条約	奴隷制廃止条約	人身売買禁止条約	無国籍者の地位に関する条約	無国籍削減に関する条約	難民条約	難民議定書	移住労働者権利条約	合計
79/12	99/10	52/12	57/01	62/11	84/12	02/12	53/12	56/09	49/12	61/08	54/09	51/07	67/01	90/12			
180	71	118	72	51	139	6	95	119	78	29	57	142	142	28			
38	10	22	8	7	20	0	16	18	14	2	4	17	17	5			
84/12		59/6			95/1				62/2		62/8	92/12	92/12				15
01/2																	6
80/11					88/10							82/9	82/9				10
85/6		55/7			99/6				58/5			81/10	82/1				12
81/7	02/3	65/8		91/6	02/1		68/12	68/12									18
84/9	s	58/12			98/10				s					s			6
92/10	s	s			92/10			57/6	s			92/10	92/10	s			13
95/10			66/3						72/3	66/10							6
85/8	00/6	54/11															7
81/8	03/11	57/9		65/1	86/6		55/7	64/11	52/9		s	81/7	81/7	95/7			22
																	1
82/2																	10
95/7		59/2						57/11									5
97/7	s						57/4		s								4
81/8		69/1						57/9	78/4								9
03/4	03/4				03/4							03/5	03/5	04/1			13
03/3		66/11			87/4		54/8	66/11	85/5								14
93/7		61/11	s		s		54/3	60/6	53/1								13
81/10	02/10		58/5	s	94/1		58/3	58/3	58/3					96/3			16
91/4	s	66/4			91/5		63/1	63/1	02/12								15
96/3		54/12	s				55/9	58/3	52/7								9
84/11	00/9	98/10		98/10	98/10		85/1	85/2	85/1					s			16
81/8																	2
93/7					04/4												8
83/7		74/12	61/3		89/8c		53/12	58/1		73/12	73/12	54/1	73/12				17
04/3										83/11	83/11						4
																	1
92/9				64/8								88/9	94/11				5
02/5	02/5		81/9				81/9	81/9				95/2	95/4				10
99/10												86/3	86/3				4
																	3
					s												1
																	1
85/1	00/9	68/5	58/12	64/6	89/12c		53/12	62/4				60/6	73/8				18
95/9																	2
95/1		82/1					82/1					86/7	86/7				8
																	1
95/8		72/6	72/6	71/7			72/6	72/6			72/6	72/6	72/6				12
																	1
04/9									s								2
95/7		97/9			95/9				04/2								10
98/8	01/8	00/3	00/3		98/8				s			99/1	99/1				12
97/2	02/7	97/2	97/2	97/2	97/9		97/9	97/9	97/9			96/10	96/10	03/9			21
93/10	s	99/6			95/1				01/10			93/12	93/12	02/1			14
97/5		99/10			99/10		97/5	97/5				98/3	98/3				13

a：自由権規約第41条に基づく、人権侵害に対する他国による申立の審査についての規約人権委員会の権限の受諾。
b：人種差別撤廃条約第14条に基づく、人権侵害に対する個人・集団による申立の審査についての人種差別撤廃委員会の権限の受諾。
c：拷問等禁止条約第22条に基づく、人権侵害に対する個人の申立の審査についての拷問禁止委員会の権限の受諾。
s：署名のみ。
※2005年3月28日国連条約データベースウェブサイト<http://www.untreaty.un.org/>、国連難民高等弁務官事務所ウェブサイト<http://www.unhcr.ch/>参照。

●国連の動向

Reporting Status of Asia-Pacific Countries by the Treaty Bodies in 2004

条約委員会による2004年のアジア・太平洋地域国別人権状況審査

ICESCR：社会権規約
ICCPR：自由権規約
ICERD：人種差別撤廃条約
CRC：子どもの権利条約
CEDAW：女性差別撤廃条約
CAT：拷問等禁止条約
ICRMW：移住労働者権利条約

1.東アジア

(1)韓国
①ICESCR（90年7月10日発効）第3回報告期限は06年6月30日。
②ICCPR（90年7月10日発効）第3回報告（CCPR/C/KOR/2005/3）は05年2月10日に提出。
③ICERD（79年1月4日発効）第13、14回報告期限は06年1月4日。
④CRC（91年12月30日発効）第3、4回報告期限は08年12月19日。
⑤CEDAW（85年1月26日発効）第5回報告（CEDAW/C/KOR/5）は03年7月23日に提出。
⑥CAT（95年2月8日発効）第2回報告（CAT/C/53/Add.2）は04年6月1日に提出。

(2)朝鮮民主主義人民共和国
①ICESCR（81年12月14日発効）第3回報告期限は08年6月30日。
②ICCPR（81年12月14日発効）第3回報告（期限04年1月1日）は未提出。
③CRC（90年10月21日発効）第2回報告（CRC/C/65/Add.24）は第36会期（04年5〜6月）に審議された。総括所見（CRC/C/15/Add.239）に挙げられた主な懸念事項の概要は以下のとおり。
・データ収集、差別禁止、子どもの最善の利益、子どもの意見の尊重、体罰、虐待、ネグレクト、代替ケア、少年司法に関して子どもの権利委員会が前回に出した所見が十分に対応されていないこと
・条約に適合しない法律があること、条約実施のための機関や行動計画についての省庁間の調整、財源や人材が十分でないこと
・成人年齢が17歳であること
・子どもの表現の自由、信仰・思想の自由、移動の自由などの市民的政治的権利に関する情報が少ないこと
・拘禁所や施設での制度的虐待、学校、家庭や施設などでの体罰が報告されていること

・週6日間子どもを保育所に預けることが一般的であるなど子どもの養育への国家の関与が大きいこと、また子どもの施設のための資源が十分でないこと、孤児院などの施設にいる親と離れた子どもの数が多いこと
・障害のある子どもの状況、乳幼児、子どもの高い死亡率や健康状況など
・経済的困難などから学校の出席率が季節により60から80％になることなどの教育の状況
・中国から帰国または送還された子どもおよびその親が犯罪者としてみなされること
・17歳の子どもが司法制度の中で成人としてみなされること、17歳未満の子どもに適用される「公的教育措置」がどのような措置なのか不明なことなど少年司法の状況
など。主な勧告の概要は以下のとおり。
・国内法を条約に適合させること、国内行動計画および条約の実施に関して責任を負い、省庁間の調整を行う単独の政府機関を指定するか設置すること、条約の実施などを監視するために委員会の一般的意見2に沿った国内機関を設置すること
・政策などに関して国連機関と協力し、これら機関があらゆる地域の侵害を受けやすい立場にいるグループ、とくに子ども、および情報に十分アクセスできるようにすること
・親が子どもを養育する一義的責任をより重視する政策をとり、必要な支援を行うこと、子どものケア施設に栄養、水、衛生などの最低限のサービスを提供できるよう資源を確保する戦略をつくること
・ユニセフからの支援を要請するなどを含めて、子どもの虐待、ネグレクトに関し、調査を行い、対応すること
・国連機関などによる国際協力を得て、医療制度、教育制度を整備すること
・越境する子どもについて調査し、これらの子どもを犯罪者としてではなく被害者として処遇し、安全な帰国のために中国と交渉すること
・18歳未満の子どもの司法的処遇が国際基準に適合するようにすること、18歳未満の子どもが「労働を通した更生」に処されないようにすること
など。第3、4回報告期限は07年10月20日。
④CEDAW（01年3月29日発効）第1回報告（CEDAW/C/PRK/1）は02年9月11日に提出され、第33会期（05年7月）に審議予定。

(3)中国

①ICCPR（中国は署名のみ）香港特別行政区に関する第2回報告（CCPR/C/HKSAR/2005/2）は05年1月14日に提出。
②ICESCR（01年6月27日発効）第1回報告（E/1990/5/Add.59）は03年6月27日に提出され、第34会期（05年4〜5月）に審議予定。
③ICERD（82年1月28日発効）第11回報告（期限03年1月28日）は未提出。
④CRC（94年4月1日発効）第2回報告（CRC/C/83/Add.10; CRC/C/83/Add.11; CRC/C/83/Add.12）は03年

6月27日に提出され、第40会期（05年9月）に審議予定。
⑤CEDAW（81年9月3日発効）第5、6回報告（CEDAW/C/CHN/5-6）は04年2月4日に提出。
⑥CAT（88年11月2日発効）第4回報告（期限01年11月2日）は未提出。

⑷日本
①ICESCR（79年9月21日発効）第3回報告期限は06年6月30日。
②ICCPR（79年9月21日発効）第5回報告（期限02年10月31日）は未提出。
③ICERD（96年1月14日発効）第3、4回報告（期限03年1月14日）は未提出。
④CRC（94年5月22日発効）第3回報告期限は06年5月21日。
⑤CEDAW（85年7月25日発効）第6回報告期限は06年7月25日。
⑥CAT（99年7月29日発効）第1回報告（期限00年7月29日）は未提出。

⑸モンゴル
①ICESCR（76年1月3日発効）第4回報告（期限03年6月30日）は未提出。
②ICCPR（76年3月23日発効）第5回報告（期限03年3月31日）は未提出。
③ICERD（69年9月5日発効）第16、17回報告（期限02年9月5日）は未提出。
④CRC（90年9月2日発効）第2回報告（CRC/C/65/Add.32）は03年5月6日に提出され、第39会期（05年5月）に審議予定。
⑤CEDAW（81年9月3日発効）第5、6回報告（期限02年9月3日）は未提出。
⑥CAT（02年2月23日発効）第1回報告（期限03年2月23日）は未提出。

2.東南アジア

⑴インドネシア
①ICERD（99年7月25日発効）第1、2、3回報告（期限04年7月25日）は未提出。
②CRC（90年10月5日発効）第3、4回報告期限は07年10月4日。
③CEDAW（84年10月13日発効）第4、5回報告（期限01年10月13日）は未提出。
④CAT（98年11月27日発効）第2回報告（期限03年11月27日）は未提出。

⑵カンボジア
①ICESCR（98年8月26日発効）第1、2回報告（期限99年6月30日）は未提出。
②ICCPR（92年8月26日発効）第2回報告（期限02年7月31日）は未提出。
③ICERD（86年12月28日発効）第8～10回報告（期限02年12月28日）は未提出。
④CRC（92年11月14日発効）第2回報告（期限99年11月13日）は未提出。
⑤CEDAW（92年11月14日発効）第1～3回報告（CEDAW/C/KHM/1-3）は04年2月11日に提出。
⑥CAT（92年11月14日発効）第2回報告期限は06年8月29日。

⑶シンガポール
①CRC（95年11月4日発効）第2、3回報告期限は07年11月3日。

②CEDAW（95年11月5日発効）第3回報告（期限04年11月4日）は未提出。

(4)タイ
①ICESCR（99年12月5日発効）第1回報告（期限02年6月30日）は未提出。
②ICCPR（97年1月29日発効）第1回報告（CCPR/C/THA/2004/1）は04年6月22日に提出され、第84会期（05年7月）に審議予定。
③ICERD（03年2月27日発効）第1回報告（期限04年2月27日）は未提出。
④CRC（92年4月26日発効）第2回報告（CRC/C/83/Add.15）は04年6月7日に提出され、第41会期（06年1月）に審議予定。
⑤CEDAW（85年9月8日発効）第4、5回報告（CEDAW/C/THA/4-5）は03年10月7日に提出。

(5)東ティモール
①ICESCR（03年7月16日発効）第1回報告期限は05年6月30日。
②ICCPR（03年12月18日発効）第1回報告（期限04年12月19日）は未提出。
③ICERD（03年5月16日発効）第1回報告（期限04年5月16日）は未提出。
④CRC（04年5月16日発効）第1回報告期限は05年5月16日。
⑤CEDAW（03年5月16日発効）第1回報告（期限04年5月16日）は未提出。
⑥CAT（03年5月16日発効）第1回報告（期限04年5月16日）は未提出。
⑦ICRMW（04年5月1日発効）第1回報告期限は05年5月1日。

(6)フィリピン
①ICESCR（76年1月3日発効）第3回報告（期限00年6月30日）は未提出。
②ICCPR（87年1月23日発効）第3回報告期限は06年11月1日。
③ICERD（69年1月4日発効）第15～18回報告（期限04年1月4日）は未提出。
④CRC（90年9月20日発効）第2回報告（CRC/C/65/Add.31）は03年4月23日に提出され、第39会期（05年5月）に審議予定。
⑤CEDAW（81年9月4日発効）第5、6回報告（CEDAW/C/PHI/5-6）は04年7月27日に提出。
⑥CAT（87年6月26日発効）第2～4回報告（期限00年6月25日）は未提出。
⑦ICRMW（03年7月1日発効）第1回報告（期限04年7月1日）は未提出。

(7)ブルネイ
①CRC（96年1月26日発効）第2、3回報告期限は08年7月25日。

(8)ベトナム
①ICESCR（82年12月24日発効）第2、3回報告（期限00年6月30日）は未提出。
②ICCPR（82年12月24日発効）第3回報告（期限04年8月1日）は未提出。
③ICERD（82年7月9日発効）第10、11回報告（期限03年7月9日）は未提出。
④CRC（90年9月2日発効）第3、4回報告期限は07年9月1日。
⑤CEDAW（82年3月19日発効）第5、6回報告（期限03年3月19日）は未提

出。

⑼マレーシア
①CRC（95年3月19日発効）第1、2回報告（期限02年3月19日）は未提出。
②CEDAW（95年8月4日発効）第1、2回報告（CEDAW/C/MYS/1-2）は04年3月22日に提出。

⑽ミャンマー
①CRC（91年8月14日発効）第2回報告（CRC/C/70/Add.21）は第36会期（04年5～6月）に審議された。総括所見（CRC/C/15/Add.237）に挙げられた主な懸念事項の概要は以下のとおり。
・軍務に就く子ども、法と抵触した子どもに関する前回の所見に十分に対応されていないこと
・条約に適合しない国内の法律があること、子どもの権利条約、女性差別撤廃条約以外の人権条約を批准していないこと
・教育、健康など社会部門に向けた予算が急激に縮小していること
・女児、障害のある子ども、宗教的その他マイノリティの子どもに対する差別があること
・子どもの最善の利益の原則、子どもの意見の尊重などが十分に取り入れられていないこと
・出生を登録されていない子どもがいること、3種類の市民の区分があり、それが差別や権利の制限につながりうること
・体罰を容認するような法律があるこ

と、軍や法執行官による虐待やレイプが報告されているが、そのような情報が政府報告に含まれていないこと
・子どもを養育する家族、民族マイノリティの家族やコミュニティを十分支援できていないこと、多数の子どもが施設にいること
・障害のある子どもへの対応が不十分であること
・乳幼児、5歳以下の子どもの死亡率がとくに地方で高いこと、医療や水のアクセス、衛生設備が特に地方で不十分であること、HIV/AIDSの感染率が拡大していること、HIV/AIDSによって親を亡くした子どもが多数いることなど、子どもをめぐる健康状況
・地方と都市部で就学率に差があること、義務教育が4年で終わること、義務教育が実質的に無償ではないこと
・ムスリムの住民、中国系、インド系の住民の多数が無国籍であること、国内外に避難している家族とその子どもが多数いること
・子ども兵士召集防止委員会の設置にもかかわらず、14歳以下の子どもが軍および武装勢力によって使用されていること、軍も含めて子どもの強制労働が行われていること
・多数の子どもが性的搾取を受けたり人身売買されていること、路上生活の子どもが増えていること
・少年司法に関する人材や施設などが不十分であること
など。主な勧告の概要は以下のとおり。
・国内の法律を条約など国際基準と調和させること、憲法起草を早急に進め、

憲法に子どもの権利を含めること
・啓発や移動登録所などを通して、子どもの出生登録を促進すること、市民の区分を廃止すること
・家族を支援するプログラムを作成し、家族、とくに民族的マイノリティなどの家族の解体、強制移動などにつながる行動を控えること
・子どもに対する暴力について、調査、啓発、予算配分を行い、ユニセフなどの技術支援を要請すること
・医療・保健制度を整備し、妊産婦、乳幼児、子どもの死亡率削減に向けて努力し、国連機関などの協力・支援を要請すること、すべての子ども、とくに地方の子どもの安全な水と十分な衛生制度へのアクセスを確保する必要な措置をとること
・委員会の一般的意見3に沿って、HIV/AIDSの拡大防止の努力を行い、母子感染防止のための措置を強化すること、親や教師のHIV/AIDSによる死亡による子どもの影響に対処すること、思春期の子どものHIV/AIDSに関して啓発を行うこと
・子どもに被害をもたらすような民族の伝統的慣習について、啓発を強化すること
・親の初等教育の費用負担を軽減し、義務教育を少なくとも6年までに延長し、初等教育から人権教育を導入するなど教育制度を整備すること
・帰国した無国籍の子どもとその家族に帰化により国籍を付与し、国内避難民の子どもを支援し、子どもとその家族が国外に出ることを強いる状況を防止し、国連機関などと協力すること
・武力紛争を終結する努力を強化し、18歳未満の子どもの復員を優先すること、武力紛争に影響を受けた子ども、とくに子ども兵士、難民の子どもなどの社会心理的支援制度をプライバシーを確保しながら、NGOや国際機関と協力して開発すること
・児童労働、性的搾取、人身売買に対処すること、国際機関と協力し、支援を要請すること
・少年司法において、刑事責任を負う最低年齢を国際基準に適合させ、制度や拘禁所において子どもの権利が保護されるようにすること
など。第3、4回報告期限は08年8月13日。
②CEDAW（97年8月21日発効）第2回報告（期限02年8月21日）は未提出。

⑾ラオス

①ICERD（74年3月24日発効）第6～15回報告（ICERD/C/451/Add.1）は04年3月31日に提出され、第66会期（05年5～6月）に審議予定。
②CRC（91年6月7日発効）第2回報告（期限98年6月7日）は未提出。
③CEDAW（81年9月13日発効）第1～5回報告（CEDAW/C/LAO/1-5）は03年2月3日に提出され、第32会期（05年1月）に審議された。総括所見（CEDAW/C/2005/I/CRP.3/Add.5/Rev.1）に挙げられた主な懸念事項の概要は以下のとおり。
・条約の国内法における位置づけが不明であり、女性に対する差別の定義が

ないこと
・女性、とくに地方または民族的マイノリティの女性の貧困と低開発、またそのような女性の意思決定への参加が少ないこと
・女性の非識字率が40%と高いこと、都市部と地方、民族的マイノリティとの格差が大きいこと
・妊産婦、および乳幼児の死亡率および出産率が、とくに地方、民族マイノリティで高いこと
・国、地方レベルでの女性の代表が少ないこと
・DVに対する認識がまだ十分ではなく、女性のステレオタイプ的考え方が残ること
・18歳未満の婚姻が「特別な場合」法的に認められ、実際18歳未満で結婚する女性の割合がかなり高いこと
など。主な勧告の概要は以下のとおり。
・条約を国内法に取り入れ、女性に対する差別の定義を含めること、ジェンダーの主流化、平等達成のための国内制度を整備すること
・開発にジェンダーの視点を取り入れ、国際協力を通して、また女性の意思決定への参加を拡大し、女性の貧困撲滅に早急に取り組み、とくにケシ栽培に依存する少数民族女性に代替生活手段提供の努力を行うこと
・暫定的特別措置を含めたあらゆる措置をとり、女性の非識字率を削減し、とくに地方、および民族的マイノリティの女性に教育を提供すること、できるだけ早急に全国レベルで無償の初等義務教育を導入すること
・保健施設のネットワークを拡大し、国内の人口計画を実施し、リプロダクティブ・ヘルスや家族計画の教育プログラムを女性だけでなく男性、思春期の若者にも拡大し、避妊手段を容易に入手可能とすること
・とくに地方、建設現場や通商ルートの周辺でHIV/AIDSの危険についてあらゆる措置をとり啓発を行うこと
・国、地方レベルで、行政および司法機関の女性を増やす措置をとり、暫定的特別措置も含むあらゆる措置をとり、女性の意思決定の参加を拡大すること
・DVを含む女性に対する暴力の啓発を行う措置をとり、DV、夫婦間レイプを犯罪とすること、男女のステレオタイプ的分業の考え方に変化をもたらすよう積極的措置をとること
など。第6、7回報告期限は06年9月13日。

3.南アジア

(1)アフガニスタン

①ICESCR（83年4月24日発効）第2、3回報告（期限00年6月30日）は未提出。
②ICCPR（83年4月24日発効）第3、4回報告（期限99年4月23日）は未提出。
③ICERD（83年8月5日発効）第2〜11回報告（期限04年8月5日）は未提出。
④CRC（94年4月27日発効）第1、2回報告（期限01年4月26日）は未提出。
⑤CEDAW（03年4月4日発効）第1回報告（期限04年4月4日）は未提出。
⑥CAT（87年6月26日発効）第2〜4

回報告(期限00年6月25日)は未提出。

(2)インド
①ICESCR(79年7月10日発効)第2〜4回報告(期限01年6月30日)は未提出。
②ICCPR(79年7月10日発効)第4回報告(期限01年12月31日)は未提出。
③ICERD(69年1月4日発効)第15〜18回報告(期限04年1月4日)は未提出。
④CRC(93年1月11日発効)第3、4回報告(期限08年1月10日)は未提出。
⑤CEDAW(93年8月8日発効)第2、3回報告(期限02年8月8日)は未提出。

(3)スリランカ
①ICESCR(80年9月11日発効)第3回報告(期限00年6月30日)は未提出。
②ICCPR(80年9月11日発効)第3、4回報告は第26会期(02年1〜2月)に審議済み。
③ICERD(82年3月20日発効)第10、11回報告(期限03年3月20日)は未提出。
④CRC(91年8月11日発効)第3、4回報告期限は08年8月10日。
⑤CEDAW(81年11月4日発効)第5回報告期限は不明。
⑥CAT(94年2月2日発効)第2回報告(CAT/C/48/Add.2)は04年3月29日に提出され、第34会期(05年5月)に審議予定。
⑦ICRMW(03年7月1日発効)第1回報告(期限04年7月1日)は未提出。

(4)ネパール
①ICESCR(91年8月14日発効)第2回報告期限は06年6月30日。
②ICCPR(91年8月14日発効)第2、3回報告(期限02年8月13日)は未提出。
③ICERD(71年3月1日発効)第15、16回報告(ICERD/C/452/Add.2)は2003年4月29日に提出され、第64会期(04年2〜3月)に審議された。総括所見(ICERD/C/64/CO/5)に挙げられた主な懸念事項の概要は以下のとおり。
・内戦の影響、とくに弱い立場にあるグループへの影響
・事実上のカースト制に基づく差別の継続、とくに住居の隔離、カースト間結婚した夫婦の社会的排除、雇用、公共の施設へのアクセスなどの制限があること
・自然保護の名目で先住民族の人々の強制移住や権利侵害が行われているという報告があること
・ダリット(「被差別カースト」)および他の弱い立場にあるグループに対する法執行官、とくに警察の虐待などからの十分な保護がないこと
・1990年以前に入国したチベット人およびブータン人だけが難民として認められ、最近チベット難民が退去強制されたこと、ブータン難民の権利が重大な制限を受けていること
など。主な勧告の概要は以下のとおり。
・人権委員会ほか、新しく設置された人権促進、差別撤廃のための機関の独立と実効性を確保するよう強化すること
・カースト間の分離・隔離となる私的、公的慣行を防止、禁止、撤廃する措置

115

を優先的にとり、実効的に実施すること
・一般的勧告23に沿って先住民族への差別に対するより厳格な措置をとること
・警察に対する苦情の調査に関連する手続を警察から独立した機関でモニターすること
・一般的勧告24、25に沿って政治参加、身体の安全、雇用、教育を検討し、女性に対する複合差別を撤廃する措置をとること
・不利な立場にあるグループの人々に選挙権、被選挙権などを確保する特別措置を継続して実施すること
・難民などを保護する法律を制定すること、関連国際条約を批准し、国連難民高等弁務官事務所と協力すること
など。第17〜19回報告期限は08年3月1日。

④CRC（90年10月14日発効）第2、3回報告（CRC/C/65/Add.30）は03年3月4日に提出され、第39会期（05年5〜6月）に審議予定。

⑤CEDAW（91年5月22日発効）第2、3回報告（CEDAW/C/NPL/2-3）は2002年11月26日に提出され、第30会期（04年1月）に審議された。総括所見（A/59/38, p.36-41）に挙げられた主な懸念事項は以下のとおり。
・差別的な法律がまだ残っていること
・識字率が全体的に低下していること、男女間の格差があること、初等・中等教育の女性の就学率が低く、ドロップアウト率が高く、高等教育へのアクセスが限られていること、地方および一部カースト、民族グループの女性の教育機会がより少ないこと
・子どもの婚姻、一夫多妻制、持参金、および条約に反し、女性に差別的な他の伝統的、宗教的習慣があること
・とくに地方で女性の平均寿命が男性よりも短いこと、早い結婚、出産が女性の健康に悪影響を及ぼしていること
など。主な勧告の概要は以下のとおり。
・具体的なタイムテーブルをあげ、差別的な法律を改正すること、ネパール女性の子ども、または外国人の夫がネパール国籍となることを妨げる憲法第9条を改正すること
・紛争解決と平和構築のプロセスに女性の完全で平等な参加を確保すること、紛争で受けた被害に対応し、暴力から保護するための資源を配分すること
・男女間、とくに地方および不利な立場にあるカーストや民族グループの識字率の格差に対応する努力を強化すること
・女性に対する差別的な伝統やステレオタイプ撤廃に向けて努力を強化すること、メディアが公私両法の分野における女性の積極的な役割および男女の平等の地位を投影すること、寡婦の地位を向上させるよう措置をとること
・女性および女児の人身売買に対する努力を強化すること
・女性、とくに地方の女性のリプロダクティブ・ヘルスも含む保健サービスおよび情報へのアクセスを改善する措置をとること、避妊手段の知識、アクセスを拡大する措置をとること、男児、女児への性感染症およびHIV/AIDSの予防と管理にとくに注意した性教育を広範に

促進すること
・指導的地位に就く女性を促進するためにタイムテーブルや数値目標を含めた暫定的特別措置を含めて努力を強化すること
など。第4、5回報告期限は08年5月22日。
⑥CAT（91年6月13日発効）第2回報告（CAT/C/33/Add.6）は04年5月5日に提出。

⑸パキスタン
①ICERD（69年1月4日発効）第15〜18回報告（期限04年1月4日）は未提出。
②CRC（90年12月12日発効）第3、4回報告期限は07年12月11日。
③CEDAW（96年4月11日発効）第1、2回報告（期限01年4月11日）は未提出。

⑹バングラデシュ
①ICESCR（99年1月5日発効）第1回報告（期限00年6月30日）は未提出。
②ICCPR（00年12月6日発効）第1回報告（期限01年12月6日）は未提出。
③ICERD（79年7月1日発効）第12、13回報告（期限04年7月11日）は未提出。
④CRC（90年9月2日発効）第3、4回報告期限は07年9月1日。
⑤CEDAW（84年12月6日発効）第5回報告（CEDAW/C/BGD/5）は02年12月27日に提出され、第31会期（04年6月）に審議された。総括所見（A/59/38 p.135-140）に挙げられた主な懸念事項は以下のとおり。
・国内の法律の差別の定義が条約に合致しないこと
・禁止する法律を制定したにもかかわらず、女性に対する暴力、ハラスメントが継続していること
・とくに結婚、離婚、子どもの養育、財産相続などに関する事項で家族内の女性の地位が低いこと、バングラデシュの女性の外国人の夫と子どもはバングラデシュ国籍とならないこと
・正規および非正規部門で働く女性の労働条件、とくに男女の賃金格差、育児施設の欠如、民間部門で働く女性は公的部門で働く女性と同じような出産休暇がないこと
・法律の結婚最低年齢が18歳であるのに、子どもの結婚が広く行われ続けること
・地方の出産可能年齢の女性に大きな影響を与える、砒素による水の汚染
など。主な勧告の概要は以下のとおり。
・国内の法律の差別の定義を条約第1条に合致させること
・女性に対する暴力への包括的なアプローチをとること、公務員、とくに法執行官、司法、保健サービスの職員へのジェンダー・センシティブ・トレーニングを行うこと、女性の暴力を認容する社会的、文化的および伝統的態度を変える措置をとること
・人身売買に対する包括的戦略をつくること、弱い立場にあるグループの教育および雇用機会導入、被害者女性、女児のリハビリテーション、社会復帰など女性の経済状況を改善すること、加害

者に対する証言が行えるよう支援を確保すること、国境警察、法執行官のトレーニングを行うこと
・条約に適合する家族法を制定し、結婚、離婚などにおける女性の権利を保護すること
・バングラデシュからの移住労働女性の権利を保護するために受入国と二国間、多国間協定を締結し、包括的な、ジェンダー・センシティブな移住政策をとること
・同一労働同一賃金の実施の確保を監視するメカニズムを設置すること、出産休暇を、とくに法律によって公的、民間両部門すべての職場に確保すること、育児施設の数を増やすこと
・必要に応じて暫定的特別措置をとり、すべての領域の意思決定に女性の代表の参加を拡大する積極的政策をとること
など。第6回報告期限は05年12月6日。
⑥CAT（98年11月4日発効）第1、2回報告（期限03年11月4日）は未提出。

⑺ブータン
①CRC（90年9月2日発効）第2、3回報告（期限02年9月1日）は未提出。
②CEDAW（81年9月30日発効）第1～6回報告（CEDAW/C/BTN/1-3、CEDAW/C/BTN/1-6/Corr.1）は2003年1月2日に提出、第30会期（04年1月）に審議された。総括所見（A/59/38、p.23-28）に挙げられた主な懸念事項の概要は以下のとおり。
・現行法に条約第1条に沿った女性に対する差別の定義がないこと

・雇用機会の平等を促進する政策およびプログラムがないこと、同一労働同一賃金の原則は認められているが、同一価値労働同一賃金は認められていないこと
・初等教育の女性の就学率が向上しているが、中等、高等教育、とくに技術および科学関連コースの女性の参加が少ないこと
・法定最低年齢が18歳であるにもかかわらず、15歳の結婚を認める習慣があること
など。主な勧告の概要は以下のとおり。
・作成中の憲法に、男女の平等原則と女性に対する差別の定義とを含めること
・女性の前進に関する国内の現行の機構を強化し、政策およびプログラムを作成する際にはジェンダーの視点を取り入れること
・女性の国家および地方レベルでの意思決定参加を拡大するために一般的勧告23および25に沿って、暫定的特別措置をとること
・暫定的特別措置を含めた政策およびプログラムを実施し、正規部門における女性の雇用を拡大すること
・伝統的な役割に関するステレオタイプを撤廃し、女性に差別的な新しいステレオタイプの発生を防止する政策をとること、一夫多妻制の習慣を廃止すること
・地方の女性の権利、ニーズが十分対応されることを確保すること、地方の女性が教育および職業訓練に十分なアクセスを持つことを確保すること

・女性および思春期の女性が利用可能なリプロダクティブ・ヘルスを含む保健サービスのアクセスを拡大すること、家族計画、関連する女性の健康、リプロダクティブ・ライツに関する女性、男性を対象にした啓発キャンペーンを実施する努力を促進すること
・女性に対する暴力を撤廃する法的およびあらゆる措置を実施すること、一般的勧告19に沿ってDVおよびセクシャル・ハラスメントに対する法律を早急に制定すること
・結婚が最低年齢を18歳としている法律に基づいて行われることを確保すること、強制結婚の習慣を廃止すること、国籍法を条約第9条に合致させること
・ネパール政府と交渉し、国連難民高等弁務官事務所と協力して、ネパールの難民キャンプに住むブータン女性と子どもの希望者のブータン帰国の可能性も含めた、公正で永続的な解決策を見出すこと
など。第7回報告期限は06年9月30日。

(8)モルディブ

①ICERD(84年5月24日発効)第5〜10回報告(期限03年5月24日)は未提出。
②CRC(91年3月13日発効)第2、3回報告(期限03年3月12日)は未提出。
③CEDAW(93年7月31日発効)第2、3回報告(期限02年7月31日)は未提出。
④CAT(04年5月20日発効)第1回報告期限は05年5月20日。

4.中央アジア

(1)ウズベキスタン

①ICESCR(95年12月28日発効)第1回報告(E/1990/5/Add.63)は04年4月14日に提出され、第35会期(05年11月)に審議予定。
②ICCPR(95年12月28日発効)第1回報告(CCPR/C/UZB/2004/2)は04年4月14日に提出され、第83会期(05年3〜4月)に審議予定。
③ICERD(95年10月28日発効)第3、4回報告(期限02年10月28日)は未提出。
④CRC(94年7月29日発効)第2回報告(CRC/C/104/Add.6)は05年2月22日に提出。
⑤CEDAW(95年8月18日発効)第2、3回報告(期限04年8月18日)は未提出。
⑥CAT(95年10月28日発効)第3回報告(期限04年10月27日)は未提出。

(2)カザフスタン

①ICERD(98年9月26日発効)第1〜3回報告(ICERD/C/439/Add.2)は03年10月3日に提出され、第65会期(04年8月)に審議された。総括所見(ICERD/C/65/CO/3)に挙げられた主な懸念事項の概要は以下のとおり。
・国内の法律に人種差別に関する特定の規定がないこと
・人種および民族の優位性の宣伝を禁止する憲法および法律にもかかわらず条約第4条a項に関する特定の刑法規定が不十分なこと
・特定の民族グループの出国の割合が

大きいこと
・マイノリティ言語が生徒全体における民族集団の割合に応じた程度、教育制度内で使用されていないこと
・国家機関における民族の代表が人口の割合に応じていないこと
・最高裁判所以外の裁判官が大統領に任命されること
など。主な勧告の概要は以下のとおり。
・国内の法律に条約に沿った人種差別の定義および関連法を含めること
・民族的マイノリティが国家機関への平等なアクセスを持つよう確保する実践的措置をとること
・条約第5条b項に沿って難民が重大な人権侵害を受けると信じる実質的な根拠がある国に強制送還されないよう確保すること
・人身売買を防止、撤廃する努力を強化し、加害者を訴追する努力を行うこと
・テロとの戦いにおいてとられる措置が人種、皮膚の色、世系、民族、種族的出身に基づく差別とならないよう確保すること
・司法および他の国家機関の独立を強化し、すべての人に条約に違反する行為に対して実効的な保護と救済を提供すること
など。第4、5回報告期限は07年9月25日。
②CRC（94年9月11日発効）第2、3回報告期限は06年9月10日。
③CEDAW（98年8月25日発効）第2回報告（期限03年8月25日）は未提出。
④CAT（98年9月25日発効）第2回報告（期限03年9月24日）は未提出。

⑶キルギス
①ICESCR（94年10月7日発効）第2回報告期限は05年6月30日。
②ICCPR（95年1月7日発効）第2回報告（期限04年7月31日）は未提出。
③ICERD（97年10月5日発効）第2、3回報告（期限02年10月5日）は未提出。
④CRC（94年11月6日発効）第2回報告（CRC/C/104/Add.4）は02年8月28日に提出され、第37会期（04年9～10月）に審議された。総括所見（CRC/C/15/Add.244）に挙げられた主な懸念事項の概要は以下のとおり。
・養子縁組、路上生活する子ども、児童労働、子どもの性的搾取、少年司法などに関する前回の勧告に対して十分なフォローアップがなされていないこと
・養子縁組、リプロダクティブ・ヘルスなどに関して条約に反する法律が残ること
・HIV/AIDSに感染、または障害のある子どもの家族の支援が子どもが16歳までなど、法律により、未成年の年齢が異なること
・国境地帯の地雷で負傷する子どもがいること
・難民、地方に住む子どもなどに必ずしも出生登録が確保されていないこと
・18歳未満の子どもが、多くの場合、警察においてまたは裁判を待つ間、拷問、非人道的などの処遇にあうこと、警察に拘束されている間、弁護士、医療サービスへのアクセスや家族とのコミュニケーションが制限されること
・障害のある子どものうち教育を受け

られない子ども、施設にいる子どもが多いこと
・地域により子どもの死亡率に格差があること、産後ケアが無料でないこと、HIV/AIDSや結核など感染症の件数が増加していること、鉱山の廃棄物、飲料水の汚染など
・強制結婚などによる女児の教育におけるドロップアウト率が高いこと、学校の入学費、修理費などを親に要求する習慣があること、移住者の子ども、路上生活する、または働く子どもの教育へのアクセスが困難なこと
・18歳未満の難民などに単独の身分証などの書類を認めない場合があること、民族的出身により、難民申請が登録されない場合があること
など。主な勧告の概要は以下のとおり。
・子どもの権利に関する政策などの省庁間の調整を行う常設機関を設置すること、オンブズマン事務所を強化し、子どもの申立を受理できる権限を付与すること
・すべての18歳未満の子どもに条約の権利と保護を確保するよう必要な法的措置をとること
・国境を確定する二国間協定に向けた努力を継続し、国連機関および他の国際協力の支援を要請すること
・移動登録所や啓発キャンペーンにより、出生登録制度を改善すること
・拷問、非人道的などの行為を防止する、とくに警察のトレーニングを含む、必要な措置をとること、そのような処遇の申立を捜査、訴追し、加害者を処罰すること、被害者のリハビリテーション、復帰に向けたプログラムをつくること
・子どもの家族からの分離を防止する包括的戦略と措置をとること、子どもの施設での滞在期間をできるだけ短くし、子どもを虐待から保護し、十分な発展を可能にする環境をつくること、子どもの申立を調査する手続をつくること
・障害のある子どものための包括的政策をつくること、教員のトレーニングや学校のアクセス改善などにより障害のある子どもの教育制度および社会への参加を奨励すること、啓発、予算配分を行うこと、ユニセフ、WHOなどの技術協力を得て、専門職員のトレーニングを行うこと
・子どもに達成可能な最高のレベルの健康を確保するよう努力すること、感染症の防止、精神ケアを改善すること、WHOおよびユニセフの支援を得て、安全な飲料水、衛生制度に対応すること
・一般的意見4に挙げる十分な思春期の健康保健サービスを確保し、とくに、リプロダクティブ・ヘルス、性教育および家族計画のプログラムを含めること
・初等・中等教育の就学率向上の努力を継続すること、親に非公式の支払いを求める習慣を廃止すること、正式な在住許可を持たない移住者の子ども、路上生活のまたは働く子どものニーズに対応する特別な教育プログラムをつくること
・成人と子ども、民族的出身による差別がないよう、および第一審で難民申請が拒否された人が控訴する間国内に滞在できるように難民に関する手続や実務を見直すこと

・労働を認められた子どもの労働条件を改善すること、国家機関、とくに教育機関でその機関の利益のために子どもを働かせる習慣を廃止すること
・子どもの性的搾取について調査し、包括的政策をとること、親、子どもの啓発、法執行官、ソーシャル・ワーカーなどのトレーニングを行うこと、搾取にあった子どもたちがつねに被害者として処遇されることを確保すること、加害者を訴追すること
・路上で生活する子どもに十分な栄養、衣服、住居、医療、職業およびライフ・スキルを含めた教育の機会を提供するよう確保すること、虐待を受けた場合の治療、復帰に向けたサービス、警察による虐待からの保護などがあるよう確保すること、ILO、ユニセフの支援を要請すること
・条約第37条、第40条、第39条に沿って少年司法基準を完全に実施すること、子どもが通常の裁判所ではなく、少年司法のもとで裁判を受けられるようにすること、14歳未満、16歳未満の刑事責任の区別を見直し、すべての子どもに代替刑罰が適用できるようにすること、裁判前の拘禁が特別な場合に限定され、その際、親類、医者や弁護士へのアクセスが保障されること、子どもの拘禁場所を成人のそれと区別するようあらゆる措置をとること
など。第3、4回報告期限は10年5月6日。

⑤CEDAW（97年3月11日発効）第2回報告（CEDAW/C/KGZ/2、CEDAW/C/KGZ/2/Add.1）は02年9月25日に提出され、第30会期（04年1月）に審議された。総括所見（A/59/38 p.29-34）に挙げられた主な懸念事項の概要は以下のとおり。
・司法、法執行に関わる人および女性一般が条約および家族内の暴力の社会的法的保護を含む男女平等を促進する現行法について知らないこと
・女性が伝統的な雇用分野、低賃金および非正規部門に集中していること、賃金格差、女性の失業率上昇と労働条件の悪化
・医療ケア制度が悪化していること、妊産婦、乳幼児の死亡率、妊娠中の貧血症の率が高いこと、中絶が多いこと、体重不足の女児が多いこと、結核、性感染症の増加、女性のアルコールおよび麻薬依存症、医療改革が女性に、医療サービスへのアクセスや品質の低下、雇用先の閉鎖など悪影響を及ぼしていること
・DVの申立に対する警察の対応が不十分なこと
・議会、地方議会、国家行政機関および外交機関などに女性が少ないこと
・法律による禁止にもかかわらず、誘拐による結婚、一夫多妻制などが残ること
・土地の所有、移転および相続に関して、土地および農地改革に関する法および関連法、習慣や伝統が女性に対して差別的であること
・キルギスの女性の外国人の夫、子どもはキルギス国籍とならないこと
など。主な勧告の概要は以下のとおり。
・法律が女性の権利侵害に十分で、アクセス可能な執行手続および法的救済

を提供するよう確保すること
・条約および男女平等を促進する現行法に関してとくに司法、法執行に関わる人および国会議員に教育およびトレーニング・プログラムを導入すること、女性に対して権利に関する啓発を行うこと
・暫定的特別措置を通してなど男女の雇用機会の平等を確保すること、職業のあらゆる垂直・水平分業を撤廃し、賃金格差を縮小し、男女ともに健康と安全の適切な労働条件を確保すること、家族と仕事の責任の調和のための実効的措置をとること
・一般的勧告24に沿って女性の健康について包括的でライフ・サイクルに基づいたアプローチをとること、妊産婦、乳幼児の死亡率を削減する措置を強化し、女性のアルコールおよび麻薬依存症に対応し、女児と男児への性教育、リプロダクティブ教育のプログラムを強化すること、十分な医療ケアへのアクセスを維持し、医療ケア制度の改革の女性への影響を評価し、女性に不均衡に不利益を及ぼさないよう確保すること
・女性および女児の人身売買に対する努力を強化すること、被害者が十分な支援を受け、制裁を受けないよう確保すること、女性の経済状況を改善すること
・国内全体で家族内の暴力に対する啓発キャンペーンを行い、DVの被害者の権利が適切に保護されるよう警察と司法のためのトレーニング・プログラムを強化すること
・暫定的特別措置などを通して女性の公的生活、とくに高いレベルの意思決定への平等な参加を実現すること、男女の家庭内、職場、および社会全体における役割に関する態度や考え方の変化を促進すること、女性の政治的および公的意思決定および外交における平等な参加の重要性に関する啓発キャンペーンを行うこと
・差別的な伝統的習慣およびステレオタイプをモニターし、それを撤廃する努力を強化すること
など。第3回報告期限は06年3月12日。
⑥CAT（97年10月5日発効）第2回報告（期限02年10月4日）は未提出。
⑦ICRMW（03年7月1日発効）第1回報告（期限04年7月1日）は未提出。

⑷ **タジキスタン**
①ICESCR（99年4月4日発効）第1回報告（期限01年6月30日）は未提出。
②ICCPR（99年4月4日発効）第1回報告（CCPR/C/TJK/2004/1）は04年7月16日に提出され、第84会期（05年7月）に審議予定。
③ICERD（95年2月10日発効）第5回報告（ICERD/C/463/Add.1）は04年1月30日に提出され、第65会期（04年8月）に審議された。総括所見（ICERD/C/65/CO/8）に挙げられた主な懸念事項の概要は以下のとおり。
・国内の法律に人種差別の定義がないこと
・国籍法の要件を満たすにもかかわらず、難民にタジキスタンの国籍が付与されないこと、難民、とくにアフガン難民が強制送還されたという報告があること
・新しいカリキュラムに適応したウズベ

ク語の教科書の数が不十分なこと、マイノリティ言語が公営放送、ラジオ、新聞や雑誌で使われることが少ないことなど。主な勧告の概要は以下のとおり。
・一般的勧告30に沿って国籍法を差別なく適用すること、タジキスタンに庇護を求める人についてUNHCRと協力すること、生命、健康の危険があると信じる実質的な根拠がある人を強制送還しないよう確保すること
・一般的勧告27に沿ってロマの状況を改善し、国家機関およびいかなる人、組織による差別からも保護する戦略をとること
・ウズベク・マイノリティと協議し、教育に関して対応する努力をすること、公営ラジオおよびテレビ放送でマイノリティ言語の番組に十分な時間が充てられることを確保すること、マイノリティ言語の新聞発行を促進する措置をとること、最大マイノリティの言語であるウズベク語についてとくに努力を行うこと
・民族グループ間の文化理解、および教育を促進する措置をとること
など。第6、7回報告期限は08年2月10日。
④CRC（93年11月25日発効）第2回報告（期限00年11月24日）は未提出。
⑤CEDAW（93年11月25日発効）第1〜3回報告（期限02年10月25日）は未提出。
⑥CAT（95年2月10日発効）第1〜3回報告（期限04年2月9日）は未提出。
⑦ICRMW（03年7月1日発効）第1回報告（期限04年7月1日）は未提出。

⑸トルクメニスタン
①ICESCR（97年8月1日発効）第1回報告（期限99年6月30日）は未提出。
②ICCPR（97年8月1日発効）第1、2回報告（期限03年7月31日）は未提出。
③ICERD（94年10月29日発効）第1〜5回報告（ICERD/C/441/Add.1）は04年8月12日に提出され、第67会期（05年8月）に審議予定。
④CRC（93年10月19日発効）第1、2回報告（期限00年10月9日）は未提出。
⑤CEDAW（97年5月30日発効）第1、2回報告（期限02年5月31日）は未提出。
⑥CAT（99年7月25日発効）第1回報告（期限00年7月25日）は未提出。

5.太平洋

⑴オーストラリア
①ICESCR（76年3月10日発効）第4回報告期限は05年6月30日。
②ICCPR（80年11月13日発効）第5回報告期限は05年7月31日。
③ICERD（75年10月30日発効）第13、14回報告（ICERD/C/428/Add.2）は03年11月28日に提出され、第66会期（05年2〜3月）に審議予定。
④CRC（91年1月16日発効）第2、3回報告（CRC/C/129/Add.4）は03年9月30日に提出され、第40会期（05年9月）に審議予定。
⑤CEDAW（83年8月27日発効）第4、5回報告（CEDAW/C/AUL/4-5）は04年1月29日に提出。
⑥CAT（89年9月7日発効）第3回報告

(期限04年11月6日)は未提出。

⑵キリバス
①CRC（96年1月10日発効）第1、2回報告（期限03年1月9日）は未提出。
②CEDAW（04年4月16日発効）第1回報告期限は05年4月16日。

⑶クック諸島
①CRC（96年1月10日発効）第1回報告（期限99年6月5日）は未提出。

⑷サモア
①CRC（94年12月29日発効）第1、2回報告（期限01年12月28日）は未提出。
②CEDAW（92年10月25日発効）第1〜3回報告（CEDAW/C/WSM/1-3）は03年5月2日に提出され、第32会期（05年1月）に審議された。総括所見（CEDAW/C/2005/I/CRP.3/Add.7/Rev.1）に挙げられた主な懸念事項の概要は以下のとおり。
・国内の法律が条約第1条に沿った女性に対する差別の定義を含まないこと、条約が国内に直接適用されず、条約の実施を確保する法的枠組みがないこと
・議会に女性が少ないこと、女性が公職、とくに選挙による公職に就くことを妨げる伝統および社会文化的ステレオタイプが残ること
・労働力における女性の数が少ないこと、条約第11条、第13条に挙げる同一価値労働同一賃金、妊娠に基づく差別、および職場のセクシャル・ハラスメントからの保護などの規定が欠如していること
・妊娠、出産が女性の死亡原因の上位を占めること、10代の妊娠が増加していること、避妊手段の普及が低いこと、性教育が行われていないこと
・家族法、とくに結婚に関して女性に差別的な規定があること、差別的な伝統が継続していること
など。主な勧告は以下のとおり。
・憲法および法律に条約第1条に沿った女性に対する差別の定義を含めること、適切な立法措置か他の措置により国内の法的枠組みの中で適用可能にすること
・差別的な現行法の改正などに向けたタイムテーブルをつくること、そのような改正などについて女性組織と協議すること
・法的措置、被害者の救済などを含む、DVを含む女性に対するあらゆる暴力に対する包括的な戦略をつくること、公務員、特に法執行、医療ケアなどに関わる人が十分トレーニングされていることを確保すること
・政治職および公職に就く女性を増やす積極的措置をとること、暫定的特別措置をとり、議会および地方議会の女性の数を増やすこと、女性の公的な意思決定への参加の重要性に関する啓発キャンペーンを行うこと
・法律を条約第11条に適合させること、女性の労働市場参入の障害を取り除く努力を行い、男女の家庭と仕事の調和を促進する措置をとること
・出産率、妊産婦の死亡率を下げるようリプロダクティブ・ヘルス・サービスを改善すること、家族計画情報の提供を

促進し、とくに10代の妊娠、HIV/AIDS管理に注意を払い、女児、男児への性教育を広範に促進すること
・家族法の改正が条約第16条および一般的勧告23に沿って行われるよう確保すること、女性に差別的な文化様式に対して啓発措置をとること
・開発計画にジェンダーの視点を取り入れること
など。第4、5回報告期限は09年10月25日。

⑸ソロモン諸島
①ICESCR（82年3月17日発効）第2回報告期限は05年6月30日。
②ICERD（82年3月17日発効）第2～11回報告（期限03年4月16日）は未提出。
③CRC（95年5月9日発効）第2回報告期限は07年5月9日。
④CEDAW（02年6月5日発効）第1回報告（期限03年6月6日）は未提出。

⑹ツバル
①CRC（95年10月22日発効）第1、2回報告（期限02年12月21日）は未提出。
②CEDAW（99年1月5日発効）第1、2回報告（期限04年11月5日）は未提出。

⑺トンガ
①ICERD（72年3月17日発効）第15、16回報告（期限03年3月17日）は未提出。
②CRC（95年12月6日発効）第1、2回報告（期限02年12月6日）は未提出。

⑻ナウル
①CRC（94年8月26日発効）第1、2回報告（期限01年8月25日）は未提出。

⑼ニウエ
①CRC（96年1月19日発効）第1、2回報告（期限03年1月18日）は未提出。

⑽ニュージーランド
①ICESCR（79年3月28日発効）第3回報告期限は08年6月30日。
②ICCPR（79年3月28日発効）第5回報告期限は07年8月1日。
③ICERD（72年12月22日発効）第15～17回報告期限は05年12月22日。
④CRC（93年5月6日発効）第3回報告期限は08年11月5日。
⑤CEDAW（85年2月9日発効）第6回報告期限は06年2月9日。
⑥CAT（90年1月9日発効）第3、4回報告（CAT/C/49/Add.3）は02年1月10日に提出され、32会期（04年5月）に審議された。総括所見（CAT/C/CR/32/4）に挙げられた懸念事項の概要は以下のとおり。
・入国に関する法律が条約第3条のノン・ルフールマン原則を含まないこと
・入国後直ちに釈放される庇護申請者の割合が大きく減少したこと、庇護申請者が未決拘留者と一緒に拘禁されること
・入国管理法の手続によって、国家の安全に脅威を与えるとされた人が、詳細な理由、機密情報の開示なしに国外退去または送還されることになり、控訴の可能性が制限されていること

・独房での長期の拘禁の事例があること
・未成年が成人の被拘禁者と同じ警察の拘置所に拘束されることがあること
・刑務官による囚人への暴行の訴えの調査、とくにそのような訴えを直ちに取り上げようとしないこと、調査の質、中立性、信頼性

など。主な勧告の概要は以下のとおり。
・入国に関する法律にノン・ルフールマン原則を取り入れ、単一の難民認定制度を設立することを検討すること
・テロとの戦いが条約の違反となり、庇護申請者に不合理な負担を課さないよう確保すること、庇護申請者の拘禁や制限の期限を設定すること
・入国管理において機密情報の利用に関する法律を見直し、送還、退去などの決定に実効的に控訴できるよう確保すること
・庇護申請者、囚人および他の被拘禁者に課すことのできる独房での拘束の条件を改善し期間を短縮すること
・子どもへの体罰、少年司法に関する子どもの権利委員会の勧告（CRC/C/15/Add.216, paras. 30,50）を実施すること

など。第5回報告期限は07年1月8日。

(11) バヌアツ
①CRC（93年8月6日発効）第2回報告（期限00年8月5日）は未提出。
②CEDAW（95年10月8日発効）第1～3回報告（期限04年10月8日）は未提出。

(12) パプアニューギニア
①ICERD（82年2月26日発効）第2～11回報告（期限03年2月26日）は未提出。
②CRC（93年3月31日発効）第2回報告期限は08年9月30日。
③CEDAW（95年2月11日発効）第1～3回報告（期限04年2月11日）は未提出。

(13) パラオ
①CRC（95年9月3日発効）第2回報告（期限02年9月2日）は未提出。

(14) フィジー
①ICERD（73年1月11日発効）第16、17回報告期限は06年2月10日。
②CRC（93年9月12日発効）第2回報告（期限00年9月11日）は未提出。
③CEDAW（95年9月27日発効）第2、3回報告（期限04年9月27日）は未提出。

(15) マーシャル諸島
①CRC（93年11月3日発効）第2回報告（CRC/C/93/Add.8）は04年12月7日提出。

(16) ミクロネシア
①CRC（93年6月4日発効）第2回報告（期限00年6月3日）は未提出。
②CEDAW（04年10月1日発効）

（2005年2月23日付国連人権高等弁務官事務所ホームページ http://www.ohchr.org/english/、女性差別撤廃条約ホームページ http://www.un.org/womenwatch/daw/cedaw/参照）

（岡田仁子）

●国連の動向

Making a Decade Work: The Case of the UN Decade for Human Rights Education

「国連10年」を成功させる
「人権教育のための国連10年」を例に

1. はじめに

　1993年ウィーン世界人権会議の際、さまざまな問題に関して議論やロビー活動が活発に行われるなか、「人権教育のための国連10年」に向けたロビー活動は静かに進められた。ウィーン宣言および行動計画は「人権分野における教育活動を促進し、奨励し、およびこれらに焦点をあてるために、人権教育のための国際連合の10年の宣言が検討されなければならない」と勧告している[1]。その後、国連総会は1994年12月、「1995年1月1日から始まる10年間を『国連人権教育の10年』と宣言する」という決議を採択した[2]。決議はまた「国連人権高等弁務官に対して、行動計画の遂行を調整することを要請する」としている。行動計画は1996年12月、国連総会において採択された[3]。

　国連人権高等弁務官事務所（OHCHR）はユネスコの協力のもと、2004年の「国連10年」の終了までに一連の活動を実施した。（刑務官、裁判官および法律家のためのトレーニング・マニュアル、人権モニタリング、人権教育に関する国内行動計画のためのガイドラインに関する）専門家会議、（東北アジア、アジア・太平洋における人権教育のための国内行動計画に関する）ワークショップ、ACT（Assisting Communities Together）プロジェクトなどの技術および財政支援制度を実施し、（人権教育への権利を含めた）人権に関する資料を作成した。サイバー・スクールバスやユニセフのボイス・オヴ・ユース（若者の声）などの国連の人権に関する他のプロジェクトも「国連10年」と連携していた。OHCHRはまた、300以上の言語による世界人権宣言の翻訳、および教材を収集した。

　一方、人権委員会は加盟国に対して「国連10年」の行動計画を実施するよう求める決議をいくつか採択している。その決議には加盟国が「国連10年」を支援するためにとりうる措置を含んでいる。

2.「国連10年」は何を求めているのか

　基本的に「国連10年」は、国内レベ

---

1) 山崎公士監修・自由人権協会訳「ウィーン宣言及び行動計画」『NGOが創る世界の人権：ウィーン宣言の使い方』（明石書店、1996年）277頁参照。
2) A/RES/49/184, 6 March 1995.
3) A/51/506/Add.1.

ルにおいて人権教育のための「インフラストラクチャー」をつくることを趣旨としている。したがって「国連10年」のためのガイドラインは、人権教育について現場にすでに何があるのかというベースラインの調査の実施、プログラムをつくり、支援できる分野・部門横断的な機関の設置、人権教育に関する法律の制定、活動を指導する国内行動計画の採択を勧告する。

「国連10年」は、政府省庁間とNGO、国内人権機関、学界、メディア、共同体組織などの人々など人権教育になんらかの関わりを持つ人々との実効的な協力を奨励する。このアプローチは、既存の人権教育プログラムが政府以外の機関や個人によって行われているという現実を反映している。それらの人々の関与によって、その経験が最大限生かされ、政府が採択するプログラムも豊かになる。

多くの国のNGOは、政府が「国連10年」行動計画を実施するのを待たずに、「国連10年」の名の下に共同体や学校において、およびマスメディアを通して人権教育プログラムを進めた。このことは「国連10年」の中間報告に明らかに示されている[4]。

3.何が達成されたか

多くの国が、OHCHRとユネスコ共同で出された国内レベルでのプログラムや活動に関する情報提供の正式要請に応じず、あるいは十分な情報を提供しなかった。したがって「国連10年」を支援する国内プログラムや活動があると認められているにもかかわらず、その範囲や質はほとんど報告されていない。

また、技術的な理由により、国連は国内レベルで活動を行う国連に登録していないNGOの報告を採用することができない。したがって国連総会および人権委員会に提出される国連文書に現場の情報の多くが含まれないことになる。

要するに、政府報告だけに基づく「国連10年」の評価は不完全なものになるのである。

「国連10年」行動計画の実施状況に関して総会および人権委員会に提出された主な報告は2つある[5]。同時に「国連10年」の間政府が送付した報告がいくつかOHCHRのホームページに掲載されている[6]。

2003年末までに提供されたいくつかの政府の非常に限られた情報から、「国連10年」の枠組みにおけるいくつかの成功例として以下を挙げることが

---

4)「『人権教育のための国連10年(1995-2004)』で定められた目的を達成するためにこれまでに成し遂げられた成果に関する地球規模の中間評価についての国連人権高等弁務官による報告」A/55/360、2000年9月7日。
5) Ibid.、および「人権教育のための国連10年(1995-2004):『10年』の成果および欠点ならびにこの分野における国連の今後の活動に関する報告書」人権委員会第60会期への国連人権高等弁務官報告、E/CN.4/2004/93, 25 February 2004.
6) http://www.ohchr.org/english/issues/education/training/initiatives.htm (visited 18 March 2005)。

できる7)。
① 「国連10年」の枠組みの重要性の認識——「国連10年」は人権教育を取り上げられるべき課題のひとつにし、人権教育の必要性の認識を高め、この分野において国際協力の枠組みをつくった。
② 国内における中心的機関の設置——国内の人権教育のための中心的機関は大多数の場合設置されていなかったが、国内人権機関、省庁の人権部、司法および研究機関、ユネスコ国内委員会、および議会委員会などの既存の国家機関がその役割を担った。ほとんどの場合、これらの機関はNGOと協力して作業をしたとされている。
③ 人権教育行動計画の採択——人権教育のための特定の行動計画をつくった政府は非常に少数である。しかし、人権のための包括的な行動計画をつくった国は教育的要素を含める、あるいは女性の権利、子どもの権利、教育部門ならびにさまざまな経済的、社会的および文化的権利などに焦点を当てる部門別計画に人権教育を導入した。
④ 評価——教育プログラムの評価に関する報告は非常に少ない。警察や軍の構成員による人権侵害の減少や、市民のそれらの機関に対する肯定的な捉え方の増加などに言及するものがある。一方、人権教育プログラムは人々の自分たちの権利、およびそれに関連する国内の保護メカニズムに関する意識をより高め、国内人権機関が受理する苦情が3倍になったとする報告もあった。いくつかの報告は、人権教育活動は全般的に人権の風土の発展や民主主義プロセスに貢献し、政府と市民社会の間の協力を強化したと述べた。

OHCHRの情報によると、ほとんどの政府は「国連10年」を支援する成果として学校に関連するプログラムや活動を挙げている。他方、政府公務員および専門家に関連する取組みは少ない。

4.欠点

政府によって次のような欠点も挙げられている。
① とくに、移民の流れによって特徴づけられる多文化社会における対話、国際連帯ならびに社会的統合などの人権教育に関する継続的および長期プログラムの欠如。
② 障害のある人、移民、マイノリティ、HIV/AIDS感染者、高齢者、貧困者および他の弱い立場にある人を含むプログラムや経済的社会的および文化的権利、およびそれに対応する人々の責任を取り上げるプログラムの欠如。
③ 人権教育のための適切な方法論、とくに日常生活から始まる人権教育を開発する方法の欠如。
④ あらゆるレベルにおける人権教育の

7)「人権教育のための国連10年(1995-2004)：『10年』の成果および欠点ならびにこの分野における国連の今後の活動に関する報告書」op.cit. OHCHRの調査に応じたのは29カ国の政府であった。

ための、とくに法律家と教育関係者との間の実効的な調整メカニズムおよび枠組み、ならびに政府とNGOとの間の調整の欠如。
⑤人権教育プログラムを実施する人材および財源の欠如、プログラムを支援するドナーの不一致、管轄当局の側の政治的意思の欠如。

政府は「国連10年」の行動計画の構成要素を十分に遵守できないと認めているようである。しかし、利用可能な（人材、財源および技術などの）資源の範囲内でできるかぎりのことをしたということを示していない。政府報告は、「国連10年」のプロモーションが不十分であったことを示している。そのことが、国内レベルにおける人権教育に関わる政府機関間の調整不足、政府以外の機関の関与の弱さを招いた。

この文脈において、NGOの役割が評価されなければならない。当初「国連10年」のためのロビー活動がNGO間で開始されて以来、NGOは「国連10年」を自分たちのプログラムや活動の枠組みとして活用し続けた。また、自分たちの政府に人権教育の国内行動計画をつくるよう働きかけ、政府が支援する人権教育プログラムに参加した。そして最も重要なことに「国連10年」は、政府から社会混乱を呼びかけるアジテーションとして見なされることのあったNGOの教育活動を正当化したのである。他方、NGOの政府に対する支援は、この分野におけるそれらの経験がいかに価値があるかということを示している。

5. おわりに

第2次「10年」ではなく、「人権教育のための世界プログラム」を採択するという国連の決断は、「国連10年」の成果に対する失望を表していると見なす向きもある。しかし、問題は加盟国が必要なことを行う決意があるかどうかである。国連の名の下でどのようなプログラムを採択しようとも、それを国内レベルで支援する責任を果たさなければ成功しない。国連機関などができることは限度がある。残りの作業は加盟国がしなければならない。

これは問題をすべて加盟国だけに押しつけようとするのではない。しかし「国連10年」の主眼はそれぞれの国のニーズに応じた継続した、持続可能な人権教育プログラムをつくることである。それを担うのは加盟国だけではない。他の地方、国内、地域および国際機関もこの機会を活用し、人権教育に関する取組みを2004年以降も続けようとしているのである。

（Jefferson R. Plantilla／ヒューライツ大阪主任研究員・訳：岡田仁子）

●国連の動向

The End of the (First) International Decade of the World's Indigenous Peoples and Perspective of the Second International Decade

「先住民族の国際10年」の終結と第2次国際10年の展望

　2004年12月末、「(第1次)先住民族の国際10年」が幕を閉じ、そして2005年1月1日、すぐさま第2次国際10年が開始された。本稿では、この10年の成果を概観しながら、第2次国際10年の展望をやや大きな枠組みで試みたい。

1.「先住民族の国際10年」の終結

　先住民族の人権保障に取り組む国連の人権機構は、1982年の先住民作業部会(WGIP)の設置をもってその端緒と見ることができる。そして、その後1980年代の終わりまでに、先住民族の人権問題に対する関心は高まり、国連もより広範なプログラムを準備するようになった。そのシンボルだったのが、1993年の「国際先住民年」である。そして、「国際先住民年」が終了すると、約1年の評価期間を置いて、1994年12月10日の開幕式典をもって「先住民族の国際10年」がスタートした。1995〜2004年に設定されたこの10年を評価するには、これを前半と後半の2つに分けて見る必要があるだろう。

(1)国際10年前半の動き

　まず、前半の時期には、国際社会において複数の成果や迅速な動きがあった。最大の懸案であった「先住民族の権利に関する国連宣言」の採択作業に関しては、1994年にWGIP案が人権小委員会を通過すると、1995年には人権委員会に「先住民族権利宣言草案作業部会(WGDD)」が設置され、作業を開始した。そして、WGDDでは、1992年の世界会議以来認められるようになった先住民族の交渉参加権が実現する形で、先住民族団体(IPO)に人権委員会の機関としては初めてオブザーバーとしての参加権が認められた。また、先住民族の権利問題を広範かつ専門に扱う、高レベルの人権機関「常設フォーラム(PF)」の設置が1993年の「ウィーン宣言」に明記されると、1995年と1997年にデンマークのコペンハーゲンとチリのサンチアゴでそれぞれの政府主催の専門家セミナーが開催された。これらのセミナーの勧告を受け、人権委員会は、1999年と2000年に「常設フォーラムに関する特別作業部会」を開催し、この結果が、フォーラムを設置するという同じ2000年の画期的な経済社会理事会決議に結実する。

　そのほか、人権委員会は、1996年から「先住民族問題」を常設議題として設定することを決定し、また、2001

年には任期3年の「先住民族の人権と基本的自由に関する特別報告者」の任命を決定した。さらに、条約監視機関では、1994年規約人権委員会が「一般的意見23」を採択して、自由権規約（ICCPR）第27条が先住民族にも適用されることを明確にしたことに続き、1997年人種差別撤廃委員会も「一般的勧告23」を採択して、人種差別撤廃条約が先住民族に明確に適用されることを確認した。こうした動きに加え、ジュネーヴの国連人権高等弁務官事務所（OHCHR）は、1997年から「先住民族インターンシップ・プログラム」を実施し、世界保健機関（WHO）は1999年ジュネーヴ行われた「先住民族の健康に関する国際コンサルテーション」の勧告を尊重するよう、同年以降のWHO総会決議で呼びかけている。

これらの国際的な動きに対し、各国国内でも重要な前進が行われた。1996年にはオーストラリアで「ウィック判決」1)、翌1997年にはカナダで「デルガムーク判決」2)が下されて先住民族の権利がさらに認められ、同時に日本でも1997年に「二風谷ダム判決」3)があり、また「北海道旧土人保護法」を廃止して、「アイヌ文化振興法」が制定された。

2）国際10年後半の動き

この前半の動きに対し、国際10年後半の成果や動きでは評価できるものが少ない。2002年には「常設フォーラム」がニューヨークに設置され、また2003年には国際労働機関（ILO）も先住民族のインターンシップを開始したが、これらは前半の動きの成果である。これに対し、2002年の人権小委員会委員のエリカ・ダイスや人権高等弁務官のメアリー・ロビンソンの退任は議論の低調化を促進した。こうした結果、WGDDにおける権利宣言の確定作業は、2004年がタイムリミットであったにもかかわらず、ついに完了することができなかった。本文45カ条の草案のうち、10年間の作業で合意できたものはわずか2カ条にすぎない。

一方、2001年に始まった世界銀行の先住民族に関する業務ガイドラインの改定は、権利の後退として多くの先住民族の懸念を引き起こしてきた。また、オーストラリアでは、15年にわたって国内ばかりでなく国際的にも先住民族の運動の中核であった「アボリジニー・トレス海峡諸島民委員会（ATSIC）」がハワード政権によって2005年3月、公式に解体された。他方、こうした状況のなか、先住民族団体は連帯を強化し、2002年には南アフリカで「キンバリー宣言」4)を採択、また、2003年にはメキシコで「先住民族カンクン宣言」5)を採択して危機感を募らせている。

1）The Wik Peoples v. The State of Queensland and Others, The Thayorre People v. The State of Queensland and Others, (1996) HCA40, 23 December 1996.
2）Delgamuukw v. British Colombia, (1997) 3SCR1010, 11 December 1997.
3）1997年3月27日札幌地裁判決。
4）門脇章子訳「資料4：キンバリー宣言」上村英明監修、藤岡美恵子・中野憲志編『グローバル時代の先住民族：「先住民族の10年」とは何だったのか』（法律文化社、2004年）272～274頁。

2. 第2次国際10年の展望

　第2次国際10年に関する国連決議は、その調整官が、ジュネーヴの人権高等弁務官からニューヨークでPFを担当する経済・社会問題担当事務次長に変更になったこと以外には、ほとんど目新しいことはない。国連事務総長は、2005年の国連総会に新たな行動計画を提出することになっているが、先住民族問題の解決に向けて実効性のある行動がこのなかで可能になるだろうか。

　先住民族の権利問題が、国際10年の後半に失速した原因はかなり根深く、構造的で、先住民族の努力だけで前進させることが困難な点がやっかいである。まず、ブッシュ政権に代表される新保守主義者（ネオコン）が進めるグローバル化、つまり、企業最優先の経済至上主義、競争主義、効率主義の新たな「グローバル植民地主義」が人権と世界各地で鋭く対立している。「キンバリー宣言」や「先住民族カンクン宣言」は、こうしたグローバル化に対する先住民族という視点からの権利主張である。そして、「先住民族の権利宣言」採択に最前線で反対しているのもブッシュ政権であり、同じくネオコンのハワード政権にほかならない[6]。

　「グローバル植民地主義」は、いわゆる第三世界に無秩序な開発と搾取を進める一方、経済と競争原理を前面に出すことで、とくに先住民族の権利のように歴史的な視野で植民地主義を反省する立場から導き出される権利を圧殺してしまう。「竹島・独島問題」に関心が高まるなか、2004年9月、小泉首相が北方領土を初めて洋上視察し、また2005年2月・3月には相次いで衆参両議院でこの問題に対する決議が採択されながら、アイヌ民族の、領土権を含む視点がまったく無視された構図もその一部だろう。

　次に、これらネオコンの政権によって国連改革が進められ、国連の中核活動が安保理の改革と平和構築に収斂しつつあることである。この点、2004年12月の「ハイレベル委員会」の報告書や2005年3月のアナン事務総長による国連改革に関する報告[7]に、人権関係者も注目すべきだろう。テロ対策が錦の御旗として人権侵害の道具になっている時期、各国の関心をいたずらに安保理に集中させ、人権機関やそこでの議論を総体として軽視することは、先住民族の権利を再び「忘れられた人権」にする可能性は小さくない。そうしたなか、先住民族の権利保障に向けてとるべき方向は、国連改革に十分な目配りと行動をとりながら、むしろ国内での権利保障に向け多様に運動の再構築を図ることではないだろうか。

（上村英明／市民外交センター代表、恵泉女学園大学助教授）

---

5) 福田しのぶ・中野憲志訳、苑原俊明協力「資料5：先住民族カンクン宣言」上村・前掲注4) 書275〜280頁。
6) 2005年4月、第61会期人権委員会における先住民族問題に関する投票行動でも、先住民族の権利伸長に反対する米国・オーストラリア両政府の共同歩調は突出していた。
7) 事務総長報告 "In larger freedom: towards development, security and human rights for all" (A/59/2005, 21 March 2005) には、「人権理事会」や「平和構築委員会」の創設が提案されている。

●国連の動向

The Fifth Ad Hoc Committee on UN Disability Rights Convention

障害者の権利条約に関する第5回特別委員会を終えて

　障害者の権利条約に関する特別委員会(Ad Hoc Committee)の第5会期(fifth session)が、2005年1月24日から2月4日まで、ニューヨークの国連本部にて開催された。本稿では、第4会期までの流れを大まかにつかんだ後、この第5会期の概要をごく簡単に述べることにする。

1. 第4会期までの流れ

　国連総会決議56/168(2001年)に基づいて設置された特別委員会の第1会期(2002年)では、NGOの参加等に関する手続や、条約の必要性等が話し合われるにとどまった。大きな進展が見られたのは、第2会期(2003年)である。この会合は、特別委員会での条約交渉を進めるための叩き台となる条約草案を作成する作業部会の設置を決定した。翌年1月に開催された作業部会では、前文と本文25条からなる条約草案が作成された。

　この草案を叩き台として、第3会期(2004年5〜6月)から政府間の条約交渉が本格的に始動した。第3会期では、前文の一部、草案第1〜24条(第3条を除く)、国際協力について第1読(first reading)が行われた。

　第4会期(2004年8〜9月)では、前文の一部、草案第3条と第25条、条約の名称と構造について第1読が行われ、これをもって第1読はすべて終了した。また、第4会期では、草案第1〜15条と第24条bis(第2案)の再検討(review)が行われた。ここでいう再検討(再審議)とは、第1読を終えた条文案を公式会合で文字どおり再検討するものであり、第2読(second reading)ともいわれる。さらに第4会期では、再検討を終えた条文案の文言や論点を可能なかぎり整理して明確にするために、非公式協議(informal consultations)も行われた。もっとも、第4会期では、草案第1〜3条の非公式協議は行われなかった。というのも、草案第1条(目的)と第2条(一般的原則)の討議状況はかなり明確になっていたからである。また、各種定義を定める草案第3条については、他の条約起草過程の経験などにも照らし、他の条文案の討議を終えるまで棚上げとされた。そこで第4会期においては、草案第4条(一般的義務)、第5条(障害者に対する肯定的態度の促進)、第6条(統計およびデータ収集)、第7条(平等および非差別)の非公式協議が行われたが、第7条の協議途中で時間切れと

2. 第5会期の内容

　第5会期（2005年1～2月）で行われた非公式協議では、前回からの継続ということで、まずは第7条5項が取り上げられた。その後、第8条（生命に対する権利）、第9条（法律の前における人としての平等の承認）、第10条（身体の自由及び安全）、第11条（拷問または残虐な、非人道的なもしくは品位を傷つける取扱いもしくは刑罰からの自由）、第12条（暴力および虐待からの自由）、第13条（表現および意見の自由と、情報へのアクセス）、第14条（プライバシー、家庭および家族の尊重）、第15条（自立した生活と、地域社会へのインクルージョン）がそれぞれ協議にかけられた。

　さらに、第5会期の非公式協議では、これらの草案条文とともに新たな条文案として、第8条bis、第9条bis、第12条bis、第14条bisも取り上げられた。第8条bisは、公の緊急事態ないし危機的状況（自然災害、武力紛争、外国による占領など）における障害者の保護を定めた条文案であり、草案第8条との関連で提案された。第9条bisは、その重要性が再三指摘されていた、司法へのアクセスに関する論点を扱う。この論点を独立した条文として取り上げることをほとんどの政府代表は支持した。第12条bisは、インフォームド・コンセントと関連し、強制的介入や強制的施設収容（非自発的治療や強制入院）の論点を取り扱う。この論点を草案第11条で取り上げるべきとの見解等も一部で見られたが、多数の政府代表は別個の条文として取り上げるべきとした。第14条bisは、草案第14条の中から家庭および家族の尊重の部分を抜き出し、それを扱う個別条文として提案されたものである。

　第5会期で協議されたこれら条文案の具体的内容に関しては、各国政府の見解の相違が大小さまざまに見られたが、その解決は後の会合で図られることになる。他方、各条文案の文言等について、各国政府が反対していないという意味での一般的合意が得られた部分もある。ただし、非公式協議のコーディネーターとして高い評価を得ているドン・マッケイ氏（ニュージーランド）がその報告書で指摘しているように、現時点において一般的合意が得られた内容であっても、それは、後の段階における各国代表の再考を妨げるものではない。

　第5会期においては、そのほとんどの持ち時間が非公式協議に費やされたため、当初予定されていた草案第16～25条の再検討は行われなかった。また、非公式協議それ自体も、当初予定されていた条文案をすべて扱えず、草案第15条の協議半ばで時間が尽きた。したがって、第6会期（2005年8月1～12日）においては、第5会期からの持ち越しとして、草案第15条、第15条bis（女性障害者）および第24条bis（国際協力）の非公式協議と、草案第16～25条の再検討が行われる見込みである。

以上で瞥見したところからわかるように、第5会期を終えた現時点における条約起草は、ようやく道半ばに到達したかどうかという状況にあるといえる。

3.おわりに

最後に、特別委員会をめぐる新たな展開を2点ほど付言しておきたい。1つは、2004年10月31日に発足した「日本障害フォーラム」(Japan Disability Forum: JDF)が特別委員会の参加認定を得たことである。日本国内の主要な障害者団体からなるJDFから、第5会期には、日本政府代表団（外務省、内閣府、法務省、文部科学省、厚生労働省）の顧問に迎えられた東俊裕弁護士を含めて、計8名が参加した。

もう1つは、第6会期において、新たな特別委員会議長が就任することである。これは、第1会期から第5会期まで特別委員会議長を務めてきたルイス・ガレゴス・チリボガ氏（エクアドル）がオーストラリア大使に転出するためである。後任の議長には、障害者団体の立場を可能なかぎり配慮してきたガレゴス氏の姿勢を受け継ぐことが期待される。

《参考資料・文献》
1. *The Fifth Ad Hoc Committee Daily Summaries*, Vol.6, # 1-10 (24 January - 4 February 2005), Public Service by Rehabilitation International（第5会期の討議状況〔政府やNGO等の発言〕を詳録した日報）。
2. 外務省「障害者権利条約に関する第5回国連総会アドホック委員会」（概要）at http://www.mofa.go.jp/mofaj/gaiko/jinken/index_shogaisha.html (visited 29 March 2005)（各条文案の論点整理を含む第5会期の概要を紹介）。
3. 松井亮輔「特別委員会の動向：第5回委員会を中心に」ノーマライゼーション2005年3月号34〜37頁（障害者団体の動向を含む第5会期の概要と今後の課題等を論述）。
4. 長瀬修・川島聡編著『障害者の権利条約：国連作業部会草案』（明石書店、2004年）（3本の論考のほか作業部会草案訳を所収〔この草案訳は日本障害者リハビリテーション協会のウェブサイトhttp://www.dinf.ne.jp/doc/japanese/rights/0401reports.html (visited 30 March 2005)にて閲覧可能〕）。
5. *Report of the Coordinator to the fifth session of the Ad Hoc Committee*, UN Doc. A/AC.265/2005/2 (Advance Unedited Copy), 18 February 2005, Annex II（第5会期の非公式協議の内容を摘録したコーディネーター報告書〔先行未編集版〕）。
6. The United Nations website (UN Enable), http://www.un.org/esa/socdev/enable/ (visited 30 March 2005)（障害者の権利条約関連の国連文書その他の文書等〔上掲資料1と5を含む〕を掲載）。

※なお、第4会期までの経緯については、多数の参考資料・文献等がある。この点につき、上掲文献4に所収された各論考のほか、さしあたり、アジア・太平洋人権情報センター編『アジア・太平洋人権レビュー2003 障害者の権利』（現代人文社、2003年）、同編・国際人権ひろば56号（2004年）、日本障害フォーラム編『〔資料〕JDF設立記念セミナー 障害者権利条約と私たちのこれからの活動』（2004年）に掲載された各拙稿を参照されたい。

（川島聡／新潟大学大学院博士課程）

●国連の動向

Launching the UN Decade of Education for Sustainable Development

「国連持続可能な開発のための教育の10年」の開始

1.はじめに

　2005年3月1日、ニューヨークの国連本部で、2005年1月からスタートした「国連持続可能な開発のための教育の10年」(以下、DESD)キックオフミーティングがアナン事務総長らが出席して開催された。日本からも有馬朗人・首相特別代表が参加し、DESD提唱国として小泉首相のメッセージを披露し、ユネスコにDESD信託基金2億ドルを提供することを表明した。

　これに続き3月7日に東京で、DESDキックオフミーティングが「持続可能な開発のための教育の10年推進会議(ESD-J)」らの主催で開催され、ユネスコのアジア太平洋地域事務所長らが基調報告した。

　なお、愛知万博にあわせて、来る6月27日に名古屋で「DESDアジア・太平洋地域キックオフミーティング(国際シンポジウム)」が開催される予定で、日本を含むアジア・太平洋地域でもDESDが動き出した。

2.DESDの経過

　「持続可能な開発」のために教育がきわめて重要な役割を担うことについては、すでに1992年にブラジルのリオデジャネイロで開催された地球サミット(環境と開発に関する国連会議／UNCED)の際にも認識されており、このサミットで採択された「環境と開発に関するリオ宣言」「森林に関する原則宣言」で定められた諸原則を実行するための行動原則である「アジェンダ21」1)の中で明らかになっている。

　アジェンダ21の実施状況を検証するために1993年に国連持続可能な開発委員会(CSD)2)が設置されたが、この場においてユネスコが中心となって持続可能な開発のための教育(以下、ESD)のあり方について検討が進められてきた3)。

　そして2002年8月にヨハネスブルク

---

1) 1992年6月、リオデジャネイロにて「環境と開発に関する国連会議(UNCED)」が開催され、このサミットでは、「環境と開発に関するリオ宣言」「森林に関する原則声明」「アジェンダ21」という3つの文書が合意された。このうち「アジェンダ21」は、「環境と開発に関するリオ宣言」で定められた諸原則を実行するための21世紀に向けての行動原則のこと。アジェンダ21の内容は、広範多岐な分野にわたり、全体で40章、約500頁にも及ぶものとなっている。

2) 2005年4月11〜22日にニューヨークの国連本部で、第13回持続可能な開発委員会(The thirteenth session of the Commission on Sustainable Development(CSD-13))が開かれる予定。以下のサイトを参照。http://www.un.org/esa/sustdev/csd/csd13/csd13.htm.

で開かれた国連社会開発サミット（持続可能な開発に関する世界首脳会議）において、日本が提案するかたちでサミット実施計画文書に2005年から始まるDESDの採択の検討を国連総会に勧告する旨の記述が盛り込まれたのを受け、同年秋の第57回国連総会でDESDに関する決議案が満場一致で採択された。決議は、教育が持続可能な開発を達成する不可欠な要素であることを強調し、第1に、2005年1月1日から始まる10年を「国連持続可能な開発のための教育の10年」と宣言し、第2にユネスコをリード・エージェンシーとし、ユネスコが関連国連機関等と協力して、DESDの国際実施計画案を策定すること、第3に各国政府はユネスコが作成する国際実施計画を考慮し、2005年までにDESDを実施するための措置をそれぞれの教育戦略および行動計画に盛り込むこと、などを明示した。

この決議を受けユネスコは、2003年8月に国際実施計画の策定のための枠組案を発表し、世界中からのパブリック・コメントを募集した。ユネスコは、2003年9月末までに寄せられた意見をもとに枠組案を修正し、2003年10月に「DESD国際実施計画」素案を公表して国際的な討議を呼びかけ、その後寄せられた意見などを集約して、2004年10月の第59回国連総会に「DESD国際実施計画案」（以下、国際実施計画案）を提出した[4]。

3.持続可能な開発とESD

DESD国際実施計画案は、4章構成60頁に及ぶ豊富な内容を有している。まず、持続可能な開発（Sustainable Development）の概念は進化し続けているとし、地球環境（自然資源、気候変動）を守り、民主的で誰もが参加できる社会制度と、社会や環境への影響を考慮した経済制度を保障し、文化の独自性・多様性を尊重しながら、人権の擁護、平和の構築、異文化理解の推進、健康の増進、自然資源の維持、災害の防止、貧困の軽減、企業責任の促進などを通じて、公正で豊かな未来を創る営みであると定義している。

次に国際実施計画案は、ESDは、ミレニアム開発目標（MDGs）や「万人のための教育（EFA）」や「国連識字のための10年（UNLD）」などの他の教育目標や課題と結びついており、新規のプログラムではなく、既存の教育における政策、プログラムの実施を新たな方向へと転換するプロセスを求めるものとされた。また、DESDの推進に際しては、できるだけ多くの関係者が参加するようなパートナーシップ・アプローチが重要であることをとくに強調している。

そして、DESDの目的として、以下の5つが明示されている。

3）ユネスコの持続可能な開発のための教育（Education for Sustainable Development）は、以下のサイトを参照。http://portal.unesco.org/education/en/ev.php-URL_ID=27234&URL_DO=DO_TOPIC&URL_SECTION=201.html.
4）原文は、ユネスコの上記サイトから入手可能。日本語訳は、ESD-Jの以下のサイトを参照。http://www.esd-j.org/documents/DESD_J_Draft2.pdf.

①持続可能な開発を人類が協力して追い求めるなかで、教育と学習が中心的な役割を果たすこと。
②ESDの関係者の間で、リンク、ネットワーク、情報交換、交流を促進すること。
③すべての形態の学習や人々の認識を通じて、持続可能な開発についてのビジョンを洗練・推進し、変化させるための場所と機会を提供すること。
④持続可能な開発のための教育において、教育と学習の質の向上に努めること。
⑤ESDにおける能力を強化するため、すべてのレベルにおいて戦略を開発すること。

国際実施計画案の以下の記述は、これらのことをよく説明している。

「1992年の『環境と開発に関する国連会議（地球サミット）』は、そのアジェンダ21において、自然環境を尊重し育むような開発を追求する上で教育が果たす役割に高い優先順位を与えていた。それは、環境を尊重する価値観や態度を育むために、教育を編成・再編成するプロセスに焦点をあて、そのようにする方法・手段を描いている。2002年のヨハネスブルク・サミットまでに、持続的な開発の中心となる原則に、社会的な公平性や貧困に対する戦いを含めるため、そのビジョンが広げられている。持続可能な開発の人間及び社会についての側面は、連帯、公平、パートナーシップ及び協力が、環境保全のための科学的アプローチと同様に不可欠なものであることを示している。『ミレニアム開発目標』と『万民のための教育のダカール行動枠組』の教育に係る目的を再確認することに加えて、同サミットは、持続可能な開発のためのアプローチの中心に教育と学習が存在するというシグナルを送る方法として、DESDを提案した。

国際社会は、開発と協力のための広範囲にわたる枠組として、2000年に『ミレニアム開発目標』を採択した。持続可能な開発とは、多くの次元や解釈を持つ躍動的で進化する概念であり、開発によって将来世代がそのニーズを満たす能力を損なうことなく現在のニーズが満たされる世界のための、地域に根ざし文化的にも適当なビジョンである。ミレニアム開発目標は、そのようなビジョンを実現するための国際的な行動に係る目標を提供しており、それは貧困の撲滅、子供や妊婦及び性生活における健康、教育の機会の拡大と教育における男女間の不平等の是正、及び持続可能な開発のための国家戦略の構築となっている」（「計画案」I序論より）。

4.人権学習・人権教育としてのESD

国際実施計画案は、ユネスコの学習権宣言5)の提唱を踏まえて、「教育」より

---

5) 1985年3月にパリで行われた第4回ユネスコ国際成人教育会議において採択された宣言。人類にとってなぜ「学習」という営みが必要かを説いた非常に格調高い文章。

広い概念として「学習」を位置づけ、「実際に、学習は教育に限定されていないので、持続可能な学習と表現した方がよいかもしれない。学習は教育システムで発生していることを含むとともに、日々の生活にも及ぶ。すなわち重要な学習は、家庭や社会的な集まり、共同体の組織や職場において発生する。持続可能な開発のための教育の10年というラベルが付けられているが、それはすべての形態の学習を含めて推進しなくてはならない」(「計画案」第1章)とし、学習者の主体的で多面的な学びを重視している。

また、ESDは、人類共通の目標と価値観の共有を追求するものであり、学習者が主人公であること(学習権)を重視した広義の人権学習であり、人権教育とも密接な連携を持つ点も重視している。計画案には、DESDと同時にスタートした「人権教育世界プログラム」(2005年1月から2008年までが第1段階)[6]への直接的言及はないが、1945年以来、国連の強力な後押しのもと、人類共通の目標と価値観の共有をめざし、世界人権宣言を起草し、国際人権規約などの人権諸条約を制定し、その後の環境の保全や持続可能な開発に関する多くの国際的な宣言や条約を制定してきたとし、「この世界的な対話から、共有する価値観の中核となるものについてのコンセンサスが生まれている。それは、ESDが追い求めている公正で持続的かつ平和な世界の構築にかかる一連の共有する価値観である」(「計画案」第1章)と位置づけている。

以上のように、ESDは、学習者が主人公であること(学習権)を重視した広義の人権学習・人権教育でもあり、日本においては、「人権教育のための国連10年」(1995～2000年)を通じて従来、ばらばらに歩んできた同和教育(反差別教育)、開発教育、環境教育、平和教育、国際人権教育の関係者の対話と相互交流をさらに深め、開発・環境・平和・人権というグローバルな課題を包括する広義の「教育」を創造する課題でもあるといえる。

(前川実/ヒューライツ大阪総括研究員)

---

6) 次の文献が参考となる。藤井一成「国連・人権教育世界プログラムがめざすもの」ヒューライツ大阪機関誌・国際人権ひろば59号(2005年1月発行)。行動計画案については、ヒューライツ大阪ならびに部落解放・人権研究所のサイトで日本語訳が入手できる。ヒューライツ大阪http://www.hurights.or.jp/database/index.html#hrdb、部落解放・人権研究所http://blhrri.org/kokusai/un/un_0030.htm。

● 国連の動向

The Activities of the United Nations High Commissioner for Human Rights: Achievements and Challenges

国連人権高等弁務官事務所の活動
成果と課題

ルイーズ・アルブール国連人権高等弁務官講演
（2004年11月9日　於：国連大学）

本日はみなさまの前で講演するようお招きいただき光栄に存じます。私が初めて職に就いたのは学者としてでしたので、学問的な環境に立ち戻る機会をいつも喜ばしく思います。

人権高等弁務官としての私の任務には層がいくつもあります。2週間前国連総会で発言したように、この職が扱う任務の幅の広さに驚かずにはいられません。それは、私たちの生活で人権の普遍的な適用によってよい影響を受けない分野がほとんどないということ、また、私たちの生活のなかで人権の否定によって悪い影響を受けない分野がほとんどないということの力強い証明となっています。

現在、国連人権高等弁務官事務所（OHCHR）は、独自の事務所や国連平和活動を通して、あるいは技術協力プロジェクトを通して約40カ国で活動を行っています。法執行官のトレーニングから国内人権機関の強化、過去の人権侵害の調査から現在の侵害の非難まで、私たちの現地事務所は普遍的人権の保護の拡大のための広範な活動に従事しています。この人権侵害がどこでいつ起ころうとそれを救済し、現状を改善するための最もよいアプローチをとり、ふさわしい手段を有するよう確保する努力を行うというオペレーションの側面が多くの点で私たちの任務の頂点です。

この任務の背景となるのが私たちが行う批判的研究および概念の検討です。これには現代的で適切な人権の意味の理解および普遍的な概念と文化に敏感な適用とのバランスが必要です。この大学の環境にはなじみ深い、自由で開かれた意見の交換を通してのみ、私たちはグローバルな共同体として人権の基本的な考え方について一致に近いものを得ることが期待できるのです。

1. 法としての人権

本日は高等弁務官事務所の、時にはバラバラに見える任務をつなぐ糊の役をする法的側面についてお話しします。

人権の力はある希望――ある理想――の表現だけにあるのではなく、私たち全員を拘束する法的枠組みの明確化にあるのだと確固たる信念を持っています。

世界人権宣言の採択以来、国際社

会は宣言に含まれる基本的な原則に実効性を与える一連の規範および基準を作成してきました。世界のすべての国は、7つの中心となる人権条約の1つあるいはそれ以上の加盟国となることで、自発的に拘束力のある人権義務を受け入れてきました。これらの条約は、私たちの集団的意識の一部となっただけでなく、国内の憲法および法秩序の一部となり、世界の各地でしばしば裁判所によって援用されています。これらは国家とその正当な利益と、個人とその法的権利を仲介するものとなっています。

この一連の法に優先性を与えることによって、権力を有する地位にいる人だけでなく、あらゆる人間を、しばしば複雑である政策の議論の中心に据えることに役立ち、また時にはぶつかるように見える価値を計る際に役に立ちます。例として、テロ行為を防止し処罰する断固とした措置を人権を侵害せずにとる必要性、あるいは戦争で引き裂かれた社会の平和と和解の必要性に被害者の保護と正義の追求を損なうことなく応じたいという願い、または市民的、文化的、経済的、政治的あるいは社会的であれいかなる種類の権利をも犠牲にせず貧困を撲滅し、発展を拡大し、民主主義を促進する必要性、文化的アイデンティティを讃えると同時にすべての人の尊厳と平等の権利を尊重する必要性が挙げられます。これらディレンマの例はすべて、人権法の適切な理解と適用を通して十分解決することができます。

既存の人権に関する国際法的枠組みのより大きな尊重とその国内法への漸進的な受容の促進を通して、人権のビジョンが最も重要な場面、つまり世界各地の人々の日常生活において実践的な効果をもたらすのです。この点に関して、私はこの国において個人による通報を取り扱う自由権規約の選択議定書への加入について積極的な議論が行われていることを歓迎します。これらの議論が選択議定書を批准するというコミットメントにつながればと望んでいます。

私は、困難な社会的課題に対して導いてくれるのは法の役割であると固く信じています。国家と安全保障を含むその正当な利益、個人とその自由と身体の安全に関する基本的な利益とを平衡させるのは法であるからです。しかし、私が法ということについて話すとき、いかなる法でも、という意味で言っているのではありません。現在ある法とあるべき法があります。言い換えると、法は乱用されることがあります。アパルトヘイト政策をとっていた南アフリカは法によって統治されていましたが、これらの法は抑圧の規律であり、深刻な尊厳の否定をもたらしました。

私たちを導く法とは、現実の正義をもたらすようつくられ、侵害に対して真の救済を提供する法でなければなりません。それはすべての人の権利を保護すると同時に変化する世界の必要性に適応できる、ダイナミックで進化する制度です。それが人権法の役割です。法、そしてとくに人権法は、すべての個人の「人類社会のすべての構成員の固有の

尊厳と平等で譲ることのできない権利」（世界人権宣言）の実現に向けた鍵を提供するものです。

　国際人権法に関して、時に提起される反論に、有効な実施ができないという主張があります。この批判はかつてほど妥当性を持たないと思います。まず、私たちは人権の理想を今やほとんどの国家が国際および国内レベルで自発的に受け入れ法的義務に変えているという集団的成果を誇るべきでしょう。人権諸条約の批准および国内の憲法と法制度への受容を通して、個人が自らの権利を主張し、請求する可能性が拡大しました。すべての大陸におけるあらゆるレベルの裁判所で、世界各地の普通の人々の人権を現実に変えるようなめざましい判決が出ています。これらは決して小さな成果ではありません。

2.国際刑事裁判所

　非常に重要な展開として、現在97カ国によって批准されているローマ規程に基づく国際刑事裁判所（ICC）があります。ICCは、ジェノサイド、戦争犯罪または人道に対する罪を計画、扇動あるいは実行した個人の刑事責任を追及する歴史的に新しい法的制度です。ICCはある面では2つの特別裁判所、旧ユーゴスラビア国際刑事裁判所およびルワンダ国際刑事裁判所の論理的延長線上にあります。この2つの裁判所は、ジェノサイド、拷問、ジェノサイドの行為としてまたは人道に対する罪としてのレイプの要素を含む国際刑事法の重要な側面を多数明確にしてきました。ICCは、国際人権制度の強化に向けた重要な一歩を表しています。

3.移行期の司法

　人権法は、国際平和と安全に影響を及ぼす主要な紛争を検討する際にもますます重要になっています。安全保障理事会の議題において、人権がますます見られるようになったことはこの傾向の重要な反映です。私は、ジェノサイド防止に関する国連事務総長特別顧問と共に9月に訪れたスーダンのダルフールの人権状況に関して報告をするために、安全保障理事会で発言する機会を得ました。現在、国連人権高等弁務官事務所はダルフールで行われた事件を検討し、人権法と人道法の重大な違反になるかどうか国際法に照らして慎重な分析を行い、とくに重要ですが、加害者を特定し、その行為の責任を追及することを確保する措置を勧告するために設立された諮問委員会を支援しています。

　さらにこの文脈において、紛争および紛争後の社会全般における法の支配の尊重の役割に関する安全保障理事会の検討に言及すべきでしょう。紛争および危機から立ち上がりつつある国々は、必然的に法の支配の劣化とともに不十分な法執行および司法の運営ならびに人権侵害の多発に直面しています。この状況はしばしば国家当局に対する一般の人の信頼の欠如と資源の著しい不足によってさらに悪化しています。

そのような環境では、法の支配の尊重と人権の保護を前提とする統治と司法の制度を確立することが不可欠です。法的制度および一般の人々の間両方に人権の尊重が根づくよう確保するためには、すべてのステークホルダーならびに国際社会の継続的で一貫性のある関与が必要です。

この最後の点について、安全保障理事会は10月初旬、国連事務総長が提出した報告をもとにこの問題について重要な議論を行いました。理事会は「過去の虐待に対応するだけでなく、国内の和解を促進し、将来紛争が再び起こらないよう防止するための紛争後社会における司法と法の支配の回復の重要性と緊急性」に留意しました。理事会はまた、そのようなプロセスがインクルーシブで、ジェンダーに敏感で女性の完全な参加に開かれていなければならないことを強調しました。

安全保障理事会の理事国となる国として、日本はこの10年に見られたような複雑で多面的な新しい世代のいくつもの国連平和活動ですでに行ったように、移行期にある社会において法の支配の尊重を確保する具体的な方法を特定するための主要な役割を担うよう要請されるでしょう。

4. 人権法の裁判可能性

前述の例ほど明らかではありませんが、人権が法としていっそうの重要性を付与されている分野の例がほかにも多くあります。簡単に3つ挙げさせてください。

(1) 経済的、社会的および文化的権利

まず、国家はあらゆる人権の不可分性を繰り返し確認しています。しかし、経済的、社会的および文化的権利は、市民的および政治的権利とつねに同じ水準の法的保護を享受してきたわけではありません。このことに対応していかなければなりません。もちろん、国家の法的義務はある面において——とくに資源の有無について——両方の種類の権利について異なることもありえますが、国内裁判所ならびに地域的人権機構の判例はますます経済的、社会的および文化的権利も明らかな違反の場合には司法的救済に付されることを示しています。これは心強い展開です。

国連人権委員会は現在、社会権規約に掲げられる権利の実施を個人通報手続に服させる可能性を議論しています。この非常に重要な議論は経済的、社会的および文化的権利の性格のよりよい理解に実質的に貢献する可能性を有しています。そのよりよい理解は、それら権利の尊重と保護を確保するための国内裁判所の正当な役割の認識につながり、それは国内レベルにおける実施を促進することになるでしょう。

(2) 障害のある人々

次に、基準設定の話をする際、600万人の障害のある人々があらゆる人々が有するのと同じ人権の保護を享受することを確保するために、国家が受け入れる義務をより明確にする努力が現

在続いていることを思い起こさなければなりません。障害のある人々は、差別を受けているなかで最大の、そして最も目につかない集団です。このような人々の権利がつねに侵害されていることから、新しい条約の採択が緊急に必要とされています。新しい条約に合意するにあたり、障害のある人々の認められた保護の水準が既存の諸条約でこれらの人々がすでに権利を有している保護の水準より低くならないことを確保することが不可欠です。

(3) 多国籍企業

世界人権宣言は「社会の各個人及び各機関が……これらの権利と自由との尊重を……促進すること……それらの普遍的かつ効果的な承認と遵守とを……確保する」ことを謳っています。人権と経済および発展の問題の結びつきを取り上げる際、私たちは非国家的・経済的アクターの人権に対する責任を明らかにする必要があります。

私はとくに、多国籍企業を含むビジネス事業体の人権に関する役割と責任に関する重要な議論を念頭に置いています。私は国家と市民社会とともに、とくに国連事務総長のグローバル・コンパクトや国連人権委員会における関連する議論へのOHCHRの支援を通して、ビジネス界に人権の促進と保護に関与するよう働きかけていきます。

5. テロリズム

みなさま、今日の世界に多大な意味を持つもう1つの問題についてお話しさせてください。それは、私たちがいかに集団として、知的に、実効的にテロリズムに対応できるかという問題です。ここでも人権法は重要で建設的な役割を担うことができ、むしろ担わなければなりません。国家にはテロリストの行為の脅威からも含めて、その市民を守る義務があることには疑いはありません。テロリストは、いく度となく人の命を軽んじていることを示してきました。国家はテロ行為を防止し抑止する実効的な措置をとることによって生命への権利を確保する義務を有しています。このことは、地域人権裁判所や国連条約機関を含む国際機関の一貫した見解です。国家がその管轄下にある人々を保護する責任を果たすことができない、またはする意思がないということは国際的な介入の十分な法的および政治的根拠になるはずです。

しかし、テロリズムに対抗する措置はいかなる犠牲を払っても行えるものではありません。

危機の際、統治のすべての部門にそれぞれの適切な役割を果たすことを求め、いずれの部門も他の部門の優位性の主張に服さないということが不可欠です。とくに、行政による、共有できない情報に基づき、計ることのできない成果を達成するための臨時措置の要求に対して、司法が問題の冷静で長期的で原則に従った分析を放棄してはならないと考えます。このことはもちろん、政府に前例のない、重大で緊急の脅威に対して反応しなければならないという圧

力がかかっているときに、司法が障害の役割を果たすべきだと言っているのではありません。しかし、もし政府が必要な抑制をもって行動しない場合、人権が危険にさらされているとき、法的原則に依拠し、正当化できる政府の行動の範囲を明確にし適用するのは司法の役割です。

米国では今夏最高裁判所が被拘禁者の裁判所へのアクセスの権利に関する事件に関して判決を出しました。アフガニスタンで拘束され、米国の軍刑務所に拘禁されていた米国市民に関するハムディ事件（Hamdi v. Rumsfeld, 542 U.S. (2004)）について、最高裁判所は対外政策、とくに敵対行為に関して行政が権力を行使できることを認めました。しかし裁判所はまた、「継続中の国際紛争の間、米国の国家安全保障に対して実際に緊急の脅威を与えている者を拘禁する政府の利益がいかに重要であれ、制御のない拘禁システムはそのような脅威を与えない者の抑圧および虐待の手段となる可能性を有していることを歴史と常識は教えている」と述べました。

裁判所は米国憲法（修正第5条）の適正手続条項の下のバランシング・テストを適用することとし、バランスする天秤の両端に非常に重要な利益がかかっていることを認め、敵対戦闘員の分類を争おうとする市民である被拘禁者はその分類の事実的根拠の通知を受けなければならず、中立的な意思決定者の前で政府の主張に対抗する公正な機会を与えられなければならないと結論づけました。裁判所が高らかに宣言したように、「国家における市民の権利に関する場合、戦争状態は大統領にとって白地の小切手ではない」のです。

最高裁判所は、グアンタナモ湾の収容施設に関するラスル事件（Rasul v. Bush, 542 U.S. (2004)）も判断しました。その事件では、最高裁判所は収容施設が米国の外にあるという事実にもかかわらず、被収容者は裁判所へのアクセスを付与されなければならないという見解をとりました。裁判所は「ここで問題となっているのは……まったく違法行為をしていないと主張する個人の、行政による無期限の可能性もある拘禁の適法性を判断する管轄権を連邦裁判所が有しているかどうかだけである」と述べました。それに対して、収容施設の所在がキューバにあり、原告人が米国市民ではないという事実にもかかわらず管轄権を有すると答えたのです。

私は、外的脅威に関して行政がとった行動の文脈において、裁判所が人権の尊重を確保する監督的役割を担わなければならないと考えます。たとえば自由権規約に含まれる無罪推定が、国際法の下で逸脱することのできない権利であることを忘れてはなりません。恐怖と不確実性に満ちた今日の空気の中で、テロリズム容疑の事件に対して判断を急ぐ危険があまりにも大きすぎます。いくつかの国において最近無罪放免判決が出ていることは、無罪推定原則を維持するよう警戒を怠ってはならないことを示しています。そしてその警戒を最も効果的に行うのは裁判所以外

にありません。

最後に、イスラエル最高裁判所の最近の判決（Beit Sourik Village Council v The Government of Israel,(HCJ2056/04) 2004年5月2日）について触れたいと思います。この事件は、イスラエル政府の主張によると、自爆攻撃や他のテロ行為の脅威から住民を保護するために建てられている壁に関するものです。覚えていらっしゃるでしょうが、この問題について7月、国際司法裁判所が勧告的意見を出す直前にイスラエル最高裁判所は分離壁の一部が違法であると判断しました。裁判所は安全保障のニーズと地元の住民のニーズのバランスが均衡性をもって評価されておらず、訴えにあげられたパレスチナの村にもたらされた苦難はすべての事実に照らして過度であると判断し、壁の一部を移動する以外選択肢はないと結論づけました。

6.拷問

また、拷問、残虐、非人道的または品位を傷つける取扱いまたは処罰は、国際法の下で逸脱できない禁止事項であることは疑問ありません。このことは自由権規約第7条が規約の中で決して停止できない規定のリストに挙げられていることで明らかに示されています。国連拷問禁止委員会が2001年11月、拷問等禁止条約の加盟国に対し、条約を批准することによって受け入れた、第2条（「いかなる例外的な事態も拷問を正当化する根拠として援用することはできない」）、第15条（拷問の罪の被告人に対する場合を除いて、拷問による供述を証拠として認めることの禁止）および第16条（残虐な、非人道的なまたは品位を傷つける取扱いまたは刑罰の禁止）に挙げられる義務を含む多数の義務の逸脱不可能な性格を想起させたことは、この原則の再確認になります。

しかし驚いたことに、この明確な国際法の要求に関して政府のレベルも含めて、対テロ戦争といわれるものの文脈において、疑問が提起され続けられるのを目にします。拷問等禁止条約第2条の言葉は明確です。その規定は、「戦争状態、戦争の脅威、内政の不安定又は他の公の緊急事態であるかどうかにかかわらず、いかなる例外的な事態も拷問を正当化する根拠として援用することはできない」としています。

国際法、とくに国際人権法は1945年の国連憲章採択以来、おそらく最大の圧力にさらされているのが事実です。人権高等弁務官事務所で私たちの主要な目的は、主要人権諸条約の普遍的批准を促進し、いずれジュネーヴ諸条約が享受するのと同じような受容を達成することです。しかし、ジュネーヴ諸条約および国際人道法の基本原則自体が現在国際的な支持の風化の危機にさらされているのは皮肉かもしれません。

世界の直面する課題の特別な性格は特別な対応を必要とし、そのような課題はいくつかの主要条約の起草者の想像を超え、したがってそれらの条約で十分に対応されていないと主張する

人もいます。しかしそのような反論に対して、拷問および虐待の行使の絶対的法的禁止の見直しは、問題の追及の仕方としては原理に則っていないだけでなく、非効率的です。拷問によって情報を得ることは拷問を行う人を忌まわしい、そしてしばしば信頼性のない成果しかもたらさない行為の共犯者にしてしまいます。

7.結論

これらのディレンマの一般的な対応は、伝統的な法律的思考からの劇的な離反に一定の論理を見出すことにあるかもしれません。基本的な規範の見直しは、もしそれが起こるのであれば、国家間の協議と開かれた議論の文脈においてのみ行われるべきです。さらに重要なことに、保護的措置はそれが最も重要であるときに一方的に回避されたり、無視されてはなりません。念頭にあるのは、とくに弱い立場にある人々、たとえば外国人の容疑者が緊張した、せっぱ詰まった当局の手にあるというような状況です。まさにこのような、権利が脅かされる状況において、法的保護が必要になります。このようなときにこそ人権法の厳格な遵守を主張しなければなりません。権利の範囲を制限する最悪の時とは、これらの権利が正当なあるいは邪悪な目的のためであれ、制限のない権力の行使に対抗するために残された唯一の手段である時だからです。

私たちは全員、集団としてお互いの安全と尊厳の守護者なのです。

(訳:岡田仁子)

資料1

女性差別撤廃委員会 一般的勧告25（2004）
第4条1項「暫定的特別措置」について

2004年1月第30会期採択
A/59/38 Annex I pp.78-86

I. はじめに

1. 女性差別撤廃委員会は第20会期（1999年）において、条約第21条に則り、女性差別撤廃条約第4条1項についての一般的勧告を作成することを決定した。この新しい一般的勧告は、先に採択された一般的勧告、なかでも暫定的特別措置についての一般的勧告5（第7会期、1988年）、条約第8条の履行についての一般的勧告8（第7会期、1988年）、公的活動における女性についての一般的勧告23（第16会期、1997年）、および条約締約国のレポートやそれらのレポートに対する委員会の最終コメントに基づいて作られたものである。

2. 委員会は、この一般的勧告によって、条約の実施において締約国が第4条1項を十分に活用することを促進し、確実にするために、同項の性格および意味を明らかにすることをめざしている。委員会は、締約国がこの一般的勧告を各国および地方の言語に翻訳し、行政機構を含む政府の立法・執行・司法機関、およびメディア、学術界、人権および女性団体・機関を含む市民社会に広く配布することを奨励する。

II. 背景：条約の対象と目的

3. 条約は動的な手段である。1979年の条約採択以来、委員会および国内・国際レベルにおけるその他の主体は、進歩的な考え方を通じて、条約条文の実質的な内容や女性に対する差別の詳細な性格、それらの差別と闘うための手段の明確化や理解に貢献してきた。

4. 第4条1項の範囲と意味は、人権および基本的自由の享受において、女性が男性との法的および事実上の平等に到達することを視野に入れながら、女性に対するあらゆる形態の差別を撤廃するという、条約全体の対象および目的に即して決定されなくてはならない。条約の締約国は、この差別を受けないという女性の権利を尊重し、保護し、促進し、実現し、また、女性の地位を法的にも事実上も男性と平等なものへと改善するために、女性の発展と地位向上を確保するという法的な義務を負っている。

5. 条約は、多くの国内および国際法上の基準や規範における差別の概念を超えている。そのような基準や規範とは、性に基づく差別を禁止し、恣意的、不公平および／あるいは正当化することのできない区別に基づいた待遇から男性および女性の両方を保護するものであるが、条約は、女性が女性であるという理由で、これまでさまざまな形態の差別を受け、また現在も受け続けていることを強調し、女性に対する

差別に焦点を当てている。

6．条約の実質的な条文すべてを解釈するための一般的な枠組をかたちづくっている、第1条から第5条および第24条をまとめて読むことにより、女性に対する差別を撤廃するための締約国の努力において中心となる3つの義務を指摘することができる。これらの義務は、統合的な形態で履行され、女性と男性の平等待遇という純粋に形式的な法的義務を超えるべきものである。

7．第1に、締約国の義務とは、自国の法律において、女性に対するいかなる直接あるいは間接差別1)も存在しないこと、および女性が公的および私的な領域において、公的権威、司法、組織、企業、あるいは私的な個人によって行われる差別から、有効な法廷および制裁、その他の救済手段によって守られていることを確保することである。第2に、締約国の義務とは、具体的かつ効果的な政策およびプログラムによって、女性の事実上の地位を向上させることである。第3に、締約国の義務とは、広く見られるジェンダー間の関係2)と、個人による個人的な行動のみならず、法や法的、社会的構造や制度においても女性に影響を及ぼしている、ジェンダーに基づく根強いステレオタイプに取り組むことである。

8．委員会の見方においては、委員会が実質的な平等と考えるところの、女性が男性と事実上の平等を達成するためには、純粋に形式的な法的措置あるいはプログラムによる取組みだけでは、十分ではない。さらに、条約は、女性が平等なスタートを切ることができ、結果の平等に到達することを可能にするような環境によって、力をつけることができるようになることを求めている。女性に男性と同一の待遇を保障するだけでは十分ではない。むしろ、生物学的および社会的、文化的にかたちづくられた女性と男性の違いを考慮すべきである。ある状況においては、そのような違いへの注意を喚起するために、女性と男性に対して異なる待遇が必要な場合もある。また、実質的な平等という目的の追求は、女性代表の不足を克服し、男性と女性の間における資源と権力の再分配をめざす効果的な戦略を要請するものでもある。

9．結果の平等とは、事実上の、あるいは実質的な平等の、論理上、当然の結果である。これらの結果は、質的および／あるいは量的に表される性格のものでありうる。すなわち、さまざまな分野において男性とほぼ平等な数の女性が自分の権利を

---

1)女性に対する間接差別は、法や政策、プログラムが、一見ジェンダーに中立な基準に基づいているが、それらの実際の影響は女性に対して害となるような影響を及ぼす場合に生じうる。ジェンダーに中立な法、政策、プログラムが、意図せずして、過去の差別の結果を永続させる場合がある。それらは、不注意にも男性の生活様式に基づいて作られており、そのため、女性の生活経験に存在する、男性のそれとは異なる面を考慮していないためである。このような違いは、女性と男性の生物学的な違いに基づいた、女性に対するステレオタイプな期待や態度、行動により存在するものである。また、これらは、一般的に見られる男性への女性の服従によっても生じる。
2)「ジェンダーとは、生物学的な性の違いに対して付与される社会的な意味と定義される。ジェンダーは、思想的、文化的な構築物であるが、同時に物質的な実行の領域においても再生産され、翻って、そのような実行の結果に影響を及ぼす。家族内および公的活動における資源、富、仕事、意思決定および政治力、そして権利や資格の享受における分配に影響する。文化や時代による変化はあるものの、世界中で、ジェンダー間の関係の顕著な特徴として、男性と女性の間の力の不均衡が含まれている。そのため、ジェンダーは、社会階層を作り出すものであり、この意味において、人種、社会階層、民族、セクシュアリティ、年齢などの他の階層基準に類似している。ジェンダー・アイデンティティの社会的構築および両性の間の関係に存在する不平等な権力構造を理解するのに役立つ」。1999 World Survey on the Role of Women in Development, United Nations, New York, 1999, page ix.

享受しているか、同じ収入レベル、意思決定や政治的影響力における平等を享受しているか、暴力からの自由を享受しているかなどである。

10. 女性に対する差別の根底にある原因および女性の不平等に効果的に取り組まないかぎり、女性の地位が向上することはない。女性および男性の生活は、文脈に沿った方法で考慮されるべきであり、機会や制度、システムが、歴史的に決定されてきた男性的な権力のパラダイムや生活様式に基づいたものでなくなるよう、真の変換に向けた措置がとられるべきである。

11. 女性の生物学的に決定された永続的なニーズおよび経験は、個人的な主体や支配的なジェンダー思想、あるいは社会的文化的構造や制度における差別の表れによる、過去や現在の女性に対する差別の結果であるところのその他のニーズから区別されなくてはならない。女性に対する差別撤廃への段階を踏むにつれて、女性のニーズは変化したり、消滅したり、あるいは、女性と男性の両方にとってのニーズになったりするだろう。ゆえに、すでに正当化する理由のなくなった非同一的な待遇を永続させることがないよう、女性の事実上あるいは実質的な平等の達成に向けられた法、計画、実施について継続的なモニタリングが必要である。

12. 特定のグループの女性は、女性であるがゆえに彼女たちに向けられている差別に加えて、人種や民族あるいは宗教的アイデンティティ、障害、年齢、階級、カースト、その他の付加的な要因による複数の形態の差別も受けている場合がある。このような差別は、主にそれらのグループの女性に対して影響を及ぼしたり、男性とは異なる程度や方法で影響を与えることがある。締約国は、女性に対するこのような複数の形態の差別および女性に対する複合的かつ否定的な影響を排除するために、特定の暫定的特別措置をとる必要があるかもしれない。

13. 女性差別撤廃条約に加えて、国連システムで採択されたその他の国際的な人権条約や政策文書にも、平等の達成を支持するための暫定的特別措置に関する規定を持つものがある。これらの措置は、それぞれ異なる用語で記述されており、それらの措置に与えられた意味や解釈も異なる。委員会は、第4条1項についてのこの一般的勧告が、用語の明確化に貢献することを願っている3)。

14. 条約は、過去および現在において、社会的、文化的文脈の中で女性の人権と基本的自由の享受を妨げる差別的な側面を対象としている。条約は、事実上あるいは実質的な女性の不平等の原因と結果の

---

3)たとえば、暫定的特別措置を義務づけている人種差別撤廃条約を参照のこと。人種差別撤廃委員会、社会権規約委員会、および自由権規約委員会を含む条約監視機構の慣行は、これらの機構が、暫定的特別措置の適用を、それぞれの条約の目的を達成するための義務と見なしていることを表している。ILOの主導により採択された条約やユネスコのさまざまな文書も、明示的あるいは暗示的にこの措置を規定している。人権小委員会は、この問題を取り上げ、検討および行動のための報告書をまとめる特別報告者を任命した。女性の地位委員会は、1992年に暫定的特別措置の利用についての再検討を行った。1995年の第4回世界女性会議の行動綱領および2000年のフォローアップの検討を含む国連世界女性会議で採択された成果文書には、事実上の平等を達成するためのひとつの手段としてのポジティブ・アクションへの言及が見られる。国連事務総長による暫定的特別措置の活用は、事務局における女性の募集、昇進、配置に関する行政的な指示を通じたものを含めて、女性の雇用の分野における実際的な例である。これらの措置は、あらゆるレベルにおける50：50のジェンダー比率という目標を達成することをめざしているが、とりわけ高い階級での達成をめざしている。

排除を含めた、女性に対するあらゆる形態の差別の撤廃をめざしている。そのため、条約に則った暫定的特別措置の適用は、差別禁止と平等という規範への例外というよりは、むしろ女性の事実上あるいは実質的な平等を実現するための手段のひとつである。

III. 女性差別撤廃条約における暫定的特別措置の意味と範囲

第4条1項　締約国が男女の事実上の平等を促進することを目的とする暫定的な特別措置をとることは、この条約に定義する差別と解してはならない。ただし、その結果としていかなる意味においても不平等又は別個の基準を維持し続けることとなってはならず、これらの措置は、機会及び待遇の平等の目的が達成された時に廃止されなければならない。

第4条2項　締約国が母性を保護することを目的とする特別措置（この条約に規定する措置を含む。）をとることは、差別と解してはならない。

A. 第4条1項と2項の関係

15.　第4条1項における「特別措置」の目的と2項におけるそれとの間には、明らかな違いがある。第4条1項の目的は、男性との事実上あるいは実質的な平等を達成するために女性の地位向上を加速し、過去および現在の女性に対する差別の形態や効果を是正するために必要な構造的、社会的、文化的変化をもたらし、女性に対して補償を提供することである。これらの措置は暫定的な性格のものである。

16.　第4条2項は、生物学的な違いによる女性と男性の非同一的な待遇について規定したものである。これらの措置は、少なくとも第11条3項に言及されている科学技術的知識により見直しが要請されるときまで、永続すべき性格のものである。

B. 用語

17.　条約起草時の議事録（travaux preparatoires）では、第4条1項に含まれる「暫定的特別措置」を表すために異なる複数の用語を用いている。委員会自身も、以前の一般的勧告の中で、さまざまな用語を用いている。締約国は、しばしば是正的、補償的および促進的な意味における「特別措置」を、「アファーマティブ・アクション」、「ポジティブ・アクション」、「肯定的措置」、「逆差別」、「肯定的差別」などの用語と同義に扱っている。これらの用語は、それぞれの国内的な文脈において見られる議論やさまざまな経験から生じたものである[4]。委員会は、この一般的勧告においては、締約国のレポート審議での慣行に則り、第4条1項が要請するものについて、「暫定的特別措置」という用語のみを用いるものとする。

---

[4] 「アファーマティブ・アクション」という用語は、米国および多くの国連文書で用いられており、一方、「ポジティブ・アクション」という用語は、現在ヨーロッパで広く使われているほか、国連文書でも用いられている。しかし、「ポジティブ・アクション」という用語は、国際人権法においては、「国家による肯定的な行動」（「国家の行動を起こす義務」対「国家の行動を慎む義務」）を表すという、もう1つの意味でも使われる。そのため、「ポジティブ・アクション」という用語は、その意味するところが、条約第4条1項により理解される暫定的特別措置に限られるものではないという点において、曖昧である。「逆差別」あるいは「肯定的差別」という用語は、多くの論者から不適切であると批判されている。

C.第4条1項の主な要素

18. 第4条1項に基づき締約国がとる措置は、政治的、経済的、社会的、文化的、市民的およびその他のあらゆる分野における女性の平等な参加を加速することを目的としなくてはならない。委員会は、これらの措置の適用を、差別禁止規範の例外としてではなく、むしろ暫定的特別措置とは、人権と基本的な自由の享受において、女性と男性の事実上あるいは実質的な平等の達成に向けて、締約国にとって必要な戦略の一部であることを強調することであると考えている。暫定的特別措置の適用は、しばしば女性に対する過去の差別の効果を救済するものであるが、女性の地位を男性と事実上あるいは実質的に平等なものに改善するという、条約による締約国の義務は、過去の差別が立証されるか否かにかかわらず存在する。委員会は、条約に基づきこのような措置を採用し、適用する締約国は、男性を差別するものではないと考える。

19. 締約国は、第4条1項に基づき、女性の事実上あるいは実質的な平等の具体的な目標の達成を加速するためにとられる暫定的特別措置と、女性および少女の状況を改善するためにとられる、その他の一般的な社会政策とは、明確に区別すべきである。女性に有利となる可能性があったり、そのように働くであろう措置のすべてが暫定的特別措置ではない。女性および少女のために尊厳ある生活と差別禁止を確保するよう策定された、市民的、政治的、経済的、社会的および文化的権利を保障するための一般的な条件整備を、暫定的特別措置と呼ぶことはできない。

20. 第4条1項は、このような特別措置の「暫定的」性格を明らかにしている。つまり、実際には「暫定的」が長期にわたる措置の適用を意味することになったとしても、この措置が永遠に必要なものと考えるべきではない。暫定的特別措置の期間は、具体的な問題への対応における機能的な結果により決定されるべきであり、あらかじめ定められた時間の経過により決められるべきではない。暫定的特別措置は、望まれた結果が達成され、それが一定期間維持された場合には、打ち切られなくてはならない。

21. 人権関係の表現と合致しているものではあるが、「特別」という表現についても、注意深く説明すべきであろう。この表現を用いることで、時として、女性や他の差別を受けているグループを、弱く、脆弱で、社会に参加したり競争するためには、余分な、あるいは「特別な」措置を必要としている存在として位置づけてしまうことがある。しかし、第4条1項における「特別」の本来の意味は、措置が具体的な目標に向けて企図されているということである。

22. 「措置」という用語は、アウトリーチや支援プログラム、資源の分配および／または再分配、優遇措置、対象を絞った募集・採用・昇進、時間的枠組みを伴った数値目標、クォータ・システムなど、広く多様な立法、執行、行政およびその他の規制手段、政策および慣行を包含する。どのような「措置」を選択するかは、第4条1項が適用される状況や、それによって達成すべき具体的な目標に依拠する。

23. 暫定的特別措置の採用や適用は、対象とされるグループや個人の資格や功績についての議論や、政治や教育、雇用などの分野において、男性より劣るとされる女性に対する優遇に反対する論争を引き起こすかもしれない。暫定的特別措置は、

事実上あるいは実質的な平等の達成を加速することを目的としているのであるから、とくに公共および民間部門における雇用の分野では、規範的および文化的に決定される資格や功績についての疑問のなかに、ジェンダー・バイアスがないかどうか注意深く検討する必要がある。公的および政治的な役職への任命、選任、あるいは選挙に関しては、民主的な公平性や有権者の選択の原則の適用など、資格や功績以外の要因が機能する場合もある。

24．第1、2、3、5および24条と合わせて読むと、第4条1項は、締約国に「すべての適当な措置をとる」ことを定めた第6条から第16条について適用される必要があることがわかる。結果として、委員会は、もしも全体的あるいは具体的な女性の事実上あるいは実質的な平等を達成するために、そのような措置が必要かつ適当であることが示された場合には、締約国には、これらの条文のいずれに関しても、暫定的特別措置を採用し実施する義務があると考える。

Ⅳ.締約国に対する勧告

25．締約国のレポートには、条約第4条1項に基づいた暫定的特別措置の採用あるいはその欠如についての情報を含むべきであり、混乱を避けるために、締約国は「暫定的特別措置」という表現を用いることが望ましい。

26．締約国は、女性の事実上あるいは実質的な平等の具体的な目標の達成を加速することをめざした暫定的特別措置と、女性および少女の状況を改善するために採用され、実施されるその他の一般的な社会政策とを明確に区別すべきである。締約国は、女性に有利となる可能性があったり、そのように働くであろう措置のすべてが、暫定的特別措置の条件を満たすものではないことを認識しなくてはならない。

27．女性の事実上あるいは実質的な平等の達成を加速するために、締約国が、暫定的特別措置を適用する場合には、生活のあらゆる領域および特定の対象とされる分野における女性の状況の意味するところを分析しなくてはならない。締約国は、自国の状況における、特定の目標との関係において、暫定的特別措置がもたらすであろう効果を評価し、女性の事実上あるいは実質的な平等の達成を加速するために最適と考えられる暫定的特別措置を採用すべきである。

28．締約国は、他の種類ではなく、ある特定の措置を選んだ理由を説明しなければならない。そのような措置の適用を理由づける際には、締約国が暫定的特別措置の適用によって加速的な方法で状況を改善しようとしている女性、あるいは複数の形態の差別を被っている特定のグループの女性の、生活や機会をかたちづくっている状況や影響を含めた、女性の実際の生活の状況についての記述が必要である。同時に、それらの措置と、女性の状況を改善するための一般的な措置や努力との関係も明らかにすべきである。

29．締約国は、暫定的特別措置の適用ができなかった場合についても、適当な説明を用意すべきである。そのような失敗は、単に力が及ばなかったと決めつけたり、民間部門や私的組織あるいは政党に内在しているような、主要な市場や政治的勢力の怠慢と説明することで正当化されてはならない。締約国は、他のすべての条文と一緒に読まれるべき条約第2条が、上記の

主体による行動についての説明責任を締約国に課していることを思い起こすべきである。

30. 締約国は、複数の条文において、暫定的特別措置についての報告を行うことになるかもしれない。第2条においては、そのような措置の法的あるいはその他の基盤、および特定のアプローチを選択した理由について報告するよう求めている。締約国は、さらに、暫定的特別措置に関するすべての立法の詳細、なかでもそのような立法が暫定的特別措置を義務づけているのか、あるいは自発的に取り入れるべき性格のものとしているのかを報告することが求められている。

31. 締約国は、それぞれの憲法や国内法に、暫定的特別措置の採用を認める規定を含めるべきである。委員会は、締約国に対し、包括的な差別禁止法、機会均等法、あるいは女性の平等についての行政指令などの立法が、当該分野で明示された目的を達成するために適用されるべき暫定的特別措置の種類についての指針を与えることができることを確認する。そのような指針は、また、雇用や教育についての個別立法に含むこともできる。差別禁止および暫定的特別措置に関する立法は、政府関係の主体ならびに民間組織や企業も対象とすべきである。

32. 委員会は、暫定的特別措置は、また、政府の全国、地方、あるいは地域の行政支部により、公共分野の雇用や教育分野において、策定・採択された行政命令、政策指令および／あるいはガイドラインを根拠とすることができるということについて、締約国の注意を喚起する。このような暫定的特別措置には、公務サービス、政治分野、私学教育、雇用分野を含むことができる。委員会は、さらに、このような措置は、公共および民間の雇用分野の社会的パートナーと協議したり、公共および民間企業、組織、機関、および政党によって自発的に取り入れることもできるという事実について、締約国の注意を喚起する。

33. 委員会は、暫定的特別措置のための行動計画は、各国の具体的な状況のなかで、それぞれの国が克服しようとしている問題の具体的な性格を背景に、立案、適用、評価される必要があるということを繰り返して述べる。委員会は、締約国が、それぞれのレポートにおいて、女性のアクセスの創出と特定の分野における女性代表の不足の克服、特定の分野における資源と権力の再分配、および／あるいは過去および現在の差別を克服し、事実上の平等の達成を加速するための制度変更をめざした、あらゆる行動計画の詳細を提供するよう勧告する。レポートは、また、それらの行動計画が、意図せずに起こりうる、そのような措置の有害な副作用や、そのような副作用から女性を守るためにとりうる行動を考慮しているかどうかについて、説明しなくてはならない。締約国は、それぞれのレポートにおいて、暫定的特別措置の結果についても記述し、それらの措置が失敗した場合の原因を査定すべきである。

34. 第3条に基づき、締約国には、これらの暫定的特別措置の立案、適用、モニタリング、評価、執行に責任を持つ機関について報告することが、奨励されている。そのような責任は、女性省、省庁あるいは大統領府内の女性部門などの既存あるいは計画されている国家機関、オンブズパーソン、法廷、あるいはその他の具体的なプログラムを立案し、その実施をモニターし、その影響と結果を評価することを任務とす

る公的あるいは私的な性格の機関に課すことができる。委員会は、締約国に対し、そのようなプログラムの立案、実施、評価において、女性一般およびとくに影響を受ける女性のグループが一定の役割を果たすことを求める。市民社会およびさまざまな女性のグループを代表する非政府組織（NGO）との協働や協議は、とくに奨励される。

35．委員会は、女性の状況に関する統計データについての一般的勧告9に、重ねて注意を喚起し、締約国に対し、女性の事実上あるいは実質的な平等に向けた進歩の達成状況と、暫定的特別措置の有効性を測るために、性によって分けられた統計データを提供するよう勧告する。

36．締約国は、それぞれの分野でとられた暫定的特別措置の種類について、条約の関連する条文に沿って、報告すべきである。それぞれの条文についての報告には、具体的な目標や対象、進行表、ある特定の措置を選んだ理由、女性がそれらの措置にアクセスできるようにするためのステップ、および実施や進捗についてのモニタリングの責任を負う機関を含まなくてはならない。締約国は、ある措置によって何人の女性に影響があり、暫定的措置のおかげで特定の分野に何人がアクセスを得、参加できるようになったか、あるいはその措置が何人の女性にどれだけの資源と権力を再分配しようとしているのか、どれだけの期間の間にこれらを行おうとしているのかについても、記述するよう求められる。

37．委員会は、それぞれ教育、経済、政治、および雇用分野について、国際社会において自国政府を代表する女性および国際機関の仕事に参加する女性について、また、政治的、公的活動の分野につい て、暫定的特別措置の適用を勧告した一般的勧告5、8および23に再び言及する。締約国は、それぞれの国内的状況において、あらゆるレベルにおける教育のあらゆる側面、および公的・政治的活動における訓練、雇用、および代表のあらゆる面およびレベルに関して、上記の努力をさらに強めるべきである。委員会は、あらゆる場面、しかしとくに健康の分野において、締約国が、それぞれの分野における既存の永続的な性格の措置と、一時的な性格の措置とを注意深く区別しなければならないことを再度確認する。

38．締約国は、暫定的特別措置は、女性を差別したり、女性に対して不利な文化的慣習およびステレオタイプな態度の修正や廃絶を加速するためにとられるのだということを再確認すべきである。暫定的特別措置は、また、信用や貸付、スポーツ、文化やレクリエーション、法的意識の分野においても実施されなくてはならない。必要な場合には、それらの措置は、農村女性を含む、複数の差別を受けている女性に向けられたものであるべきである。

39．条約のすべての条文について、暫定的特別措置を適用することはできないかもしれないが、委員会は、一方で平等な参加へのアクセスを加速するという問題があり、もう一方で権力と資源の再分配を加速するという問題がある場合、および、ある状況においてこれらの措置が必要であり、最適であると見られる場合には、つねに暫定的特別措置の採用が検討されるよう勧告する。

（訳：近江美保／東海大学講師）
＊国際女性の地位協会・国際女性18号より転載。なお、国際女性18号では、特集として暫定的特別措置を取り上げ、世界および日本の暫定的特別措置について論じている。

資料2

自由権規約委員会
一般的意見31（2004）
規約締約国に課せられた一般的義務の性質

2004年3月29日第80会期採択
CCPR/C/21/Rev.1/Add.1

1．本一般的意見は、一般的意見3を差し換えるものであり、一般的意見3の原則を反映し発展させたものである。一般的意見18および同28は、第2条1項の一般的な非差別規定を扱っており、本一般的意見は、これらと併せて読まれなければならない。

2．第2条は、規約に基づく権利者としての個人に対する締約国の義務の観点から記述されているが、各締約国は、他のそれぞれの締約国によるその義務の履行に関して法的利益を有する。このことは、「人間の基本的権利に関する諸規則」は対世的義務である事実と、規約前文の第4パラグラフが示す、人権および自由の普遍的な尊重および遵守を助長すべき国際連合憲章上の義務が存在する事実から導かれる。さらに、条約の契約的側面から、条約の締約国は、他のすべての締約国に対して条約に基づく約束を遵守する義務を負っている。これに関連して、委員会は、締約国に対して第41条が想定する宣言を行うことが望ましいことを指摘する。さらに、委員会は、宣言をすでに行っている締約国に対して、第41条に基づく手続を利用することに潜在的価値があることを指摘する。しかしながら、人権委員会に対する申立のための形式的な国家通報メカニズムが第41条に基づく宣言を行った締約国に関するかぎりでしか機能しないとの単なる事実は、本手続が締約国が他の締約国による行為に関する利益を主張できる唯一の手段であることを意味しない。それとは逆に、第41条の手続は、互いの締約国の義務の遂行に関して締約国が有する利益を損なうものではなく、補充するものと見なされなければならない。したがって、委員会は、いずれかの締約国による規約の権利の侵害は、他の締約国の注意に値するとの意見を締約国に対して推奨する。他の締約国による規約の義務の起こりうる不履行に注意を示し、かかる締約国に規約の義務の遵守を要請することは、非友好的な行為と見なされるどころか、正当な社会利益の反映と見なされなければならない。

3．第2条は、規約の締約国が受諾する法的義務の範囲を定めている。締約国に対しては、その領域内にあり、かつ、その管轄の下にあるすべての個人に対して規約の権利を尊重し、および確保する一般的な義務が課せられている（以下の、第9および第10パラグラフを参照）。ウィーン条約法条約第26条に掲げられている原則によると、締約国は、規約に基づく義務を誠実に実現することを要求されている。

4．規約一般の義務ととくに第2条の義務とは、すべての締約国を全体として拘束する。すべての政府の統治部門（行政、立

法、司法)と他の公的または国家の公権力は、それらが国または地方の機関であるかどうかにかかわらず、締約国の義務を果たす立場にある。国際的に(委員会に対する場合も含む)締約国を通常代表する行政府は、規約の規定に合致しない行為およびその結果生じた規約との不適合に対する国家責任から逃れる手段として、当該行為が政府の他の統治部門によって実行されたとの事実を挙げることはできない。この理解は、ウィーン条約法条約第27条で定められた原則を直接の源としている。同条は、締約国は「条約の不履行を正当化する根拠として自国の国内法を援用することができない」と定めている。第2条2項は、締約国に対して、自国の国内の憲法上の手続に従って規約の権利を実現することを許容しているものの、同一の原則は、締約国が条約に基づく義務の不履行または実現しないことを正当化するために憲法の規定または国内法上のその他の問題を援用することを妨げるために機能する。委員会は、この点に関して、締約国に対して第50条の連邦制に関する文言を指摘する。同条は、規約は「いかなる制限又は例外もなしに、連邦国家のすべての地域について適用する」と定めている。

5．第2条1項の規約において認められる権利を尊重し、および確保する義務は、すべての締約国に即時的効果を有する。第2条2項は、規約で明記された権利が助長され、かつ、保護されるべきとの包括的な枠組を定めている。それゆえに、委員会は以前、一般的意見24において、規約の趣旨および目的に照らせば第2条に対する留保は規約と両立しないことを指摘した。

6．第2条1項に基づく法的義務は、消極的な性質と積極的な性質の双方を持つ。締約国は、規約で認められた権利の侵害をしてはならず、それらのいずれの権利へのいかなる制限も規約の関連する規定に基づいた許容されるものでなければならない。かかる制限がなされる場合、国はその必要性を立証し、規約の権利の継続的かつ効果的な保護を確保するために、正当な目的達成に比例する制限措置のみをとらなければならない。いかなる場合においても、規約の権利の本質を損ねるような方法で、制限が適用されまたは援用されてはならない。

7．第2条は、締約国が法的義務を履行するために、締約国に立法上の、司法上の、行政上の、教育的なおよび他の適当な措置をとるよう要求している。委員会は、規約に対する認知を公務員および官吏だけでなく、公衆一般に拡大することが重要であると信じる。

8．第2条1項の義務は、締約国を拘束するが、そのこと自体で国際法の問題として、直接的な水平的効果を有しない。規約を国内の刑法または民法を代替するものと見なすことはできない。しかしながら、規約の権利を確保する締約国の積極的義務は、国家が個人を官吏による規約の権利の侵害から保護するだけではなく、私人間または企業体(entities)間に適用すべき規約の権利の享受を妨げる私人または企業体による行為からも保護している場合にのみ、完全に遂行される。締約国の許可、適当な措置の懈怠または私人もしくは企業体の行為によって生じた損害を相当な注意をもって防止、処罰、調査もしくは救済しなかった結果、第2条が要求する規約の権利の確保ができないことによって、締約国によるそれらの権利への侵害

が生じる場合がありうる。締約国には、第2条に基づく積極的義務と第2条3項に基づく違反が生じた際の効果的な救済措置をとる必要性との相互関連性が想起させられる。規約自体は、いくつかの条項で、私人または企業体の行為に関する締約国の積極的義務に関する領域を想定している。たとえば、第17条のプライバシーに関連する保障は、法律によって保護されなければならない。第7条においてもまた、締約国は私人または企業体がその力の範囲内にいる(within their power)他の者に拷問または残虐的な、非人道的なもしくは品位を傷つける取扱いもしくは刑罰を行わないことを確保するための積極的な措置をとらなければならないことが黙示的に示されている。個人は、労働または住居等の日常生活の基本的な側面に影響を与える場において、第26条の意味における差別から保護されなければならない。

9. 規約で認められた権利の受益者は、個人である。規約は、第1条を除いて、法人またはそれに類する企業体もしくは団体の権利に関して言及をしていないが、規約で認められた権利の多くは、自己の宗教または信念を表明する自由（第18条）、結社の自由（第22条）または少数民族の構成員の権利（第27条）等、他の者と共に享受することができる。通報を受理しおよび検討する委員会の権限が、個人またはその者を代理する者によって提出されたものに限定されている事実（第1選択議定書第1条）によって、個人は、法人およびそれに類する企業体に関係する作為または不作為によって自身の権利を侵害されたと主張することは妨げられない。

10. 締約国は、第2条1項によって、その領域内にあるであろうすべての者とその管轄の下にあるすべての者に対し、規約の権利を尊重し、および確保することが要求されている。このことは、締約国がたとえその領域内にない者であっても、その権限または効果的支配の下にある者に対しては、規約に規定する権利を尊重し、および確保しなければならないことを意味する。第27会期（1986年）に採択された一般的意見15で示されているように、規約の権利は、締約国の市民にだけ享受されるのではなく、締約国の領域内またはその管轄の下にあると考えられる庇護申請者、難民、移民労働者およびその他の者等のすべての個人にも、国籍または無国籍にかかわりなく享受されなければならない。この原則は、締約国の領域の外で活動する軍隊の権限またはその実質的支配の下にある者にも、その軍隊が国際的な平和維持または平和執行に就く締約国の派遣部隊を構成する等の、かかる権限または実質的支配が得られた状況にかかわりなく、適用される。

11. 一般的意見29で示されているように、規約はまた、国際人道法の規則が適用される武力紛争の状況にも適用される。一定の規約の権利に関しては、より具体的な国際人道法の規則が、規約の権利の解釈のためにとりわけ適切であるが、双方の法分野は、補完的であって、互いに排他的ではない。

12. そのうえ、締約国がその領域内にあるすべての者とその支配の下にあるすべての者のために規約の権利を尊重し、および確保する第2条の義務は、ある者が移動させられる国または引き続いて再度移動させられる国において、規約第6条および第7条が想定する回復不能な損害を受ける現実の危険が存在すると信ずる相当

の根拠がある場合、その者をその領域から犯罪人引渡し、退去強制、追放または他の方法によって移動してはならない義務を生じさせる。関係する司法および行政機関は、かかる問題について規約の義務の遵守を確保する必要性を知悉しなければならない。

13. 第2条2項は、締約国に国内秩序において規約の権利を実現する必要な行動をとることを要求している。このことは、規約の権利が未だ締約国の国内法または実行によって保護されていない場合、締約国は批准の際に、規約の遵守を確保するために必要となる国内法および実行の変革を要求されていることを意味する。第2条は、国内法と規約とに不一致が存在する場合、規約の実体的な保障措置が課す基準に適合するよう国内法または実行が変革されるよう要求している。第2条は、締約国にこのことを自国の憲法構造に従って追求することを許容しており、その結果、規約を国内法に編入することで裁判所において規約が直接適用可能とされることを要求していない。委員会は、しかしながら、規約が自動的にまたは特別の編入によって国内法秩序の一部をなす場合、それらの国において規約の保障措置がよりいっそうの保護を受けるとの意見である。委員会は、規約が国内法秩序の一部となっていない締約国に対し、第2条によって要求されている規約の権利の完全な実現を促進するために規約を国内法の一部とする編入を検討するよう求める。

14. 規約の権利を実現するために行動をとる第2条2項に基づく要求は、無条件であり、かつ、即時的な効果を持つ。この義務の遵守の不履行は、国の政治的、社会的、文化的または経済的な事情を挙げることでは正当化しえない。

15. 第2条3項は、規約の権利の効果的な保護に加えて、締約国は個人が規約の権利を回復するためにアクセス可能かつ効果的な救済措置を受けることをも確保しなければならないことを要求する。かかる救済措置は、とくに児童を含めた特別の脆弱性が認められる範疇の者に相応するようとられなければならない。委員会は、締約国が国内法に基づいて権利侵害の主張に対応するための適当な司法上および行政上の機構を設立することを重要視する。委員会は、規約に基づいて認められた権利の享受は、規約の直接適用、憲法もしくは他の法律の類似の規定の適用または国内法の実施に際して規約が果たす解釈的効果を含むさまざまな方法で、司法によって効果的に確実にすることができることに留意する。行政機構はとくに、独立の、かつ、公平な機関を通じて、迅速に、徹底的に、かつ、効果的に侵害の申立を調査する一般的な義務の実現を要求されている。適当な権限を与えられた国内人権機関は、この目的に貢献することができる。侵害の申立の調査を締約国が行わないことによって、それ自体で、別個の規約違反が発生する。継続中の侵害の停止は、効果的な救済措置を受ける権利の必須要素である。

16. 第2条3項は、締約国に対し、規約の権利を侵害された個人に事後救済（reparation）をすることを要求する。規約の権利が侵害された個人に事後救済をすることなしに、第2条3項の効力の中核を成す効果的救済措置をとる義務は、果たされない。委員会は、第9条5項および第14条6項が要求する明確な事後救済に加えて、規約は一般的に適当な賠償

(compensation)を必要としていると考える。委員会は、適当な場合、事後救済には原状回復、リハビリテーションならびに人権侵害を行った者を処断するのに加えて、公的な陳謝、公的な記念碑の建立、再発防止の保障および関連する法律および実行の変更等の満足(satisfaction)が含まれることに留意する。

17. 概して、規約の目的は、規約違反の再発を防止する措置をとる第2条に不可欠な義務なしには、達成されないだろう。したがって、選択議定書に基づく事例において、その見解に被害者に対する特有の救済措置のほかに、問題となった侵害類型の再発を防止するためにとられる措置の必要を盛り込むことが委員会の頻繁な実行となってきた。

18. 第15パラグラフで言及された調査の結果、いくつかの規約の権利の侵害が明らかになった場合、締約国はそれに責任がある者を処断することを確保しなければならない。調査を実行しなかったことと同様に、かかる侵害を行った者を処断しないことにより、それ自体で、別個の規約違反が発生しうる。これらの義務は、国内法または国際法のいずれかに基づいて刑事上の犯罪者と見なされる、拷問および同様の残虐な、非人道的なおよび品位を傷つける取扱い(第7条)、略式および恣意的殺害(第6条)ならびに強制失踪(第7条および第9条、しばしば第6条)等の侵害に関して顕著に発生する。実際、これらの侵害に対する免責の問題は、委員会の継続的な関心事であり、侵害の再発に寄与する重要な要素となりうる。規約の侵害が文民たる住民に対する広範なまたは組織的な攻撃の一部として行われた場合、かかる侵害は人道に対する罪である(国際刑事裁判所に関するローマ規程第7条を見よ)。

したがって、公務員または官吏が本パラグラフで言及されている規約の権利の侵害を行った場合、当該締約国は、特定の恩赦(一般的意見20第44パラグラフを見よ)や事前の法的な免責(immunities and indemnities)を行うことで、犯罪者の責任を免除することはできない。さらに、いかなる公的地位によっても、かかる侵害に対する責任に基づき起訴される者から法的責任を免責することは正当化されない。上官命令への服従の抗弁または法定時効が適用可能な際にその時効の期間の不合理な短さ等による法的責任の発生にとっての他の障害もまた、取り除かれなければならない。締約国はまた、国内法または国際法に基づいて処罰可能な規約違反行為を実行した被疑者を処断するために、互いに共助しなければならない。

19. 委員会は、効果的救済措置を受ける権利は、特定の状況では締約国に対し、継続的な侵害を回避するために臨時のまたは暫定的な措置をとるとともに、それを実施し、かつ、かかる侵害を生じさせている損害をできるだけ早く事後救済しようと努力することを要請しているとのさらなる意見を持つ。

20. 締約国の法システムに公式に適当な救済措置が付与されていた場合であっても、規約の権利違反は生じる。このことは、実行上、救済措置が効果的に機能していないことに起因すると考えられる。したがって、締約国は、その定期報告において現行の救済措置の実効性の障害に関する情報を提供することを要求される。

(訳:藤本晃嗣／大阪大学大学院
国際公共政策研究科助手)

資料3

人種差別撤廃委員会
一般的勧告30(2004)
市民でない者に対する差別

2004年8月5日第65会期採択
A/59/18 pp. 93-97

人種差別の撤廃に関する委員会は、

すべての人間は生まれながらにして自由であり、尊厳および権利において平等であり、いかなる差別を受けることなく所定の権利および自由を享有する権利を有するとする「国際連合憲章」および「世界人権宣言」、ならびに「経済的、社会的及び文化的権利に関する国際規約」、「市民的及び政治的権利に関する国際規約」、および「あらゆる形態の人種差別の撤廃に関する国際条約」を想起し、

「人種主義、人種差別、外国人排斥および関連する不寛容と闘う世界会議」が、市民でない者、とくに、移住者、難民および庇護申請者に対する排斥が現代の人種主義の主要な源泉のひとつであること、および、当該集団の構成員に対する人権侵害が、差別的、外国人排斥的および人種主義的慣行の文脈において広範に発生していることを認めた「ダーバン宣言」を想起し、

「あらゆる形態の人種差別の撤廃に関する国際条約」ならびに「一般的な性格を有する勧告」11および20に基づき、移住者、難民および庇護申請者以外の集団(正規の文書を有さない市民でない者、その生涯を特定国の領域に居住した場合であっても、自らが居住する国家の国籍を有することを立証することができない者を含む)もまた懸念の対象となることが、条約締約国の報告書の検討から明らかになりつつあることに留意し、

市民でない者に対する差別の問題に関するテーマ別討議を組織し、委員会の委員および締約国からの貢献を得、また、その他の国際連合諸機関および専門機関の専門家ならびに非政府組織からの貢献を得、

市民でない者に対する、「あらゆる形態の人種差別の撤廃に関する国際条約」の締約国の責任を明確にする必要性を認識し、

委員会の行動の根拠を、条約の規定、とくに、すべての者が、市民的、政治的、経済的、社会的および文化的権利および自由の享有において、人種、皮膚の色、世系または民族的もしくは種族的出身に基づく差別を禁止し、および撤廃することを締約国に求める第5条に置き、

次のことを確認する。

1. 条約締約国の責任

1．条約第1条1項は、人種差別を定義する。第1条2項は、市民と市民でない者との間に区別を設けることができることを規定している。第1条3項は、国籍、市民権または帰化に関して、締約国の法規が

いかなる特定の国籍および民族に対しても差別を設けてはならないことを宣言している。

2．第1条2項は、差別の基本的な禁止を害することを回避するよう解釈しなければならない。したがって、同項は、とくに、「世界人権宣言」、「経済的、社会的及び文化的権利に関する国際規約」、および「市民的及び政治的権利に関する国際規約」が承認し、および規定する権利および自由を縮減するものと解釈されるべきではない。

3．条約第5条は、締約国が、市民的、政治的、経済的、社会的および文化的権利の享有における人種差別を禁止し、および撤廃するべき義務を規定している。これらの権利のうちのいくつかのもの、たとえば、選挙に投票および立候補によって参加する権利は市民にのみ限定することができる。しかし、人権は、原則として、すべての者によって享有されなければならない。締約国は、国際法に基づいて認められた範囲において、これらの権利の享有における、市民と市民でない者との間の平等を保障する義務を負う。

4．条約上、市民権または出入国管理法令上の地位に基づく取扱いの相違は、次のときには差別となる。すなわち、当該相違の基準が、条約の趣旨および目的に照らして判断した場合において正当な目的に従って適用されていないとき、および、当該目的の達成と均衡していないときである。特別措置に関する条約第1条4項の適用範囲内の取扱いの相違は、差別とは見なされない。

5．締約国は、市民でない者に関する立法およびその実施に関して完全な報告を行う義務を負う。さらに、締約国は、自国の定期報告書の中に、適切な形式で、自国の管轄の下にある市民でない者に関する社会的・経済的データ（ジェンダーおよび民族的または種族的出身別に集計されたデータを含む）を含めるべきである。

これらの一般原則に基づき、条約締約国は、自国の特定の状況からみて適当なときには、以下の措置をとるよう勧告する。

2. 一般的な性格を持つ措置

6．立法が、条約に、とくに第5条が規定する権利の差別のない効果的な享有に関して、完全に一致するようにするため、適当なときには、立法を再検討し、および改正すること。

7．人種差別に対する立法上の保障が、出入国管理法令上の地位にかかわりなく市民でない者に適用されることを確保すること、および立法の実施が市民でない者に差別的な効果をもつことがないよう確保すること。

8．市民でない者、とくに市民でない労働者の児童および配偶者が直面する複合差別の問題により大きな注目を払うこと、市民の非市民女性配偶者と、市民の非市民男性配偶者に異なった取扱いの基準を適用することを慎むこと、このような慣行に関して報告し、および、当該慣行に対処する必要なすべての措置をとること。

9．出入国管理政策が、人種、皮膚の色、世系、または民族的もしくは種族的出身に基づき個人を差別する効果を有することがないよう確保すること。

10．テロリズムとの闘いに際してとられた措置が、人種、皮膚の色、世系、または民族的もしくは種族的出身に基づき、その目的または効果において差別することがな

いよう確保すること、また、市民でない者が人種的または種族的に類型的な見方を受けないよう確保すること。

3. 憎悪唱道および人種的暴力からの保護

11．市民でない者に対する外国人排斥的態度および行動、とくに憎悪唱道および人種的暴力に対処し、および、市民でない者の状況に関する非差別原則に関するよりよい理解を促進するための措置をとること。

12．インターネットその他の電子的な通信ネットワークにおいて、および社会全体において、人種、皮膚の色、世系および民族的または種族的出身に基づき、とくに政治家、公務員、教育者およびメディアが「市民でない」住民集団の構成員を攻撃目標とし、汚名を着せ、または類型的な見方をする傾向と闘う断固とした行動をとること。

4. 市民権の取得

13．市民でない者の特定の集団が市民権の取得または帰化に関して差別を受けないよう確保すること、および、長期在住者または永住者にとって存在する可能性のある、帰化に対する障害に相当の注意を払うこと。

14．人種、皮膚の色、世系または民族的もしくは種族的出身に基づく市民権の剥奪が、国籍に対する権利の差別のない享有を確保するべき締約国の義務の違反であることを認識すること。

15．長期在住者または永住者に対する市民権の否認が、ある場合には、雇用および社会福祉へのアクセスに不利益を生じさせ、条約の非差別原則に違反する結果となることを考慮すること。

16．たとえば、父母にその児童のために市民権の申請を奨励し、その児童に父母の国籍を付与することを認めることなどにより、無国籍、とくに児童の無国籍を減少させること。

17．締約国の管轄の下に現に居住する、先行国の旧市民の地位を正規化すること。

5. 司法

18．市民でない者が、平等の保護および法律による平等の承認を享有することを確保すること。この文脈において、人種的動機をもつ暴力に対する措置をとること、被害者が効果的な法的救済措置を確保し、および、その暴力の結果として被ったあらゆる損害に対し公正かつ適正な賠償を求める権利を確保すること。

19．とくに恣意的な拘禁に対する、市民でない者の安全を確保すること、ならびに、難民および庇護請求者の収容施設の諸条件が国際基準に合致するよう確保すること。

20．テロリズムとの闘いにおいて拘禁され、または逮捕された市民でない者が、国際人権法、国際難民法および国際人道法に一致する国内法によって適切に保護されるよう確保すること。

21．制裁を規定する関連法令を厳格に適用することにより、および、市民でない者を取り扱うすべての公務員が特別の訓練（人権に関する訓練を含む）を受けることを確保することにより、警察その他の法執行機関および公務員による市民でない者

に対する虐待および差別と闘うこと。

22．人種的動機または目的をもって犯罪を行ったことが、より厳格な刑罰を認める刑の加重事由となるとする規定を刑事法の中に導入すること。

23．市民でない者から行われた人種差別の苦情が徹底的に調査されるよう確保すること、および公務員に対してなされた苦情、とくに差別的または人種主義的行動に関する苦情が独立した効果的な調査を受けることを確保すること。

24．人種、皮膚の色、世系および民族的または種族的出身に基づく差別に関する民事訴訟手続における立証責任について、市民でない者が差別の被害者であることの一応の証拠のある事件（a prima facie case）であることを立証した場合には、被告が、異なった取扱いについて客観的かつ合理的に正当化する証拠を提供する責任を負うようにすること。

6. 市民でない者の追放

25．締約国の管轄の下からの市民でない者の追放その他の形態の排除措置に関する法令が、人種、皮膚の色、または種族的もしくは民族的出身に基づき、市民でない者を、その目的または効果において差別しないよう確保すること、ならびに、市民でない者が効果的な救済措置（追放命令に異議を申し立てる権利を含む）を平等に利用し、そのような救済措置を効果的に遂行することが認められるよう確保すること。

26．市民でない者が、とくに、関係する者の個人的状況が考慮される十分な保障がない状況の下で、集団的追放を受けないよう確保すること。

27．市民でない者が、重大な人権侵害（拷問および残虐な、非人道的なまたは品位を傷つける取扱いまたは刑罰を含む）を受ける危険のある国または領域に送還されまたは追放されることがないよう確保すること。

28．家族生活に対する権利に対する均衡性を欠く干渉となるおそれのある、市民でない者、とくに長期在住者の追放を避けること。

7. 経済的、社会的およぴ文化的権利

29．とくに、教育、住居、雇用および健康の分野における経済的、社会的および文化的権利の、市民でない者による享有を妨げる障害を排除すること。

30．公教育機関が、締約国の領域に居住する市民でない者および正規の文書を有さない移住者の児童に開放されることを確保すること。

31．人種、皮膚の色、世系および民族的または種族的出身に基づき、初等および中等学校においてならびに高等教育の利用に関して、隔離教育制度および異なる取扱い基準が市民でない者に適用されることを回避すること。

32．とくに、住居における隔離を回避し、住宅供給機関が差別的慣行に従事することを差し控えることを確保することによって、市民および市民でない者に対して、十分な住居に対する権利の平等の享有を保障すること。

33．労働条件および労働要件（差別的目的または効果を有する雇用規則および慣行を含む）に関して、市民でない者に対する差別を撤廃する措置をとること。

34. 市民でない労働者、とくに市民でない家庭内労働者が通常に遭遇する重大な問題（債務奴隷、旅券の没収保管、違法な身体拘束、強姦および身体的暴力を含む）を防止し、および矯正する効果的な措置をとること。

35. 締約国は、労働許可のない市民でない者に対して職の提供を拒否することができるものの、すべての個人が雇用関係に入った場合には、それが終了するまでの間、労働および雇用に関する権利（集会および結社の自由を含む）を享有する権利を有することを認めること。

36. 締約国が、とくに、予防、治療および苦痛緩和の健康サービスの利用を否定しまたは制限することを差し控えることにより、十分な水準の身体的および精神的健康に対する市民でない者の権利を尊重することを確保すること。

37. 市民でない者に対して、その文化的アイデンティティを否定する慣行（市民でない者が市民権を取得するために氏名を変更する法的または事実上の要件など）を防止するために必要な措置をとること、ならびに、市民でない者がその文化を維持し、および発展させることができるようにする措置をとること。

38. 人種、皮膚の色、世系および民族的または種族的出身に基づく差別なく、輸送機関、ホテル、飲食店、喫茶店、劇場、公園等一般公衆の使用を目的とするあらゆる場所またはサービスを利用する、市民でない者の権利を確保すること。

39. この一般的な性格を有する勧告は、一般的な性格を有する勧告11（1993）に代わるものとする。

（訳：村上正直／大阪大学大学院教授）

● アジア・太平洋地域の政府・NGOの動向

Toward Beijing plus 10

北京＋10に向けて

1. 北京＋10

　2005年は世界の女性運動にとってひとつの節目の年である。1995年に北京で開催された国連第4回世界女性会議で「行動綱領」が採択されてから10年（北京＋10）、さらに遡って、1975年に第1回世界女性会議（国連国際婦人年世界会議）の開催から30年経つ。2005年3月、ニューヨークの国連本部で開催される第49回国連女性の地位委員会（CSW）は、北京＋10として行動綱領と第23回国連特別総会「女性2000年会議」（北京＋5）の成果文書の実施状況を検証する予定である。

　アジア・太平洋地域の女性運動は、1995年の北京女性会議および女性2000年会議の準備と参加を通じて、ネットワークを構築し、連携して女性の地位向上、男女平等、社会的公正の実現をめざして活動してきた。北京女性会議から10年目の国連の会議を前に、2004年、アジア・太平洋の政府、NGOはそれぞれ会議を開き、獲得してきたものと残された課題を話し合った。

2. アジア・太平洋 NGOフォーラム

　「アジア・太平洋NGOフォーラム（APNGOフォーラム）」は、2004年6月30日〜7月3日、バンコク郊外のマヒドン大学サラヤキャンパスで開催されたNGOによる会議である。この会議は、その2カ月後、国連アジア太平洋経済社会委員会（ESCAP）が開催した北京＋10に向けての政府間会合に、女性NGOの声を反映させるために開催されたものである。このESCAPの会議の成果は北京＋10である第49回CSWにおいて報告されることになっている。

　APNGOフォーラムは、APWW（アジア太平洋女性監視機構）の呼びかけに応えてNGOにより開催されたもので、アジア・太平洋地域から700人以上もの人々が参加した。APWWは1993年から活動を開始してきたアジア・太平洋地域の女性NGOのネットワークで、北京女性会議にNGOの意見を反映させるために結成された。その後1999年には北京＋5に向けて「アジア太平洋NGOシンポジウム」を開催し、NGOの意見をまとめて政府間会議にロビー活動をしてきた。APWWのような北京女性会議を機に生まれたNGOのネットワークが活動を継続、発展させていることこそ、アジア・太平洋地域の女性運動のこの10年の成果といえる。

　このAPNGOフォーラムでは、北京行動綱領の12の重大問題領域に沿って討議が行われ、最終日には「宣言」を採択した。宣言では、アジア・太平洋地域

の女性が置かれている現状について、新自由主義によるグローバル化、戦争、軍事主義、過激主義が、旧来の家父長制と交差して、不安定、危機を増大させているとの見識を示した。そして各国政府に、女性のエンパワーメント、人権、開発を進めるための戦略的文書である北京行動綱領、女性差別撤廃条約をはじめとする国際条約や合意文書を再確認し、実施するよう求めた。

また宣言では、アジア・太平洋の各地で国や国際的な安全保障の名の下に国家による女性に対する暴力が続いていること、人権擁護者が過激主義者や原理主義者による暴力の危険にさらされていることに憂慮を示した。このような暴力が民族、カースト、宗教に基づくアイデンティティと作用しあって民主主義や多元主義、政治的少数者の声を抑圧し、女性のセクシュアリティ、リプロダクティブ・ライツを押さえ込んでいるとの危機感に基づくものであった。事実、この危機感は会議後すぐに現実のものとなった。このフォーラムに参加していたイランの活動家マフブーベ・アッバースゴリーザーデさんのAPNGOフォーラムにおける報告内容が反体制を扇動するものと見なされ、2004年11月に逮捕されたのであった。彼女は約3週間後保釈されたが、人権擁護者が危険にさらされていることを実感させられた。

宣言ではまた、マクロの環境の変化が女性の地位を脅かし、女性や家族を慢性的な貧困状態に留め置いていることにも言及した。これに対し、さまざまなかたちでの企業の影響力は強まっており、そのため平等・開発・平和を効果的に実現するために政府がとるべき政治的スペースが狭められているとも指摘した。最後に参加者たちは、広く社会運動のグループと連携しながら、公正で民主的で人道的で平和な世界を作るために努力することを誓った。

3.アジア・太平洋地域ハイレベル会合

「北京行動綱領の検討と実施に関するハイレベル政府間会合」は、北京+10に向けてのアジア・太平洋地域の意見をまとめるために、2004年9月7～10日、バンコクで国連アジア太平洋経済社会委員会(ESCAP)により開催された政府間会議である。NGOはAPNGOフォーラムの討議を踏まえ、アジア・太平洋地域の政府が一致して、北京行動綱領およびその他の国連会議の成果の実施を再確認(re-affirm)するよう働きかけた。すでにこれに先立って開催されていたラテンアメリカ地域の会合では、北京行動綱領を再確認するとの文言を入れることに反対する米国の主張に同調する国が複数あったことから、アジア・太平洋地域でも同様な動きがあるのではないかと心配された。

しかし、イラクに対する戦争などの国際情勢が影響したのか、これまでは行動綱領の支持にさほど積極的ではなかったイスラム諸国が、今回は米国に同調することなく、会議は最終的に「アジア・太平洋地域の国々は、北京宣言、行動綱領および2000年の第23回国連

特別総会の成果の合意事項を再確認する」との文言を含んだ文書を採択できた。このように、「アジア太平洋地域の国々」と特定することで、米国などの地域外のESCAPのメンバー国を除くことができ、意見の対立にもかかわらず合意できたのである。

当初、北京行動綱領の内容が薄められたり後退することをおそれて、この会合では文言に関する政府間の交渉を要する文書は採択せず、各国の意見をまとめた議長報告にとどめる方針だといわれていた。しかし政府代表の間からそれでは不十分だとの声が上がり、報告書の一部として「バンコク・コミュニケ」を加えることになった。コミュニケは宣言などより拘束力が弱いため、文言についての交渉を避けながら、報告よりも踏み込んだ内容にできた。

コミュニケが北京行動綱領以後の成果として確認したことは、ジェンダー平等および女性のエンパワーメントを促進するための国の政策・行動計画の策定、女性の地位向上のための制度的仕組みの設立や強化などであった。日本においても、男女共同参画社会基本法が制定され、総理府男女共同参画室が内閣府男女共同参画局に格上げされたことから、同様の成果があったといえる。次にコミュニケは、まだ達成されていない課題として女性移住労働者の人権を保護する政策や法律の不備、人身売買撲滅に向けての取組みの欠如、女性の高いHIV/AIDSの感染率、グローバル化および貿易自由化の女性への否定的な影響、性的対象物・商品としての女性と女児の描写などを特定した。さらに今後取り組むべき課題に「軍国主義、戦争および紛争から生じる、とくに戦争の戦略としてのレイプ・性的暴力（および誘拐）からの女性と子どもの保護」という文書が含められた。これは、アジア・太平洋地域のNGOが組織的にロビー活動を展開した成果であった。

4. 第49回女性の地位委員会（CSW）に向けて

北京から10年目を迎え、これまで積み上げてきた女性のエンパワーメントや男女平等の成果を否定するようなバックラッシュの動きが強まるなか、アジア太平洋地域の政府、NGOともに、北京行動綱領の完全かつ効果的な実施を進めることを最優先に掲げて北京＋10の準備をしてきた。しかし北京行動綱領を死守するだけでは山積する課題には答えられない。戦争、軍事主義、急速な新自由主義に基づくグローバル化の進展は、女性の人権や経済的権利を脅かし、移住労働者やHIV/AIDSに苦しむ人々など本来なら特段の配慮が必要な人々に重荷を負わせている。

北京＋10となる第49回CSWは、過去30年間に積み上げてきた成果を確認し、その後退を防ぐだけでなく、新しい課題に立ち向かうための契機とならなければならない。2000年9月のミレニアム開発目標の5年後の検証と結びつけるなどの多面的戦略を必要としている。

(2005年1月記)

(織田由紀子／アジア女性交流・研究フォーラム)

第III部

Part3 Other Issues

個別研究

Caught between "Migrant Labour" and "Trafficking": the Human Rights Issue of "Philippine Entertainers"

「海外移住労働」と「人身売買」の狭間
フィリピンから日本への「女性エンターテイナー」の人権を考える

藤本伸樹（ヒューライツ大阪研究員）

1.日本への「興行ビザ」をめぐる省令改正

　2005年2月15日、日本の法務省令のほんの一部が改正された。大半の日本の市民にとって、そのこと自体何の影響もないことから、マスメディアが少し報道しただけでほとんど関心すら払われなかった。その改正された省令というのは、来日・在日外国人の管理を主目的とした「出入国管理及び難民認定法」（以下、入管法）で定められた「興行」という在留資格で日本に働きに来る外国人の入国に関する許可基準なのである。

　改正内容は、演劇、演芸、歌謡、舞踊または演奏の興行に係る活動を行うことを目的として「興行」の在留資格で来日しようとする外国人が、その従事しようとする活動について、「外国の国若しくは地方公共団体又はこれらに準ずる公私の機関が認定した資格を有すること」としていた従来からの規定の1つを削除するというものだった。

　この改正の結果、演劇、演芸、歌謡、舞踊または演奏の興行に関わる活動を行うことを目的として日本に「興行」の在留資格で入国しようとする外国人は、その興行を行うことにより得られる報酬の額が国際的な有名タレントのように1日につき500万円を超える場合、国・地方公共団体が招聘する場合、レコードの録音等を行う場合などを除き、従事しようとする活動について、①「外国の教育機関において当該活動に係る科目を2年以上の期間専攻したこと」または②「2年以上の外国における経験を有すること」のみに限るという条件へと狭められたのである。施行は同年3月15日から始まった。

　この省令改正で最も影響を受けるのは、フィリピンから日本のナイトクラブに「エンターテイナー」として働きに来ている多数の女性たちと、彼女たちを送り出したり受け入れたりしている日比の業界、彼女たちの仕送りや持ち帰る報酬に望みを託している家族たちなのである。なにしろ、省令改正によって「興行ビザ」の取得要件が従来に比べて格段に厳格化されるはずだからである。

　法務省の『出入国管理統計年報』によると、1996年1年間の「興行ビザ」による新規来日者数は53,952人であったのが、毎年増加し続け、2003年には前年比8％増の133,103人にまで達した。これは芸能活動の国際化も増加要因であろうが、出身国籍別で見るとフィリピンが全体の60％を占める80,048人と突出して多い。そして、その大半は「歌

手」か「ダンサー」として就労する女性たちなのである。

省令改正に伴い、実際にどれだけの女性たちが「エンターテイナー」として今後来日することができるのか、入管をはじめ誰であっても1年後の結果を具体的に推定することができない。そうしたなか、「現行の80,000人が8,000人にまで減らされる」という出所不明の数字が、法務省がその方針を発表した2004年12月以来、日本のマスメディアからフィリピンへも配信されたことから大きな波紋を生むようになったのである。

2004年末には、フィリピンから日本に労働雇用省の次官が派遣されたり、2005年1月には下院議員が来日し、日本政府に対して興行ビザ発給の「厳格化」への最大5年間の猶予期間などを求めたりもした。1970年代以来、高失業率と膨大な債務にあえぐフィリピン政府による国策としての労働者の海外雇用政策と、日比の関係業者の業界防衛という利害が一致した反応である。

一方、「エンターテイナー」として初・再来日しようと願っている女性たちの今後の生活不安も高まっている。2004年12月から2005年3月にかけて、フィリピン政府や業界団体の「巻き返し」に呼応するかたちで、マニラの日本大使館前でプラカードを掲げた女性たちによる大きな抗議集会・行動が繰り返されている。女性たちの抗議行動には業界団体の後押しがあるといわれているが、さまざまなリスクを承知のうえでも日本へ行き、少しでも収入を得ることが彼女たちの切実な願いであることも確かであろう。

2.「フィリピンパブ」での就労実態

「いらっしゃいませ〜」。店の中に入っていくと、明るいフィリピン女性たちの歓迎の挨拶で迎えられる。店のソファーまで案内されると、マネージャーやママさんの指示ですぐさまおしぼりを持った肌を露出気味の女性が隣の席にやってくる。「この店は初めてですか。○○です。あなたのお名前は？　よろしくお願いしま〜す」、「お飲み物は何にしましょうか」。どこへ行っても、日本語でのそのような会話から始まるいわゆる「フィリピンパブ」でのやりとりである。

フィリピン女性が「エンターテイナー」として派遣されてきている「フィリピンパブ」は、1970年代後半から徐々に営業し始め、今では全国各地で見かけられるようになるまで増加した。「エンターテイナー」の女性たちは、「歌手」あるいは「ダンサー」として芸能活動を目的に、1回の滞在期間が最長6カ月を限度に発給される「興行ビザ」で合法的に滞在しながら働いているのである。

1970年代後半から80年代前半にかけては出国前にフィリピンの送出し業者や日本の招聘会社との間で交わす契約書に記載されているとおりに、「海外興行アーティスト」の職域を全うすることができたようだ。だが、それが徐々に変質していったのである。

とりわけ1980年代後半以来、多くの「フィリピンパブ」で行われている慣行といえばこうだ。夕方の開店時から深

夜3時頃の閉店に至るまでの勤務時間の大半は男性客に酒をついだり、日々の接客で覚えた日本語で話をしたり、カラオケを一緒に歌うといった「ホステス」の業務に就いている、いや正確にいえば就かされているのである。多くの場合、パブの中に設けられた小さなステージで実際に歌や踊りという「専門性」を披露するのはほんのわずかな時間にすぎないのである。

さらに、女性たちは今回一部改正となった法務省基準省令に具体的に定められている条件や環境とは程遠い状態で働くことを余儀なくされているのである。たとえば、エンターテイナーの賃金として、「月額20万円以上の報酬を受け取ること」と明記されている。しかし、歌やダンスの訓練や日本への渡航に要した出費、手数料の支払い方法に関しては一切言及されていないことから、それらがいく層にも連なった斡旋業者によって搾り取られた後に手渡される金額は、月額5万円程度にまで減額されてしまうのである。

そのうえ、契約書には一切言及されていない「同伴」と呼ばれる客との店外デートをノルマ化されたり、他の店に転売されたりするのが常態化している。さらには売春を強要されたという事例もこれまで多く報告されている。

これらの行為は、日本で相談する先もわからず、もし抗議して帰国させられてしまっては元も子もなくなるといった相手の弱みにつけこんだ「人身売買」の一形態ではなかろうか。

「エンターテイナー」たちはそもそも、そうした基準省令や契約書以前に、日本の労働基準法に基づいて権利を享有できる主体なのである。労基法では、労働者の定義を「職業の種類を問わず、事業又は事務所に使用される者で、賃金を支払われる者をいう」（第9条）としている。一方、賃金に関しては、「この法律で賃金とは、賃金、給料、手当、賞与その他名称の如何を問わず、労働の対償として使用者が労働者に支払うすべてのものをいう」（第11条）と定義されており、「賃金は、通貨で、直接労働者に、その全額を支払わなければならない」、「賃金は、毎月一回以上、一定の期日を定めて支払わなければならない」（いずれも第24条）と定められている。

法務省入国管理局入国審判課によると、同局では労基法に則り、日本の労働者が基本的に保障されているのと同様の権利の確保を前提に「興行」の在留資格を付与するという。つまり、「エンターテイナー」たちは、日本では労働者として見なされ、労基法の適用対象者なのである。にもかかわらず、それらがほとんど遵守されずに、ずっと放置されてきたのである。

3.搾取を拡大させた日本の法務省令

そうした実情を、入国管理局はこれまで少なからず把握していた。女性たちに「ホステス」をはじめとする「エンターテイナー」以外の資格外活動をさせている店に踏み込み、女性たちを拘束し退去強制することを繰り返してきてい

る。一方、資格外活動を指示していた店の経営者に対する処罰はなぜかほとんど実行しなかったのである。

すでに1995年、入管局は「フィリピンパブ」を対象とした調査を行い、不適正な実態をつかんでいた。その結果、1996年に「興行」の在留資格を認定する際の基準を定めた法務省の基準省令が定められたのである。その基準省令のなかに、エンターテイナーとしての資格要件のひとつとして、「外国の国若しくは地方公共団体又はこれらに準ずる公私の機関が認定した資格を有すること」という項目が成文化されたのである。これといった芸能技術もない女性たちが「興行」という資格で入国し、「ホステス」として働くことへの防波堤をつくる必要性が認識されたからだ。

だが、これが裏目に出た。フィリピン政府がオーディションを行って認定する「芸能人資格証明書」さえ取得すれば、日本への入国が容易になるという条件を制度化してしまったのである。日比の一部の業界関係者が、このシステムを逆手にとり、フィリピン政府の担当者を賄賂などで抱きこんで、本来公正に行うべき試験を骨抜きにするかたちで証明書が乱発されるようになったのである。その結果、1年間にフィリピンからだけで8万人という「エンターテイナー」の来日をもたらしたのである。

4.搾取の連鎖

日本政府は2004年12月7日、「人身取引は、重大な人権侵害であり、人道的観点からも迅速・的確な対応を求められている。これは人身取引が、その被害者、特に女性と児童に対して、深刻な精神的・肉体的苦痛をもたらし、その損害の回復は非常に困難だからである」という書き出しで始まる「人身取引対策行動計画」を発表した。2004年4月に設置した「人身取引対策に関する関係省庁連絡会議」による議論の「成果物」である。

この方針を策定するまでには、関係省庁間の連携に加え、国内外のNGOとの意見交換やヒアリングをいく度か行っている。2004年9月には、「連絡会議」に所属する省庁で組織する「調査団」をフィリピンとタイにごく短期間だが派遣し、関係機関やNGOの意見も聴取している。フィリピン訪問の際には、日本への「エンターテイナー」をめぐる問題が主要な議題となった。

この「行動計画」の中に、実はすでに「興行ビザ」発給に関する基準省令改正について盛り込まれていたのである。「興行ビザ」のあり方が、人身売買の温床になっているという認識からである。

2005年3月15日に施行された省令改正によって、これまでの悪慣行が改善され、人身売買の被害者の規模はおそらく減少するであろう。しかし、日本などで働かざるをえないという苦境に立たされたフィリピン女性が非常に多いなかで、「興行ビザ」の門戸が急激に狭まったならば、斡旋業者やナイトクラブなどによる搾取の形態がより巧妙となり、事態がさらに深刻化するのではないかという懸念が同時に生じているのである。

Current Situation and Problems regarding to "Rule of Law" in Cambodia

カンボジアにおける「法の支配」の現状と課題
法制度整備支援の取組みから

坂野一生（カンボジア王国司法省）

1. はじめに

　2004年6月に成立したカンボジア新政府の初めての閣議において、フン＝セン首相は、「四面戦略」[1]と名づけた施政方針演説を行ない、その戦略の中心にグッド・ガバナンスを掲げた。同演説では、グッド・ガバナンスの4つの要素として汚職撲滅、法制度・司法制度改革、行政改革、国軍改革が挙げられ、法制度・司法制度改革においては、裁判官・検察官法、裁判所構成法、刑法、刑事訴訟法、民法、民事訴訟法、公証人法、執行官法に高い優先度が与えられた。

　本稿においては、この演説で述べられた法制度・司法制度改革が実際にはどのように行われているのか、そのなかで日本の法制度整備支援はどのような位置づけにあるのかを概観し、「法の支配」の確立と法制度整備支援の関係について簡単に考察する。

2. カンボジアにおける法制度・司法制度改革の現状

　1993年に誕生したカンボジア王国における法制度・司法制度は、それまでのカンボジア国（旧カンボジア人民共和国）および国連カンボジア暫定行政機構（UNTAC）の下での法制度・司法制度を引き継いだものであり、その拡充・改革が絶えず国家の課題――かつ国際社会のカンボジアへの要請――となってきた[2]。1994年12月22日には、司法の最高機関であり裁判官・検察官の任免・懲戒権を有する司法官職高等評議会に関する法律が国会において採択されたが、1997年までその活動は皆無に等しかった。1998年の初めての国民議会議員選挙[3]の後に発足した第1

---

1) Address by Samdech Hun Sen, Prime Minister of the Royal Government of Cambodia on "Rectangular Strategy" for Growth, Employment, Equity and Efficiency, First Cabinet Meeting of the Third Legislature of the National Assembly at the Office of Council of Ministers, Phnom Penh, 16 July 2004.
2) 四本健二「カンボジアにおける司法改革」小林昌之・今泉慎也編『アジア諸国の司法改革』（アジア経済研究所、2002年）73頁以降を参照のこと。
3) 1993年に国際連合カンボジア暫定行政機構によって行われた選挙は制憲議会議員の選挙であり、この選挙によって選ばれた議員が1994年9月24日の憲法公布後に国民議会議員となったため、厳密には1993年選挙は国民議会議員選挙とはいえない。

次フン=セン単独首相内閣は、1999年3月に国家改革最高評議会を設置し4)、「5つの改革」を掲げた。その1つが司法制度改革であったが、他の改革の動きに比べて司法改革の動きは遅く、司法制度改革評議会が設置されたのも、2000年4月になってからであった5)。しかも同評議会は結局効果的な成果を上げることなく、2002年6月に設置された法制度・司法制度改革評議会6)に事実上その職務を奪われることとなった。法制度・司法制度改革(Legal and Judicial Reform。以下、LJR)が本格的に動き出したのは、2002年の後半以降である。

法制度・司法制度改革評議会は、LJRの分野で活動するカンボジア国内の行政機関、司法機関、NGO、支援国、国際援助機関などとの協議を重ねて、2003年6月にはLJR戦略ペーパーをまとめ、2004年に入ってLJRの短期・中期行動計画を策定した7)。策定にあたり、国内外の関係機関との調整が難航し、活動の優先度をめぐってそれぞれの思惑が対立する局面もあったものの、でき上がった短期・中期行動計画は、概ね関係各機関が納得できる内容のものとなっている。

2004年12月に2年ぶりに開かれたカンボジア支援国会合において、カンボジア政府および支援国・機関は、来年の同会合までのLJR部門での課題として、①民法、民事訴訟法、刑法、刑事訴訟法、裁判所構成法、裁判官・検察官法、汚職防止法の成立と司法官職高等評議会法の改正、②司法官職高等評議会法の改正による司法の独立の確立、③裁判官・検察官法の成立による裁判官・検察官の独立の確立、④汚職防止法の成立による汚職の減少の4つを挙げた。このうち、とくに①については、これらの法律に対して高い優先順位がつけられたことは歓迎できるものの、実際にほとんどの法案についてその起草を担う司法省にとっては、新たなプレッシャーとなりつつある。また、民事訴訟法・刑事訴訟法と裁判所構成法との間、裁判官・検察官法と司法官職高等評議会法改正法との間の整合性を確保する作業にも精密さが要求されるため、2005年中にこれらの法律を国会で成立させるのは難しいという起草担当者からの批判もある。

法曹養成の分野においては、2002年にカンボジア王国弁護士会の下に弁護士養成校が、2003年には王立裁判官・検察官養成校が本格的に始動し、次代を担う法曹の育成が進められている。

このほか、いわゆる「クメール・ルージュ特別法廷」をめぐっても、国際連

---

4) Kret NS/RKT/0399/72 of March 19, 1999 on the Creation of the Supreme Council for State Reform.
5) Kret NS/RKT/0400/076 of April 22, 2000 on the Creation of the Council for Judicial System Reform.
6) Kret ND/RKT/0602/158 of June 19, 2002 on the Creation of the Council for Legal and Judicial Reform.
7) 同計画は、2004年6月に草案が示され、関係機関との協議を経て同年12月に閣議において採択されたが、本稿執筆段階では採択されたものは未入手。

合との交渉も順調にすすみ、同法廷設置の障害となっていた国内法が改正され、2005年中には実際の訴訟手続が始められるとの見通しが高まっている。ただし、特別法廷が始まると、これに召集されるカンボジアの裁判官が従前行ってきたさまざまな業務に停滞が生じるのではないかとの懸念も生じている。

3.日本のカンボジアに対する法制度整備支援

日本は、国際協力事業団（当時。現在は独立行政法人国際協力機構）の枠組みで1997年末からカンボジアに対する法制度整備支援における本格的な取組みを始め、1999年からはカンボジア王国司法省をカウンター・パートとする法制度整備支援プロジェクトを開始した。このプロジェクトは民法と民事訴訟法の起草をその活動の中心とし、2002年6月に両法案を完成させ、カンボジア司法省から大臣会議に提出した。現在は、既存の法律やさまざまな関連法案との調整を図っており、とくに民法草案に関しては土地法との調整を経て一部を修正する作業を行っている。また両法案成立後の適用8)にあたって必要な諸制度・法律9)の起草も検討中である。手続法関連では人事訴訟法草案の起草が終わり、民法で予定されている非訟事件の手続に関する法律も起草中である。民法については、経過規定の起草も行われている。

このプロジェクトの活動の過程においてカンボジア側・日本側双方が最も重視したのは、両者の共同作業で起草を進めるということである。法律の起草の分野におけるこれまでの援助は、1人または複数の外国人法律家が自分たちだけで法案を起草し、それをカンボジア側に渡すという形式が多く採用されていたが、日本の支援ではカンボジアとの意見交換から始め、草案をワークショップ形式で議論して何度も修正し、最後はカンボジア側が法律としてふさわしい用語を選択するという方法を採用した。これによってカンボジア側起草者の法案に対する理解が飛躍的に深まるだけでなく、立法技術における組織的な知識の蓄積にも役立った。

このほか、王立裁判官・検察官養成校のプロジェクトが2005年初頭に開始される予定であり、従前から日本弁護士連合会によって行われてきた弁護士養成校への支援も2005年中には国際協力機構の技術協力プロジェクトへと移行する予定となっている。王立裁判官・検察官養成校においては民事系の教官に対するトレーニング、カリキュラム・教材作りへの支援が行われている。これらのプロジェクトの背景には、基本法起草の次は、実際に法律実務に携わ

---

8) カンボジアでは、法律は国王の審署後一定期間を経ると自動的に施行されることになり、施行期日を別に定めることができないため、「適用期日」という概念を用いて移行期間に対応することとした。

9) 日本の支援でカバーする範囲はまだ調整中であるが、民法・民事訴訟法を適用するためには、公証人、供託、執行官、戸籍（住民登録）、土地登記、法人登記などの制度および法律が必要とされる。また、国際私法についての対応が必要になる可能性も否定できない。

る法曹の養成が必要不可欠となるという考え方がある。法曹養成が「法制度整備支援」という枠組みで捉えることができるかという議論はあろうが、法制度の運用にかかる人材を育成するという点で広義の「法制度整備支援」と位置づけることはできよう。

法案起草および法曹養成の中間に位置するのが、条文解説、コンメンタール、基本書等の作成、手続マニュアルの整備、それに判例集の整備等である。たとえば、起草された民事訴訟法草案には、民事訴訟手続に関する規定に加え、日本の民事執行法と民事保全法に該当するものも含まれているが、実務における細則を定めた日本の民事訴訟規則、民事執行規則、民事保全規則にあたるものはまだない10)。しかし、時間的な制約やその他の法案起草の優先度との関係で、細則の起草がすぐになされるとは考えられず、その間は手続マニュアルに頼らざるをえない。逆に、このマニュアルを順次改訂してゆくことによって、細則の起草がより容易になると考えられる。

今後、日本のカンボジアに対する法制度整備支援は上記3つのプロジェクトを中心に進められることとなるが、いずれもカンボジア王国政府のLJR短期・中期行動計画における優先度が高く、効果的なプロジェクト活動を立案・実施していく努力が必要であるとともに、カンボジア王国政府および各プロジェクトのカウンター・パートにおいても、予算および人材を確保すべく政策的な配慮が求められている。

4.「法の支配」と法制度整備支援

カンボジアにおける「法の支配」11)については、それによって支配されるべき法規範が少ないことがその特徴として挙げられる12)。とくに民事の分野に関してはこの傾向が顕著であり、民法、民事訴訟法は未だ存在しない。法律、とりわけ実体法には行為規範および裁判規範という2つの側面があるが、いずれの側面からも法律のある状態を作り出すことが「法の支配」への第一歩であることはいうまでもない。また、行政の分野においても、公務員がその職務を行うために法律をはじめとする規範が必要であり、それによって透明性と予測可能性が初めて確保される。法の欠缺を克服することがカンボジアの喫緊の課題である。

また、あるべき法律が成立しても、そ

---

10) カンボジア国憲法第51条からは「カンボジアの裁判所には規則制定権がない」という結論が導き出せるので、細則をどのような法形式で整備すべきかという点を今後検討しなければならない。
11) カンボジアにおいて現在広く使われているのは「法治国家」の概念であり、「法の支配」という語は存在するものの、公式な文書にその語が用いられることは皆無である。「法治国家」と「法の支配」の概念的相違についてここで触れる余裕はないが、カンボジアにおいては同義のものとされているのが現状である。
12) 1975年から1979年までのいわゆるポル=ポト時代に従前の法律はすべて失効したといわれる。適正な手続によりこれらの法律が廃止されたのかどうかについては、ポル=ポト時代の記録が明らかになっていないために意見が分かれている。なお、ポル=ポト時代の「法ニヒリズム」については、鮎京正訓・四本健二「現代カンボジアの法と人権について」名古屋大学法政論集157号(1994年10月)155頁参照。

れが遵守されなければ「法の支配」にはつながらない。カンボジアでは「法治」よりも「人治」という傾向が根強く残っており、そのことが社会的強者への依存、汚職などの元凶となっている。この課題の克服には時間がかかるであろうが、低いレベルにある公務員の給与の向上、行政・司法システムの改善、人材養成、国民への広報など幅広い分野での活動を積み重ねることによってのみなされるものだと考える。また、いわゆる市民社会やジャーナリズムの果たす役割にも注目すべきである。

　これらの課題に対して法制度整備支援がどのように応えていけるのか、研究者の間で議論が活発になってきている13)。法制度整備支援の実践の場においては、プロジェクトのデザイン、評価などを通じてプロジェクトのゴールの妥当性が検討されるが、その枠組みは未だ十分とはいえず、また、国際金融機関や各国の政府による法制度整備支援も、その理念、手法がバラバラなのが現状である。法制度整備支援の理論の構築にあたって、研究と実践との連携が必要とされている。理論的枠組みがなければプロジェクトの目標は仮説的なものとならざるをえず、したがって評価も曖昧なものとなりがちである。日本が基本法の起草という他に例を見ない法制度整備支援活動を行ったカンボジアでのケースを批判的に分析する研究が待たれる。実践の場からもさまざまな情報提供をしてゆきたい。

※筆者は、独立行政法人国際協力機構（JICA）の長期派遣専門家として、カンボジア王国司法省において「カンボジア法制度整備プロジェクト（フェーズ2）」に従事しているが、本稿は一個人としての投稿であり、文責はすべて筆者個人にある。

13)たとえば、山田美和「『法整備支援』の論理についての一考察：世界銀行と日本政府開発援助」作本直行編『アジアの経済社会開発と法』（アジア経済研究所、2002年）、松尾弘「開発と法制度」森川俊孝・池田龍彦・小池治編『開発協力の法と政治：国際協力研究入門』（国際協力出版会、2004年）など。

Light and Shade of Kashmir's Human Rights Politics

カシミール人権政治の諸相

拓 徹（南アジア史研究家）

1. カシミールにおける「人権」

　いわゆる「カシミール問題」は1947年印パ分離独立の際のジャンムー・カシミール藩王国領有権をめぐる紛争に端を発しているが、現在のこの地域における主立った人権侵害の直接の背景は1989年に勃発した、インド領ジャンムー・カシミール州における分離主義ゲリラと政府の間の武力紛争である（主舞台はジャンムー・カシミール州内のカシミール渓谷、以下「カシミール」はカシミール渓谷を指す。カシミールにおける分離主義には大別して独立派、パキスタン併合派の二派がある）。1990年から今日までの紛争犠牲者数は、市民、ゲリラ、治安部隊（インド軍他）、州警察等すべてを含めて約3万5千（政府見解、2003年初頭まで）とも約8万（分離主義者見解）ともいわれ、その数は今日も増え続けている。なおカシミールの人口は1981年時点で約313万人、2001年時点で約544万人。（インド領ジャンムー・カシミール州内のカシミール以外の地域およびパキスタン領ジャンムー・カシミールにおいても人権侵害の報告があるが、紙面の限られた本稿ではこれを扱わない。）

　武力紛争の状況下、ゲリラによる人権侵害も数多く行われたが、その質量において政府の治安部隊によるそれには遠く及ばない。非武装デモへの発砲、クラックダウン（特定区域の封鎖・強制捜査）、逮捕状なしの連行・投獄、拷問・獄中死、集団レイプ、爆弾探しや銃撃戦に非武装市民を使う「人間の盾」等——これら治安部隊による人権侵害を訴追の手から守る数々の特殊法令[1]は、これまでインド内外の人権団体から国際人道法や国際人権規約の条項に反するとして批判を浴びてきた。こうした事実に加え、人権の言説がカシミールでは主に分離主義者たちによって使用されてきたこと、またパキスタンが国際舞台においてカシミール問題をハイライトする際「インド政府による人権侵害」のレトリックを多用したこと等の歴史的事情があるため、一般にカシミールの人権侵害といえば「政府によるもの」というイメージが定着し、またカシミールの人権をめぐる言説は「パキスタンと分離主義者の言説」としてインド政府やインド国民のマジョリティによって否定される、という傾向が続いてきた。

---

1) これらの法令によって、「公の治安維持」の名のもと高い職権のない兵士や警官に発砲、逮捕状なしの捜査・身柄拘束、器物や家屋の破壊等の権限が与えられる。

2.カシミリ・パンディットの視点

なお、1981年時点で住民の94%がイスラム教徒だったカシミール社会における重要な要素として、「カシミリ・パンディット」と呼ばれるヒンドゥー教徒マイノリティの存在がある。そして彼らが体現しているのが、カシミール紛争において微妙な位置を占める「宗教」の問題である。1989年ゲリラ蜂起の直接の原因は政府による選挙不正と州警察の暴力であり、宗教は関係していない。しかしその反面、インド全体がコミュナリズム[2]の空気に覆われた1980年代を通じてカシミールにおけるイスラム教徒の宗教的アイデンティティも先鋭化、この傾向が彼らの分離主義を形成する大きな要因となっている。また事実上、ヒンドゥー教徒のゲリラは皆無に等しい。このため、コミュニティ内部にゲリラによる犠牲者を出したときパンディットたちはこれを「イスラム教徒の反ヒンドゥー暴力」と解釈、やがて嵩じたマイノリティ特有の恐怖心が1990年初頭、彼らを集団難民化へと導いた。現在は約3万7千家族が州内のヒンドゥー教徒多数派都市ジャンムーに（うち約6千3百家族は難民キャンプに居住）、約2万3千家族がデリー他の州外に住んでいるといわれ[3]、カシミールに残ったパンディットは千名に満たないと一般に推定されている。

以来パンディットたちは一貫して「パキスタンと分離主義者の言説」に反対し、カシミールにおける「イスラム原理主義者による人権侵害」を告発する言説を展開してきた。パンディットのコミュニティはマイノリティながら、数世紀来の官僚集団として強力な政治力を有することでも知られる。とくに近年は「ヒンドゥー至上主義政党」と呼ばれるインド人民党（BJP）との関係を強化。カシミールの人権を語る際、異色ではあるが強力な彼らの視点を欠かすことはできない。

3.人権委員会の活動

1994年1月インド政府は、主にアメリカの圧力により人権保護法を制定（発効は遡って1993年9月より）、これに伴いインド国家人権委員会が誕生した。しかしこの人権委は、政府による人権侵害に関しては政府の承諾がある場合のみ調査できること、とくに治安部隊による人権侵害に関しては中央政府のレポートを要求する権限のみ与えられていることなど多くの構造的弱点を抱えており、人権侵害の認知には一定の貢献があるものの、それ以上の人権擁護活動は期待できないというのが現状である。

こうした限界を象徴するのが有名なビジュベハラ事件（1993年10月、カシミール南部の町ビジュベハラで治安部隊が市民デモ隊に発砲し約40名を死

2）南アジアや東南アジアなどで宗教コミュニティ間の敵対傾向や他宗教への偏見、各宗教の「原理主義」的傾向などを総称する用語。
3）データはパンディットのコミュニティ誌『コシュール・サマーチャール』(Koshur Samachar) 2002年10月号46頁より。

亡させた事件)をめぐる顛末で、国家人権委はその第一回会合でこの事件を採り上げ、事件の存在を政府に認めさせはしたものの、その後の政府との長い交渉の末、結局事件責任者の処罰には失敗した[4]。

ジャンムー・カシミール州では1997年に州人権保護法が制定され、これによって州人権委員会の発足をみたが、インド国家人権委と同様の構造的弱点を持つことが知られている。

4. 人権報告書

カシミールの人権侵害に関する独立の調査報告書としては、1990年代初頭のアジア・ウォッチ(AW)、1990年代半ばのアムネスティ・インターナショナル(AI)によるもののほか、「原理主義団体」と呼ばれることの多い地元イスラム党の傘下にある「インスティテュート・オブ・カシミール・スタディーズ」によるもの(1992年末から2001年3月までに38冊の報告書を出版)、地元の分離主義者団体フリヤット・コンフェレンス(APHC)の人権部門によるもの、地元の市民団体「パブリック・コミッション・オン・ヒューマン・ライツ」(PCHR)によるもの(人権報告書を兼ねたその月刊機関誌は2004年末までに90号を出版)等が知られている。パンディット側の視点を反映する報告書としては、カシミールにおけるパンディット解放区(ホームランド)建設を叫ぶ団体パヌン・カシミールによるもの等がある。

なお、AW、AIは公にはインド政府によって今日までジャンムー・カシミール州での活動を禁じられているが、上記報告書はそれぞれの欧米人団員の精力的な調査の成果である。この他の国際NGOでは、赤十字国際委員会も当初はこの州での活動を禁じられていたが、1995年から監獄・尋問所の視察を許可されている。しかしこの視察はすべて政府の監視・監督の下で行われることになっているため、事実上のアクセスは無いも同然、と評する声も多い。

5. 「人権」の拡散と国際化

「カシミールの人権」がインド政府の目の上のこぶであることに変わりはないが、今日のカシミールにおいてそれはもはや反政府・分離主義陣営の独占物ではない。現在のジャンムー・カシミール州政権は人民民主党(PDP、カシミールの地方政党)と国民会議党を主軸とする連立政権(PDPのムフティ・サイードを州首相とする)だが、2002年州議会選挙におけるこの連立政権樹立に最も寄与したのがPDPによる人権擁護キャンペーンだった。政権に就いてからもPDPは「癒し」(ヒーリング・タッチ)の政治を標榜し、折に触れて人権の言説を政策に織り込んで活用している。(なお、政権交代後も草の根の人権侵害状況に変化はない、というのが大方の識者の見方。)この州政府の動きは、2004

---

4) Suhas Chakmaによる論考(2004年2月5日付『カシミール・タイムズ』紙)を参照。

年1月アドヴァニ内相とAPHCの「歴史的対話」において「人権擁護」を共同声明の文言に採り入れた中央政府の動きとも平行している。

　また、インド政治の右傾化を苦々しく見つめるインド知識人階級の間ではこ数年来、「カシミール問題」をどう解決するかはさておき、ともかくも虐げられたカシミール市民に同情し、政府による人権侵害を批判するのが一種のファッションとなっている。全国規模の英字新聞や週刊誌でカシミール人権擁護の言説を目にするのは日常茶飯事となり、娯楽映画などの分野でも、例えば基本的にはインド政府路線の『ミッション・カシミール』（2000年）では政府側の暴力も一応描写し、献辞を「カシミールの人々に捧ぐ」とする等、こうした空気を反映している。しかしこと「カシミール問題」の解決策となると結局分離主義の議論を許さない点に、こうした「ファッション」の限界があるといえそうだ。

　こうした国内の動向は海外の動向とも無縁ではない。印パ二大国の利害という壁に遮られているため、アメリカ他もカシミール紛争に関して基本的には中立・傍観策を取っている。しかし途上国紛争地への人道的介入の考え方が一般化する中、この戦略上の要地（カシミールは19世紀以来英・ロ・中・米による「グレートゲーム」の焦点であり続けた）をめぐっても欧州・英・米などの議会における議論は活発化する傾向にあり、近年は欧米からカシミールへの使節訪問も頻繁に行われている。海外に拠点を置くカシミール人（イスラム教徒）やパンディットの団体も、それぞれの議会における議員グループの活動や国連人権委等を通じて、以前にも増して精力的なロビー活動を展開するようになった。またカシミール紛争をめぐる印パ国内各陣営にとって、海外移民組からの資金援助は紛争の性質を左右するほどの重要性を持っている。こうした海外の「金と力」の流れは州内外におけるNGOの動向やその林立状況の決定因であり、インド・州政権の（人権）政策への影響も少なくない。

6.「人権」は有効か

　現在カシミールで最も活発に活動している人権団体は、連行・投獄後「失踪」した人々の親族（主に女性）の団体だが、これには理由がある。紛争の巻き添えになった市民の死には通常政府から補償金（10万ルピー）が出るが、「失踪」の場合は政府が関知を否定しているわけなので補償金どころか裁判を起こすことさえ難しく、したがって失うものが何もないから人権活動（必然的に反政府色を帯びる）が可能になっている側面があるのである。しかし特権階級に属さない一般市民の人権活動には困難が多く、失踪者親族団体でも2003年6月、夫の「失踪」後女手ひとつで三児を育てながら活動していた女性が殺害される事件が起きた。詳細は不明だが、人権活動と政府の「金になる」情報収集活動の板挟みになったともいわれ、いずれにせよ確かなのは彼女の様々な活動が村で突出・孤立を招いた

という事実である5)。このような現実の中、政府から補償金が出る可能性がある場合、一般の遺族が(収入にならない)人権活動に乗り出すことはまずあり得ないと言って良い。

ジャンムー・カシミール州では1953年以降インド中央政府の傀儡政権が続き、中央からの資金援助に大きく頼る体制(80年代には財政収入の70％前後を中央からの補助金に依存)の下、商工業の育成に失敗。中央の資金は政府関係者等の懐に流れ込み、これによって一部特権階級が形成されたといわれる。農業部門でも土地解放後、大規模農園経営に成功したのはほんの一部に過ぎず、大部分の農民の状況が好転する兆しはない。

にもかかわらず高級化する生活スタイルの流行に追い付こうと、カシミールでは近年、小商店(従来「近所に一軒」存在したよろず屋タイプ)と私立予備校ばかりが林立。このような社会状況の下、失業は増え貧富の差は開いていく一方なのだが、インド「経済開放」以降の人々の上昇志向には歯止めが利かない。加えて長引く紛争状況は政府・軍・分離主義者各陣営内に既得権益を形成、紛争鎮火／継続の名の下に内外各方面から流れ込む資金によって、スリナガル(カシミールの中心都市)の高級街区には豪邸が立ち並ぶ。

そして人権団体の許にも国際NGOから資金が舞い込む。これを元手に人権活動家たちは真摯に侵害ケースを収集し、内外で報告するとともに政府を批判。しかし政府批判の言説も「既得権益システム」の輪のなかで流通しているに過ぎないとしたらどうだろうか。人権〜政府批判の言説によって現地でこれまでに現れたのは、骨抜きの各種人権委、行動を伴わない政府の人権擁護のかけ声、欧米からの使節、および欧米の援助を受けた人権団体他のNGOくらいである。

確かに欧米からの圧力によってカシミールの状況が「上からの」変化を遂げないとは限らない。少なくとも、昨年来の印パ和平ムードにおけるアメリカ他「外圧」の役割は明らかである。また、状況打開のため武装闘争、ガンディー流非暴力闘争、政府との妥協など様々な手を尽くしたが果たさず、加えて貧しく意識も低い地元大衆からは思うような参加・協力を得ることもできないカシミールの活動家たちにしてみれば、人権活動と「外圧」による事態改善は残された一縷の望みなのかもしれない。昨年からは国連(UNIDO)による州内小規模工業への援助も始まった6)。

いずれにせよ状況打開の鍵は、草の根における建設的活動であるように思う。少なくとも、半世紀ものあいだ基本的に無関心であり続けた印パ国家や国際社会のカシミールに対する態度が、草の根の動きなしに本質的な変化を遂げるとは想像しにくい。そのため内外の関係者に求められているのは、「貧しく意識の低い」現地大衆との対話により多くの「時間」を割くことである。

---

5) PCHRの機関誌『インフォーマティヴ・ミッシヴ』2003年6月号を参照。
6) Riyaz Ahmadの報告(2004年12月3日付『グレーター・カシミール』紙)を参照。

Policies and Issues on Prevention of Sexual Violence: Through the Activities of Korean Women Link

性暴力防止のための政策と
その課題
韓国女性民友会の活動を通じて

柳 京 姫(ユ ギョン ヒ)(韓国女性民友会代表)

1. 韓国で性暴力特別法制定

　韓国で「性暴力犯罪の処罰および被害者保護に関する法律」(以下、「性暴力特別法」)が制定されたのは1994年のことである。1990年代に複数の性暴力事件が発生して社会的に知られるようになり、韓国性暴力相談所、女性ホットライン、チョンジュ性暴力防止治療センターなどの女性団体などが連帯して、こうした事件に対応するなかで「性暴力」というのは国家が積極的に介入し防止すべき社会的犯罪であることを明らかにしていった。そうして被害者保護のための法案作りがなされた。

　性暴力特別法が制定されたことによって「性暴力」という用語が一般化され、性的(sexual)暴力行為がさらけ出されるようになり、性暴力の加害者に対する処罰と性暴力の被害者に対する支援と防止が国家の責務として法律で明示されることとなった。それまでは、レイプやわいせつ行為などの犯罪は刑法で扱われてきたが、性暴力特別法では、これ以外にも親族によるレイプ、業務上の威力によるわいせつ行為、通信メディアを利用した淫乱罪などが新しく規定された。

　性暴力特別法はその後、継続して8回の改正作業がなされた。その過程で、被害者の苦痛と羞恥心を伴う被害状況の陳述については最初の陳述を録画し、それを資料として複数回利用できる録画システムや、13歳(!)未満の子どもや障害者に対する特別な保護を規定するなどの補完がなされてきた。

2. 青少年の性暴力の現状

　性暴力特別法制定以降、継続して性暴力反対運動が進められてきたことにより、社会の認識の変化がもたらされたのも事実である。本稿では青少年の性暴力を中心に見ていくことにする。

　2003年に韓国女性民友会[1]で、中学・高校の学校内の性暴力実態調査を実施した。8校の中学校、6校の高校で2,300名(有効回答数は、男子中学生296名、女子中学生659名、男子高校

---

[1] 韓国女性民友会は1987年に結成され、女性の労働問題を中心に女性の人権と性平等の実現をめざして諸活動を行っている。事務局はソウル市中区。http://www.womenlink.or.kr (韓国語)。

生300名、女子高校生805名）を対象にアンケート調査した結果は次のとおりである。

(1) 性暴力に対する認識

性暴力を正当化したり、合理化することができる通念──たとえば「女性たちの派手な服装が性暴力を誘発する」(80％)、「性暴力の加害者は精神的に問題を抱えている人だと思う」(62％)──を持っている場合が多く、性に対し正しく理解できる情報が不足していることがわかった。そして女子学生より男子学生のほうが保守的な思考と通念を持っていることが明らかになった。

性に対する多様で正確な情報を提供する必要があり、性暴力の通念を破るため認識を改める必要性があることがわかった。

(2) 学校現場での性暴力の実態

青少年が多くの時間を過ごしている学校が、性暴力から安全な空間であるとはかぎらない。性暴力を受けたと回答したうち、教師や学校職員による性暴力が60.18％、友人や先輩によるものが72.5％になっている。

女性差別的な言葉、容姿に対する言及などを中心とする言語的な性暴力の被害が最も多く、視覚的・身体的な性暴力のケースも少なくなかった。男子学生より女子学生の被害が多かったが、不快な性的冗談や卑猥な話、卑猥なメッセージや写真を受け取ったり見ることを友人や先輩に強要されることなどは男子学生に多い被害であった。

そして精神的な苦しさを訴えたり、対処方法に対する情報不足、相談相手の不在など、被害に対処できないことが明らかになった。

(3) 校内の性暴力対応策と防止教育の実施

総じて性教育（性暴力の内容を含む）は実施されていたが(91.94％)、性暴力防止、性的自己決定権、性暴力被害時のサポートを受ける方法を学ぶなど学生たちは形式的な学習ではなく、より具体的で実践的な性教育を望んでいる。

これを通してみると、性暴力防止教育は青少年を単純な被害者の視点ではなく、権利の主体、変化のパワー源として認識する観点が必要である。したがって、被害者にならないための性暴力防止教育にとどまらない積極的な権利主体としての性的意思決定能力を育てるような性教育の導入が必要であると考える。

3. 性暴力のない学校をつくるために

学校というところは、教師を通じ、そして同年代あるいは先輩、後輩との関係で性意識が育ち、性的な関係を結ぶことを学べる現実の場である。これには教師の意識と態度がなによりも重要である。次に韓国女性民友会でまとめた教師と学生の指針を紹介する。

[性暴力のない学校をつくるための教員ガイド]
1 女性差別的な言動、容姿に対する言及など性的羞恥心を与えるような言語表現を慎もう。
2 性的羞恥心を感じさせるような視線は性暴力であることを理解しよう。
3 指示棒や出席簿などによる間接的な身体接触も性暴力であることを理解しよう。
4 身体的接触は親密感の表現ではなく、性暴力になりうることを理解しよう。
5 自分も性暴力の加害者になりうることを理解しよう。
6 自分の性役割の固定観念や性差別的な考え方を点検しよう。
7 自分の性の価値観を強要しないようにしよう。
8 性教育を受ける機会を自分で作ろう。
9 性暴力に対する感受性を養おう。
10 学生を人格を備えた独立した存在として見よう。

[性暴力のない学校をつくるための学生ガイド]
1 自分の考えと感情に対する意思表示をはっきりとしよう。
2 相手の考えと感情を尊重し、あるがままに受容しよう。
3 性的な羞恥心を感じたとき、堂々と問題提起しよう。
4 性に対して話をすることは恥ずかしいことではないことを理解しよう。
5 性に対する正確な情報を知ろう。
6 性に関連する問題が生じたとき、相談所など助けを受けられる機関があることを知ろう。
7 誰でも性暴力の加害者になりうることを理解しよう。
8 ポルノやわいせつ物に対する批判的な思考力を育てよう。
9 男女誰もが尊重される人格を持った存在であることを理解しよう。
10 まわりに被害者がいるとき、助けられる方法を調べておこう。

性暴力のない学校をつくるためには、定期的な学校内の性暴力実態調査の実施、性暴力の相談が可能なシステムづくり(接近性)、定期的な性教育の実施、教育人的資源省(日本の文部科学省に該当)や各市・道(地方行政単位のひとつ)の教育庁における学校の性暴力問題解決のための専門部署設置、専門部署での性暴力に対する専門知識を持った外部諮問委員(性暴力専門相談所)の委嘱、専門部署の独立した調査権・是正措置要求権・懲戒権の保障、学内の性暴力加害行為に対する強力な措置対応などが実践されなければならない。

4.性暴力被害者支援のための課題

現在、韓国には122カ所の性暴力相談所と14カ所の被害者保護施設がある。全国の相談所と施設では、性暴力被害の相談、医療支援、法的支援、広

報などの防止キャンペーン活動、調査研究活動などを実施している。全国性暴力相談所・施設協議会という性暴力相談所の協議体が設置されて連携のネットワーク網が構築されている。

　性暴力被害支援の重要な活動として、大きく分けて、刑事手続を進めるうえでの被害者保護のための法的支援と、被害回復のための精神的な支援がある。自分を受容し、エンパワメントできる支援が必要である。相談をするプロセスで考慮しなければならないのは、被害者を中心に置いて考え、被害心理の理解、安全措置、連携している専門相談機関や施設の情報提供、2次被害防止である。

　2004年に児童性暴力専門支援センター（対象年齢は18歳まで）が設置され、被害に遭った子どもに対する支援を積極的に行っており、これ以外に政府の政策として、大検察庁（最高検察庁）で性犯罪捜査および裁判時被害者保護に関する指針（1999年）が策定され、人権保護捜査準則改正案（2004年）を準備した。警察庁では対女性子ども犯罪の実務マニュアル（2003年）、陳述録画マニュアル（2003年）を制作、配布しており、女性・子どもに対する性暴力対策のための諮問委員会やタスク・フォース・チームなど、政府関係部署と女性・子どもに関わる団体とが議論できるシステムを作った。

　2004年10月、市民団体である「性暴力捜査・裁判市民監視団」が発足して、性暴力の捜査、裁判過程でのモニタリング、人権侵害事例の受付、人権侵害事例の分析および対応、モニタリングの結果公表、捜査に関わった警察および検察、裁判での検事および判事のリスト公表、性暴力被害者支援となる意義ある事例や障害となる事例の選定などに取り組み、その結果を2005年2月に公表した。

　また1997年に青少年の性保護政策のための機関として、青少年保護委員会が発足し、有害な環境の規制、青少年の性保護活動、関連業務の部署別の調整役を担っている。2000年7月に青少年性保護に関する法律（性保護法）を制定した後、2004年10月に改正案を準備して、立法予告を経て公聴会を目前にしている状況である。

　その内容は次のとおりである。
①青少年に対する性的搾取・虐待行為の処罰と社会責任の強化──青少年の性を買う行為者、斡旋業者とそれに関連する者、わいせつ物製作・輸入・輸出・販売・配布・上映、青少年に対する性暴力など。
②青少年対象のレイプ、強制わいせつなどで「禁固以上の実刑を2回以上」受けた危険度の高い犯罪者の情報公開制度の実施、加害者教育の実施。

5.青少年の性教育の望ましい方向性

　青少年の保護と防御のための性教育には限界がある。青少年を自立した主体と認めながら自らの性的意思決定能力（性的自己決定権）を育てる性教育に変わっていかなければならない。青少

年は、公式的な性に関する議論では、かぎりなく「性の無い」存在として扱われ、「保護」すべき対象であり「管理統制」の対象であった。青少年自らが「いかに堂々とした性、安全な性、楽しい性を享受できる主体として立つのか」という問題としては考えられなかった。

性的自己決定権を育てる教育であるためには、まず青少年を性的な存在として認めるところから出発しなければならない。性的自己決定権の核である選択と判断と決定をする力はまさに自分が性的な存在であり、主体性を持った存在であることを前提にしてこそ可能なのである。

このような問題意識を持って韓国女性民友会は性教育を実施しており、1997年から毎年、「私の体の主人公は私」街角キャンペーンを実施してきた。初期の段階では「青少年の性暴力防止教育」に焦点を当ててきたが、最近では「性的自己決定権」により焦点を置いている。「私の体の主人公は私」のテーマは「堂々とした性、安全な性、楽しい性」である。青少年自らが、自分を性的存在であることを受け入れ、「私の体の主人公は私」であることを認識できてこそ、これ以上の性暴力や望まない妊娠、中絶の加害者および被害者にならないことを信じている。性平等に基づいた意思疎通、安全でかつ楽しく堂々とした性というものに肯定的な方法でアプローチするのである。青少年の性教育は本当の意味で、彼らの声に耳を傾け、彼らとの出会いのために性教育をする者自身の性意識（性に対する価値）を点検する作業をかぎりなく行っていかねばならない。

韓国女性民友会での性教育は、青少年をして自らの身体と「生」をいっそう愛して大切に考えることができ、自分の欲求や選択だけではなく他人の欲求や選択も尊重できる術を知るといった成熟性を学ぶことにより、自らの人生設計づくりを支援するものである。このような性教育を通じてのみ、性暴力のない学校、性暴力のない社会をつくることが可能であると信じているからである。

（訳：朴君愛／ヒューライツ大阪主任研究員）

㈶アジア・太平洋人権情報センター
（ヒューライツ大阪）

　国連憲章や世界人権宣言の精神にもとづき、アジア・太平洋地域の人権の伸長をめざして、1994年に設立されました。ヒューライツ大阪の目的は次の4点です。
⑴アジア・太平洋地域における人権の伸長を図る
⑵国際的な人権伸長・保障の過程にアジア・太平洋の視点を反映させる
⑶アジア・太平洋地域における日本の国際協調・貢献に人権尊重の視点を反映させる
⑷国際化時代にふさわしい人権意識の高揚を図る
　この目的を達成するために、情報収集、調査・研究、研修・啓発、広報・出版、相談・情報サービスなどの事業を行っています。資料コーナーは市民に開放しており、人権関連の図書や国連文書、NGOの資料の閲覧や、ビデオの観賞ができます。

センターの開館時間●平日（月～金）の9：30より17：00

〒552-0007
大阪市港区弁天1-2-1-1500　オーク1番街15階
（JR環状線・地下鉄「弁天町」駅下車すぐ）
TEL.06-6577-3577～8　FAX.06-6577-3583
E-mail●webmail@hurights.or.jp
Web●http://www.hurights.or.jp

アジア・太平洋人権レビュー2005

国際人権法と国際人道法の交錯

2005年6月1日　第1版第1刷発行

編者●㈶アジア・太平洋人権情報センター（ヒューライツ大阪）
発行人●成澤壽信
編集人●西村吉世江
発行所●株式会社　現代人文社
　　　　〒160-0016 東京都新宿区信濃町20 佐藤ビル201
　　　　電話03-5379-0307　FAX03-5379-5388
　　　　daihyo@genjin.jp（代表）　hanbai@genjin.jp（販売）
　　　　http://www.genjin.jp
発売所●株式会社　大学図書
　　　　電話03-3295-6861　FAX03-3219-5158
印刷●株式会社シナノ
装丁●スタジオ・ポット
検印省略　Printed in JAPAN
ISBN4-87798-258-2 C3030
©2005 by Asia-Pacific Human Rights Information Center

(財)アジア・太平洋人権情報センター 編
アジア・太平洋人権レビュー●バックナンバー

アジア・太平洋人権レビュー1997
国連人権システムの変動
アジア・太平洋へのインパクト

武者小路公秀／フィリップ・アルストン／金 東勲／米田眞澄／馬橋憲男／上村英明
人間居住に関するイスタンブール宣言●社会権規約委員会一般的意見4●国家機関（国内人権機関）の地位に関する原則（パリ原則）●ララキア宣言　ほか
4-906531-28-8 C3030　　定価2200円(本体)＋税

アジア・太平洋人権レビュー1998
アジアの社会発展と人権
西川 潤／阿部浩己／山崎公士／川村暁雄／金 東勲／ジェファーソン・プランティリア＋横山正樹／ラダワン・タンティウィタヤピタック／アリフ・ブディマン＋津留歴子／斎藤千宏
人種差別撤廃委員会一般的勧告23●社会権規約委員会一般的意見7●女性差別撤廃委員会一般的勧告23　ほか
4-906531-48-2 C3030　　定価2800円(本体)＋税

アジア・太平洋人権レビュー1999
アジアの文化的価値と人権
ジェファーソン・プランティリア／武者小路公秀／バシル・フェルナンド／オ・ピョン・ソン／ジョハン・フェルディナンド／ディエゴ・G・クエジャダII＋ロメリノ・オビナリオ／パンジダル・プラダハン／ササンカ・ペレラ／ビナイ・スリニヴァサン
アジア・太平洋人権教育国際会議大阪宣言●社会権規約一般的意見8・9・10●自由権規約委員会一般的意見26●女性差別撤廃条約選択議定書案●子どもの権利に関する委員会によって採択された結論と勧告●拷問禁止委員会一般的意見1　ほか
4-906531-78-4 C3030　　定価2800円(本体)＋税

アジア・太平洋人権レビュー2000
アジア・太平洋地域における社会権規約の履行と課題
申 惠丰／釜田泰介／竹崎孜／金 東勲／中井伊都子／米田眞澄／岡田仁子／野沢萌子
キャンディー行動計画●社会権規約委員会一般的意見11・12・13●自由権規約委員会一般的意見27●女性差別撤廃条約選択議定書●女性差別撤廃委員会一般的勧告24●人種差別撤廃委員会一般的勧告24　ほか
4-87798-030-X C3030　　定価2500円(本体)＋税

アジア・太平洋人権レビュー2001
ドメスティック・バイオレンスに対する取組みと課題
戒能民江／金 在仁／リタ・セレナ・コリボンソ／ピラダ・ソムスワスディ／アイヴィ・ジョサイアー＋ショーバ・アイヤー／サイラ・ラフマン／ファリダ・スルタナ
ラディカ・クマラスワミ報告（抜粋）●女性に対する暴力の撤廃に関する宣言●社会権規約委員会一般的意見14●自由権規約委員会一般的意見28●武力紛争への子どもの関与に関する子どもの権利条約の選択議定書●子どもの売買、売買春およびポルノグラフィに関する子どもの権利条約の選択議定書●人種差別撤廃委員会一般的勧告25・26・27●人種差別撤廃委員会最終見解・日本　ほか
4-87798-056-3 C3030　　定価2500円(本体)＋税

アジア・太平洋人権レビュー2002
人種主義の実態と差別撤廃に向けた取組み
武者小路公秀／丹羽雅雄／リ・クミョン・セシリア／クイニー・イースト／クァ・キア・スーン／ジャッキー・テ・カニ／八木久美子
子どもの権利委員会一般的意見1●自由権規約委員会一般的意見29●社会権規約委員会総括所見・日本　ほか
4-87798-094-6 C3030　　定価1800円(本体)＋税

アジア・太平洋人権レビュー2003
障害者の権利
ヴィーナス・M・イラガン／川島聡／秋山愛子／池田直樹／蛭川涼子／山本深雪
人種差別撤廃委員会一般的意見29●自由権規約委員会一般的意見30●社会権規約委員会一般的意見15●子どもの権利委員会一般的意見2●札幌宣言・札幌プラットフォーム●障害者の権利実現へのパートナーシップに関する大阪宣言　ほか
4-87798-165-9 C3030　　定価1800円(本体)＋税

アジア・太平洋人権レビュー2004
企業の社会的責任と人権
山崎公士／香川孝三／川本紀美子／稲場雅紀／薗巳晴／菅原絵美／岩附由香＋白木朋子／岩谷暢子
人権に関する多国籍企業およびその他の企業の責任に関する規範●労働における基本的原則及び権利に関するILO宣言●アジア・太平洋国内人権機関フォーラム最終声明●子どもの権利委員会一般的意見3・4・5●女性差別撤廃委員会総括所見・日本●子どもの権利委員会総括所見・日本　ほか
4-87798-209-4 C3030　　定価2800円(本体)＋税